高等院校"十三五"重点规划项目

WTO 规则与案例研究

主　编　成　榕　徐　海　曹素云
副主编　曹译琳　潘胤州

哈尔滨工业大学出版社

内容简介

本书包括 1947 年关贸总协定、世界贸易组织概述、世界贸易组织的基本原则、世界贸易组织的例外规定、差别优惠待遇；明确 1994 年关贸总协定的结构、陈述 1994 年关贸总协定的内容和关税谈判规则；阐释和分析海关估价协议、装船前检验协议、进口许可程序协议、原产地规则协议、技术性贸易壁垒协议、实施卫生与植物卫生措施协议；规范保护国内产业措施的多边货物贸易规则；服务贸易总协定；与贸易有关的知识产权协定；WTO 对区域贸易协定的规范；世界贸易组织的贸易政策审议规则；中国与世界贸易组织。

本书适合于国际经济与贸易的本专科学生作为教材。

图书在版编目(CIP)数据

WTO 规则与案例研究/成榕,徐海,曹素云主编. —哈尔滨:哈尔滨工业大学出版社,2017.2(2020.8 重印)

ISBN 978-7-5603-6480-3

Ⅰ.①W… Ⅱ.①成… ②徐… ③曹… Ⅲ.①世界贸易组织-规则-研究 Ⅳ.①F743.1

中国版本图书馆 CIP 数据核字(2017)第 037972 号

策划编辑	杨秀华
责任编辑	陈　洁
封面设计	刘长友
出版发行	哈尔滨工业大学出版社
社　　址	哈尔滨市南岗区复华四道街 10 号　邮编 150006
传　　真	0451-86414749
网　　址	http://hitpress.hit.edu.cn
印　　刷	哈尔滨市工大节能印刷厂
开　　本	787mm×1092mm　1/16　印张 13.25　字数 317 千字
版　　次	2017 年 2 月第 1 版　2020 年 8 月第 4 次印刷
书　　号	ISBN 978-7-5603-6480-3
定　　价	48.00 元

(如因印装质量问题影响阅读,我社负责调换)

前　言

我国加入世界贸易组织以来严格履行加入世界贸易组织的承诺,恪守世界贸易组织的规则,积极主动地承担相应的义务,得到了国际社会的高度赞扬和一致好评。在诸多困难和严峻挑战面前,我国坚持以开放促改革,不断改善国内投资环境,通过入世后的不懈努力,如今,对外投资已经起步,服务贸易逐步开放,知识产权保护进一步加强,我国的经济和贸易都得到了很大的发展。数据显示,我国的进出口贸易总额从2001年入世前的5 098亿美元,发展到2011年的29 728亿美元,成为全球第一大出口国和第二大贸易国。入世十年来,我国已经从世贸组织的新成员、参与者,逐渐成为促进多边贸易体制建设的推动者和重要支撑者,可以说,中国在入世后所取得的伟大成就是举世公认的,中国的国际地位得到空前提高,综合国力得到空前增强。但同时我国也面临着来自国际和国内的诸多困难和问题。

10年后的今天,我国又将如何转变经济发展方式、如何转变外贸发展方式、如何从贸易大国向贸易强国转变?如何进一步对外开放和保护国内产业?WTO贸易规则已成为国际贸易普遍适用规则,并向经济领域不断渗透拓展,因此我们所采取的任何开放或保护措施都必须在WTO贸易规则允许的范围内进行。而只有进一步深入学习和研究WTO贸易规则,才能熟练地掌握并运用WTO贸易规则,从而更好地为我国的经济建设服务。

本书分成十三章内容。第一章1947年关贸总协定,将对1947年关贸总协定进行概述,陈述1947年关贸总协定的主要内容,明确关贸总协定的八轮多边贸易谈判的过程。第二章世界贸易组织,将对世界贸易组织进行概述,阐释世界贸易组织的机构和职能,明确世界贸易组织的作用与影响,明晰世界贸易组织成立后的运作方式与过程。第三章世界贸易组织的基本原则和例外规定,确定世界贸易组织的基本原则,分析世界贸易组织的例外规定,陈述对发展中国家成员的差别优惠待遇。第四章1994年关贸总协定,明确1994年关贸总协定的结构,陈述1994年关贸总协定的内容,回顾1994年关贸总协定的其他文件,回顾关贸总协定的关税谈判规则。第五章规范非关税壁垒的多边货物贸易规则,阐释和分析海关估价协议、装船前检验协议、进口许可程序协议、原产地规则协议、技术性贸易壁垒协议、实施卫生与植物卫生措施协议。第六章规范保护国内产业措施的多边货物贸易规则,研究反倾销协议、补贴与反补贴措施协议、保障措施协议。第七章规范特定货物的贸易规则,研究农业协议、纺织品与服装协议、信息技术产品协议、诸边贸易协议。第八章与贸易有关的投资措施规则,论证国际投资与国际贸易的关系、与贸易有关的投资措施协议。第九章服务贸易总协定,概述、分析服务贸易总协定的主要内容,回顾服务贸易总协定的附件与决定及服务贸易总协定的部门协议。第十章与贸易有关的知识产权协定,概述及分析知识产权协定的基本原则,明确知识产权的范围效力和保护标准,论证知识产权的实施。第十一章WTO

对区域贸易协定的规范,阐释WTO中有关区域贸易协定的规定,分析区域贸易协定对多边贸易体制的影响。第十二章世界贸易组织的贸易政策审议规则,论证贸易政策审议机制、通知义务。第十三章世界贸易组织的争端解决规则,分析《关于争端解决规则与程序的谅解》主要内容和争端解决程序。第十四章中国与世界贸易组织,研究中国与关贸总协定、中国与世界贸易组织、我国加入世界贸易组织的权利与义务、中国加入世界贸易组织的意义。

本书由黑河学院经济管理学院的成榕、徐海、曹素云任主编,曹译琳、潘胤州任副主编,具体分工如下:第一章至第六章由成榕编写;第七章至第九章由徐海编写;第十章至第十二章由曹素云编写;第十三章由曹译琳编写;第十四章由潘胤州编写。

此处,感谢黑龙江省高教强省黑河学院"互联网+农业"专项资助,感谢黑河学院对俄经贸人才培养创新实践基地资助。

由于时间紧迫,水平有限,难免会有疏漏和不当之处,敬请专家、读者批评斧正。

编　者

2016年11月

目 录

第一章 1947年关贸总协定 1
    第一节 1947年关贸总协定概述 1
    第二节 1947年关贸总协定的主要内容 4
    第三节 关贸总协定的八轮多边贸易谈判 7

第二章 世界贸易组织 11
    第一节 世界贸易组织概述 11
    第二节 世界贸易组织的作用与影响 24
    第三节 世界贸易组织运作 26

第三章 世界贸易组织的基本原则和例外规定 36
    第一节 世界贸易组织的基本原则 36
    第二节 世界贸易组织的例外与免责规定 42
    第三节 对发展中国家成员的差别优惠待遇 46

第四章 1994年关贸总协定 52
    第一节 1994年关贸总协定的结构 52
    第二节 1994年关贸总协定的内容 53
    第三节 1994年关贸总协定的其他文件 61
    第四节 关贸总协定的关税谈判规则 63

第五章 规范非关税壁垒的多边货物贸易规则 69
    第一节 海关估价协议 69
    第二节 装运前检验协议 72
    第三节 进口许可程序协议 75
    第四节 原产地规则协议 78
    第五节 技术性贸易壁垒协议 81
    第六节 实施卫生与植物卫生措施协议 85

第六章 规范保护国内产业措施的多边货物贸易规则 90
    第一节 反倾销协议 90
    第二节 补贴与反补贴措施协议 98
    第三节 保障措施协议 104

第七章 规范特定货物的贸易规则 110
    第一节 农业协议 110
    第二节 纺织品与服装协议 117

第三节　信息技术产品协议 …………………………………………… 118
　　第四节　诸边贸易协议 …………………………………………………… 119
第八章　与贸易有关的投资措施规则 ………………………………………… 123
　　第一节　国际投资与国际贸易的关系 …………………………………… 123
　　第二节　与贸易有关的投资措施协议 …………………………………… 124
第九章　服务贸易总协定 ……………………………………………………… 128
　　第一节　国际服务贸易概述 ……………………………………………… 128
　　第二节　服务贸易总协定的主要内容 …………………………………… 133
　　第三节　服务贸易总协定的附件与决定 ………………………………… 138
　　第四节　服务贸易总协定的部门协议 …………………………………… 140
第十章　与贸易有关的知识产权协定 ………………………………………… 143
　　第一节　与贸易有关的知识产权协定概述 ……………………………… 143
　　第二节　知识产权协定的基本原则 ……………………………………… 145
　　第三节　知识产权的范围、效力和保护标准 …………………………… 149
　　第四节　知识产权保护的实施 …………………………………………… 154
第十一章　WTO对区域贸易协定的规范 …………………………………… 160
　　第一节　WTO有关区域贸易协定的规定 ……………………………… 160
　　第二节　WTO与区域贸易协定的关系 ………………………………… 169
第十二章　世界贸易组织的贸易政策审议规则 ……………………………… 173
　　第一节　贸易政策审议机制 ……………………………………………… 173
　　第二节　通知义务 ………………………………………………………… 176
第十三章　世界贸易组织的争端解决规则 …………………………………… 178
　　第一节　《关于争端解决规则与程序的谅解》主要内容 ……………… 178
　　第二节　争端解决程序 …………………………………………………… 185
第十四章　中国与世界贸易组织 ……………………………………………… 188
　　第一节　中国与关贸总协定 ……………………………………………… 188
　　第二节　中国与世界贸易组织 …………………………………………… 189
　　第三节　中国加入世界贸易组织后的权利与义务 ……………………… 191
　　第四节　中国加入世界贸易组织的意义 ………………………………… 204
参考文献 ………………………………………………………………………… 206

第一章 1947年关贸总协定

第一节 1947年关贸总协定概述

《关税与贸易总协定》(General Agreement on Tariff and Trade,缩写 GATT)简称关贸总协定,是协调、处理缔约方(国家和单独关税区)政府间有关关税和贸易政策的多边协定。关贸总协定在法律地位上仅是一项缔约方政府间"协定",而不是一个具有很强法律约束力的正式国际条约,也不是一个国际"组织"。但事实上已在《关税与贸易总协定》的基础上形成了一个国际组织,它的总部设在瑞士的日内瓦。它有常设的秘书处,有由缔约方常驻代表组成的理事会,以及每年举行的缔约方大会。参加关贸总协定的国家和地区(单独关税区)称为"缔约方"(Contracting Parties)或成员方(Members),而当各缔约方进行集体活动时则采用英文大写字母(CONTRACTING PARTIES)的"缔约方全体"来表示,以区别于个别缔约方。关贸总协定已成为各缔约方处理贸易关系的法律体制、贸易谈判的场所和运用其法律体制调解和解决贸易争议的机构。关贸总协定不是联合国的专门机构,但在工作上与联合国存在一定的联系。

一、关贸总协定的成立与发展

第二次世界大战结束后,大多数国家在恢复本国经济的同时,都关心世界经济的重建。在国际经济关系中有三个重大问题需要解决:第一,建立和维持国家之间的汇率及其支持平衡的制度;第二,创立处理长期国际投资问题的国际组织;第三,重建国际贸易秩序。在美国的倡导和推动下,建立国际货币基金组织和世界银行,解决了前两个问题,而拟议中的国际贸易组织夭折,由关贸总协定代行。

1946年2月,联合国经济及社会理事会成立国际贸易组织筹备委员会,同年10月在伦敦召开第一次筹备委员会会议,讨论美国提出的《国际贸易组织宪章》草案,旨在制定各国在贸易关系中共同遵守的原则,并通过国际谈判,降低关税和废除进口商品数量限制等贸易壁垒。1947年4月至10月,美国、英国、法国、中国等23个国家在日内瓦召开第二次筹备委员会会议,就具体产品的关税减让进行谈判(即第一轮多边贸易谈判),并达成了关于关税减让的一般协定(现称为1947年《关税与贸易总协定》)。该协定原拟作为国际贸易组织正式宪章的一个附属协定,并由国际贸易组织的秘书处执行。同年11月15日,美国联合英国、法国、比利时、荷兰、卢森堡、澳大利亚、加拿大等8个国家又提议以"临时"适用议定书形式,签署议定书,并保证于1948年1月1日将《关税与贸易总协定》第一、三部分在这些国家暂时实施,第二部分在这些国家现行立法不冲突的情况下充分地(最大限度地)暂时实施。1948年又有中国、古巴、新西兰、巴西等15个国家签署该临时议定书(即形成23个关贸总协定创始缔约方)。各缔约方同意,《国际贸易组织宪章》生效后,以宪章的贸易规则部分取代《关税与贸易总协定》。

1947年11月至1948年3月,在哈瓦那举行的联合国贸易和就业会议上,审议并通过了《国际贸易组织宪章》(又称为《哈瓦那宪章》)。但是后来由于《国际贸易组织宪章》未被美国等有关国家政府、议会批准,成立"国际贸易组织"的计划未能实现。《关税与贸易总协定》一直以临时适用的形式存在。

关贸总协定由以下机构组成:缔约方全体,是关贸总协定的最高权力机构,下设代表理事会、委员会(贸易和发展委员会、国际收支限制委员会、贸易谈判委员会、关税减让委员会、十八国咨询集团等)、总干事和秘书处,在委员会下设临时性的工作组、专家小组。此外,还有根据若干协议设立的各专门委员会。

尽管《关税与贸易总协定》作为临时性协议而实施,在国际贸易组织没有正式成立的情况下,关贸总协定以法律的形式在国际上提供了一套调整国际贸易关系的规则和程序,并对其缔约方之间的权利和义务作了具体规定。在近半个世纪的历程中,几经修订、充实、演变成为现行的《1994年关税与贸易总协定》。

关贸总协定由1947年的23个创始缔约方至1994年底发展到128个缔约方,既有发达国家,也有发展中国家;有主权国家,也有具有贸易自主权的单独关税领土的政府。它的成员分成几种类型:创始缔约方、议定书缔约方、继承式缔约方、临时加入缔约方,事实上适用关贸总协定的国家和地区、观察员。

由于关贸总协定缔约方不断增加,其贸易额占世界贸易额的比重也不断增加,1994年已达90%以上。在走过47年的艰难历程后,关贸总协定第八轮多边贸易谈判(乌拉圭回合)于1993年12月15日达成《建立世界贸易组织的协议》,世界贸易组织在关贸总协定的基础上于1995年1月1日正式成立。世界贸易组织取代关贸总协定,服务贸易和知识产权贸易纳入多边贸易体制范围内,世界贸易组织对世界经济贸易的影响和作用越来越大。

二、关贸总协定的历史作用

关贸总协定作为一项多边协定,属于关税和贸易准则的国际性法规,本身不是一个正式的国际组织,但在近半个世纪的世界经济史上,发挥了事实上的"国际贸易组织"的作用,在发展国际多边贸易关系,抑制贸易保护主义与促进国际贸易自由化中起着协调、监督与管理的作用。它的主要职责是:规定国际贸易法律准则,主持多边贸易谈判,解决贸易争端。它的目标是通过实施无条件的最惠国待遇,削减乃至取消关税和其他贸易壁垒,促使贸易自由化,以便充分利用世界资源,扩大商品的生产和交换。它通过八轮多边贸易谈判,大幅度地降低了关税税率,削减了非关税措施,缓和了各缔约方之间的贸易矛盾,推动了国际经贸信息资料的交流,促进了国际贸易的发展。关贸总协定对国际贸易的影响和作用主要表现在以下几方面:

(一)促进了战后国际贸易的发展

关贸总协定的主要活动是关税减让谈判,为各缔约方提供进行关税减让谈判的场所。在关贸总协定的主持下,经过前七轮多边贸易谈判不断地削减关税,主要工业化国家的关税率由20世纪40年代末的大约40%下降到1994年的4.7%,发展中国家的关税也下降到15%左右;在非关税壁垒方面也达成了一些协议,从而促进了贸易自由化,扩大和发展了各缔约方之间的贸易往来。

(二)缓和了各缔约方之间的矛盾

关贸总协定提供了缔约方之间解决矛盾的场所,并规定了一套调解缔约方之间争端的程序和方法。按关贸总协定的规定,缔约方之间如果发生争端应首先以双方协商的方式谋求解决。如果经过协商不能解决,则可通过规定的途径来解决。通过这些规定,关贸总协定调解了许多缔约方之间的贸易争端,从而加强了贸易合作。关贸总协定的争端解决机制、谈判程序和方法对维护国际多边贸易体制,处理各缔约方之间的贸易争端,保障各缔约方的合法权益,起到了积极的作用。

（三）形成了一套调整国际贸易关系的法律规范

《关税与贸易总协定》所确定的各项基本原则,以及在历次贸易谈判中所达成的一系列协议、决定,形成了一套指导各缔约方制定贸易政策的行动准则。这些准则成为各缔约方处理他们之间贸易关系的依据,对于当代国际贸易法律体系的完善和国际贸易的发展具有相当大的影响。

（四）发展中国家的利益逐步受到重视

随着关贸总协定中发展中国家缔约方的增多,逐步改变了关贸总协定缔约方的构成,由于发展中国家的争取和斗争,加上其贸易地位和利益逐步受到关贸总协定的注意,关贸总协定采取了一些有利于发展中国家对外贸易发展的措施。例如：

（1）1964年,在《关税与贸易总协定》中增加了第四部分（第36～38条）,专门针对发展中国家的贸易与发展问题做出规定,反映了发展中国家的利益。与此同时,成立了贸易和发展委员会,负责执行《关税与贸易总协定》第四部分以及与发展中国家利益有关的工作。

（2）通过"解除义务"和"授权条款"为发展中国家取得普遍优惠制提供法律依据。即授权发达国家缔约方无须申请解除义务,就可给发展中国家普惠制待遇,而不受《关税与贸易总协定》第1条最惠国待遇条款的约束。所谓普惠制是指发达国家对来自发展中国家的商品,特别是工业制成品或半成品给予关税减免的优惠待遇。它是普遍的、非歧视的、非互惠的。

（3）发展中国家利用关贸总协定的"例外条款"得到益处。关贸总协定制定的许多协议大都给予发展中国家"例外"的优惠待遇。不过,由于历史和经济的原因,发展中国家从关贸总协定中得到的利益少于发达国家。

（五）推动了国际经贸信息资料的交流和人才培训

关贸总协定要求各缔约方公布和提供本国贸易法律、法规、政策方面的资料,以便于各缔约方政府及贸易商了解贸易对象国家的相关情况。此外,关贸总协定与联合国贸易发展委员会共同成立了国际贸易中心,帮助发展中国家促进出口,制订出口促进计划,提供出口市场信息、销售技术和服务,培训人才。

三、关贸总协定的历史局限性

关贸总协定的组织基础薄弱。关贸总协定的业务是由为应付不断增加的需求而无计划发展的机构开展的,它所需要的资金和工作人员由一个临时机构提供,即"国际贸易组织临时委员会"。

关贸总协定规定的有关货物贸易的权利和义务体制,包括在《关税与贸易总协定》本身和随后进行的小幅度修改,以及在几十年中达成的大量相关协议和决定中。虽然总协定的条款适用于所有"缔约方",但在总协定框架内达成的部分最重要的协议只有相对很少的几个成员签署。

关贸总协定有关争端解决的安排基本上是在临时的基础上发展起来的,单独规定了用于解决关贸总协定下和大部分签署方有限的协议下产生的争端。

第二节　1947年关贸总协定的主要内容

关贸总协定是一套调整国际贸易的多边贸易规则。1947年关贸总协定的内容丰富,除了《关税与贸易总协定》本身条款及附件外,还包括前七次多边贸易谈判达成的协议、决定、关税减让表以及各缔约方加入议定书等,庞大繁杂。

一、《关税与贸易总协定》的条款

《关税与贸易总协定》经过1950年、1955年、1964年和1966年几次修改后,由序言和四大部分组成,共有38条(其中第四部分是1964年以后加上去的),另有若干附件。《关税与贸易总协定》的基本条款是:

(1)在国际贸易中实施非歧视性待遇,由缔约方严格履行最惠国待遇条款和国民待遇条款来贯彻。

(2)缔约方只能用关税保护国内生产,不得采用直接进口管制,如进口配额等措施。

(3)一般禁止采用数量限制的措施。

(4)有关国家通过磋商来防止危害缔约方商务利益事件的发生及为降低关税与其他贸易壁垒而举行的谈判进行组织工作。

《关税与贸易总协定》的条款将在第四章作较详细的阐述,这里只作简要介绍。

序言主要是阐述缔结该协定的目的,即宗旨。《关税与贸易总协定》的宗旨是"达成互惠互利的协议,以求大幅度地削减关税,取消贸易壁垒,消除国际贸易上的歧视待遇"。

《关税与贸易总协定》的第一部分(第1~2条)规定缔约方之间在关税和贸易方面相互提供无条件的最惠国待遇原则以及关税减让事项。

《关税与贸易总协定》的第二部分(第3~23条)共21条。主要内容是对缔约方贸易政策的规定,包括国民待遇、反倾销、反补贴、保障措施、一般性取消数量限制、法规统一与透明度、国有贸易企业和磋商程序等规定。

《关税与贸易总协定》的第三部分(第24~35条)共12条。其主要内容是规定协定的适用范围、谈判和活动方式、协定的修订、减让的停止或撤销,以及加入、退出、接受、生效等具体手续和有关程序规定。

《关税与贸易总协定》的第四部分(第36~38条)。主要规定发展中国家缔约方的贸易和经济发展方面一些特殊要求和有关问题,即特殊差别待遇问题。

二、关贸总协定达成并已实施的协议

关贸总协定乌拉圭回合多边贸易谈判之前的七轮谈判(特别是第七轮东京回合)达成并实施了10项贸易政策方面和个别商品方面的协议(亦称守则),作为对《关税与贸易总协定》条款的改进、补充、扩展及实施细则。但这些协议大部分为诸边协议。主要有:

(一)《关于实施关贸总协定第7条的协议》

它又称为海关估价守则,或"新估价法规"。它由一般介绍性说明、序言和正文四部分共31条及3个附件组成。协议提供了一套修正后的海关估价办法,对关贸总协定已有的海

关估价条款做出扩充并给予更为精确的解释。

(二)《技术性贸易壁垒协议》

它又称为技术标准守则,由序言、正文及3个附件组成。主要内容是:

(1)鼓励缔约方在可能情况下采取国际标准作为制定本国技术性规章的基础。

(2)避免对贸易造成不必要的障碍,给进口货物以国民待遇和非歧视性待遇。

(3)在制定对贸易有较大影响的技术规定时,应向关贸总协定秘书处通报规定所涉及的产品,并与其他缔约方协商。

(4)建立咨询点,确保透明度。

(5)确定协议适用于各级政府制定的技术标准、规定。

(6)建立技术性贸易壁垒委员会解决争端并制定必要的程序。

(三)《进口许可程序守则》

该守则由序言和正文5条构成。守则的目的是简化和调整进口许可证的手续与程序以公正和公平的方式实施。守则把进口许可证分为自动许可证制度和非自动许可证制度两种。在自动许可证制度下,可随时批准提出申请的进口商,无任何限制条件,许可证只作统计进口的依据;非自动许可证制度与配额和其他类型的进口措施相结合。

(四)《实施关贸总协定第6条的协议》

它又称为"反倾销守则"。在肯尼迪回合中曾制定反倾销规则,在东京回合又予以发展。该协议由三个部分16条和1个附录组成。协议规定了倾销的定义、征收反倾销税的条件及程序、规则等。

(五)《关于解释和适用关贸总协定第6条、第16条和第23条的协议》

它又称为"补贴与反补贴税守则",它包括七个部分19条和1个附件。它的目的在于保证任何缔约方不得使用补贴来损害另一缔约方的贸易利益,不得任意采取征收反补贴税来阻碍国际贸易。协议对征收反补贴税的程序作了比较详细的规定,并附有"解释性出口补贴清单",列出了不得使用的12种出口补贴。

(六)《政府采购协议》

该协议由序言和9条正文组成。它的宗旨是要求缔约方制定更为透明的政府采购法律规章和程序,并要求各缔约方在采购合同价值15万特别提款权以上的物品时,应遵守非歧视性的国民待遇原则,对本国供应者、外国供应者一视同仁,可采取招标方式进行采购,并制定了招标和决算的详细规则。

(七)《国际奶制品协议》

该协议由序言和四部分8条及3个附件构成。协议规定的产品范围包括牛奶、奶油、黄油、奶酪、奶干、酪素。并规定了最低限价,协议还规定该限价每年至少调整一次。协议要求成立国际奶制品理事会,作为咨询、估计市场形势、编制预算、汇总协议执行情况等的工作机构,参加方必须向理事会提供有关资料和情报。

(八)《国际牛肉协议》

该协议由序言和三部分6条组成。它规定的产品范围包括牛肉、小牛肉和活牛。协议规定成立市场行情情报系统,确立对该领域内重要事务的讨论、磋商程序,并成立牛肉国际理事会,任务是定期研究和估计市场形势、编制预算和咨询。

(九)《民航设备贸易协议》

该协议由序言和9条正文及1个附件组成。协议规定的产品范围包括除军用航空器以外的一切民用航空器的发动机、零部件、配件和地面飞行模拟机及其零部件。协议的内容主要有:

(1)参加成员方应取消对上述产品进口所征收的一切关税和其他费用。

(2)《技术性贸易壁垒协议》和《补贴与反补贴守则》的各项规定适用于民航设备贸易。

(3)购买者可以自由选择供应者。

(4)各参加方不得用与《关税与贸易总协定》相抵触的方式限制民航设备的进口。

(5)成立民航设备贸易委员会来监督协议的执行。

(十)《多种纤维协定》

它又称为《国际纺织品贸易协定》,它是关贸总协定主持下的一项国际纺织品和服装贸易协定,是与关贸总协定的自由贸易基本原则相背离的一项对纺织品和服装贸易的特殊安排和协议约束机制。它于1973年签订,并做了多次修订和延长。该协定规定的产品包括棉、毛、人造纤维、亚麻、苎麻和丝及混纺织品。协定的主要内容是:

(1)各纺织品进出口国通过双边谈判,确定各自间的纺织品和服装的进出口量(配额)及每年配额增长幅度。

(2)进口国在"市场紊乱"时,可单方面实行限制(期限1~2年)。

(3)设立纺织品监督机构,监督协定的实施和处理成员间的纠纷。

《关税与贸易总协定》第二部分的主要条款在上述协议生效后,变得更具体更详细,并成为关贸总协定部分缔约方权利、义务和执行程序方面的规则。上述这些协议(定)、守则属于关贸总协定无条件最惠国待遇原则之外的贸易公约和守则,这些协议可供选择参加,仅对签字方有效(故称为诸边协议),个别协议(如《多种纤维协定》)还对关贸总协定缔约方以外的国家开放,如中国参加了《多种纤维协定》。

三、《关于通知、磋商、争端解决和监督的谅解》

1979年11月,关贸总协定东京回合谈判达成了《关于通知、磋商、争端解决和监督的谅解》。它是在《关税与贸易总协定》第22条和第23条的基础上逐步发展形成的。1950年,关贸总协定第三次部长级会议,决定设立"工作组"机制。工作组由有利害关系的缔约方的代表组成,包括争端的当事方代表。工作组将有关争端的事实和解决写成没有约束力的报告,作为一种咨询意见提交缔约方全体。1952年,关贸总协定决定设立"专家小组"程序。专家小组成员以个人的身份参与工作。这一机制是争端解决程序"向更高程度地遵守客观的国际法律的义务迈进的一步"。1958年,关贸总协定缔约方全体通过《对第22条的补充决定》,强化了关贸总协定理事会在协商前后的作用。1966年关贸总协定缔约方全体通过《关于第22条程序的决议》,对争端解决条款进行程序性机制的细分,特别是明确了一系列具体的时间限制。

1979年通过的《关于通知、磋商、争端解决和监督的谅解》,涉及了促进关贸总协定运行机制的通知、协商、争端解决及监督等事项。它对争端解决的一整套机制进行了规定,使关贸总协定的争端解决机制初步具备了"国际法院"的模式,特别是谅解规定最后的裁决具有"强制执行"的效力,为世界贸易组织的争端解决机制奠定了基础。

四、有关国际贸易的三项重要决定

1979年11月,在关贸总协定召集的全体缔约方年会上,讨论通过了三项重要决定,并付诸实施。它们是:

(1) 关于向发展中国家提供普遍优惠制(General System of Preferences,GSP)的决定。这是对发展中国家的差别给予更优惠的待遇、互惠和更全面的参与问题的决定。决定认为,发达国家给予发展中国家以及发展中国家之间相互给予优惠待遇是世界贸易制度的一个长期法律特征。这一"授权条款"为1969年第二次贸易发展委员会通过的建立普惠制决议提供了长期法律基础。

(2) 关于以解决国际收支平衡为目的而采取贸易措施的决定。它是根据关贸总协定的保障本国财政和对外收支平衡可以采取贸易限制措施这一原则而制定的,决定的内容大多是多年国际贸易实践中行之有效的措施和处理程序。

(3) 关于以发展为目的而采取保障措施的决定。这项决定给予发展中国家以更大的灵活性,允许其为维持基本需求和谋求优先发展而采取贸易措施。

上述协议和决定,有的经过乌拉圭回合多边贸易谈判的修改,仍作为诸边协议(如政府采购协议等4个协议),视为《建立世界贸易组织的协议》的附件;有的经过修改后成为乌拉圭回合多边贸易谈判达成的新多边贸易协议(如反倾销协议等6个协议);有的则作为原则精神渗入到1994年《关税与贸易总协定》等有关协议、谅解的条款中;而《关于通知、磋商、争端解决和监督的谅解》修改后则成为世界贸易组织的重要法律——《关于争端解决规则与程序的谅解》《贸易政策审议机制》。

第三节 关贸总协定的八轮多边贸易谈判

关贸总协定的主要活动是举行以关税减让为主的多边贸易谈判,这种谈判有一个专门的术语称为"回合"(Round)。回合不是指某一项议题或某一次的谈判,而是采取一揽子解决问题的方式,把多边要谈的所有议题都纳入其中。在谈判中,各缔约方在各个议题中的利益可以进行相互适当平衡,因而一个回合的谈判是旷日持久的,有的持续七八年。从1947年到1994年,关贸总协定共举行了八轮多边贸易谈判,使缔约方的进口最惠国待遇关税率不断降低,非关税壁垒措施也有所减弱,从而有效地促进了国际贸易的发展。

一、第一轮多边贸易谈判

第一轮多边贸易谈判于1947年4月至10月在瑞士的日内瓦举行,有23个缔约方参加了谈判。这轮谈判达成减让协议123项,涉及应税商品4 500种,影响100亿美元贸易额,使占应税进口值54%的商品平均降低关税35%。

二、第二轮多边贸易谈判

第二轮多边贸易谈判于1949年4月至10月在法国的安纳西举行,主要是为关贸总协定10个新缔约方安排的,共有33个缔约方参加了谈判。这轮谈判最终达成双边减让协议147项,涉及应税商品5 000种,使占应税进口值5.6%的商品平均降低关税35%。

三、第三轮多边贸易谈判

第三轮多边贸易谈判于1950年9月至1951年4月在英国的托奎举行,共有39个缔约方参加。这轮谈判达成关税减让协议150项,涉及应税商品3 700种,使占应税进口值11.7%的商品平均降低关税26%。

四、第四轮多边贸易谈判

第四轮多边贸易谈判于1956年1月至5月在瑞士的日内瓦举行。由于美国国会对美国政府的授权有限而受到严重影响,参加谈判的缔约方减少到28个。这轮谈判所达成的关税减让协议涉及应税商品3 000多种,只影响25亿美元的贸易额,占应税进口值16%的商品平均降低关税15%。

五、第五轮多边贸易谈判(狄龙回合)

第五轮多边贸易谈判于1960年9月至1962年7月在瑞士的日内瓦举行,共有45个缔约方参加。因建议发动本轮谈判的是美国副国务卿道格拉斯·狄龙,故又成为"狄龙回合"。这轮谈判结果达成了4 400多种商品关税减让,涉及45亿美元的贸易额,使占应税进口值20%的商品平均降低关税20%。协议规定美国和欧洲共同体市场的工业品关税各减少20%,农产品的关税,由于欧洲共同体市场国家不同意谈判而未消减。

六、第六轮多边贸易谈判(肯尼迪回合)

第六轮多边贸易谈判于1964年5月至1967年6月在瑞士的日内瓦举行,共有54个谈判方参加。因提议发动本轮谈判的是美国总统肯尼迪,故称为"肯尼迪回合"。这轮谈判在关税减让公式方面有所改革。协议规定分五个阶段降低工业制成品关税,到1972年7月1日,工业品关税平均降低35%,涉及贸易额400亿美元。这轮谈判还第一次包括非关税壁垒的内容,通过了第一个国际反倾销法则。由于欧洲共同体一直拒绝谈判农产品关税,所以农产品关税未能削减。

七、第七轮多边贸易谈判(东京回合)

第七轮多边贸易谈判于1973年9月在日本东京发动,有73个缔约方和29个非缔约方,共102个谈判方参加。这轮谈判在1979年4月结束时,达成了一揽子大范围的关税减让协议和一系列减少非关税壁垒措施新协议(即改进后的关贸总协定法律框架)。关税减让协议涉及3 000多亿美元的贸易额,使关税平均水平下降25%~35%。削减协议在8年内实施,使世界9个主要工业化国家的制成品的加权平均关税(平均关税与实际贸易流量之比)从7%降到4.7%。

八、第八轮多边贸易谈判(乌拉圭回合)

第八轮多边贸易谈判于1986年9月15日在乌拉圭举行,1993年12月15日在日内瓦结束,1994年4月15日在摩洛哥的马拉喀什城签署一揽子协议,签署方有125个国家和单独关税区、欧洲联盟和10个联系国以及联合国、世界银行、国际货币基金组织的代表。

(一)发动乌拉圭回合多边贸易谈判的目标

在乌拉圭回合多边贸易谈判的部长宣言中,提出此轮谈判力求达到下列目标:

(1)削减或取消关税、数量限制和其他非关税措施,制止和扭转贸易保护主义发展趋势,消除贸易扭曲现象,改善市场准入条件,进一步扩大世界贸易。

(2)维护关贸总协定的基本原则,完善多边贸易体制,将更大范围的世界贸易纳入统一的、有效的多边规则,促进关贸总协定目标的实现。

(3)强化多边贸易体制对国际经济环境变化的适应能力,使之更加开放、更具有持久生命力。

(4)促进国际合作,增强关贸总协定与有关国际组织的联系,加强贸易政策与其他经济政策之间的协调。

(二)乌拉圭回合多边贸易谈判的议题

《乌拉圭回合多边贸易谈判部长级会议宣言》阐明:乌拉圭回合多边贸易谈判共15个议题,分别为:(1)关税;(2)非关税措施;(3)热带产品;(4)自然资源产品;(5)纺织品和服装;(6)农产品;(7)关贸总协定条款;(8)保障条款;(9)反倾销;(10)补贴与反补贴措施;(11)争端解决;(12)与贸易有关的知识产权,包括冒牌货贸易问题;(13)与贸易有关的投资措施;(14)关贸总协定体制的作用;(15)服务贸易。第15个议题是美国等发达国家力主纳入关贸总协定体制的。

乌拉圭回合多边贸易谈判的15个议题就其性质和利益关系而言,大致可以分为五种类型:

1. 市场准入

它涉及所有商品贸易的谈判,如热带产品、自然资源产品、纺织品、农产品等,由关税和非关税的谈判结果衡量其进展和成果。谈判主要在供应商品缔约方与消费商品缔约方之间进行,维护本国或本地区商品的出口利益是本类议题的核心。

2. 新议题

乌拉圭回合谈判的新议题包括服务贸易、知识产权和与贸易有关的投资措施。新议题方面的谈判利益方以发达国家和发展中国家各为其基本主体。发达国家占绝对优势,且谈判范围和索要目标明确,准备充分;发展中国家则处于"仓促应战"境地,从"平衡"和"一揽子"角度看,谈判目标欠明确,谈判准备欠充分。

3. 多边贸易竞争规则

这方面的议题多与《关税与贸易总协定》条款的释义、补充和修改、完善有关,如反倾销、反补贴措施、原产地规则、保障措施条款、装运前检验、许可证程序、海关估价等。此类规则多与关税和非关税措施相衔接,直接体现了多边贸易体制规范国际贸易的效力。

4. 多边贸易谈判体制的程序和作用

此类议题含关贸总协定争端解决程序、贸易政策审议机制、关贸总协定体制的作用等议题,是有关多边贸易体制运作及在更大范围内与有关国际经济组织协作,以调节国际贸易体制运行的较为宏观的课题。

5. 农产品

农产品是一个特殊的议题。它主要涉及三方面的问题,即市场准入、消减补贴和农产品卫生检疫规定等。而这些问题与各国的政治、法律问题紧密相关,因此无法从单一角度或单一方面入手予以解决,而必须依靠关贸总协定的斡旋、磋商、各主要缔约方对国内农业政策的调整,以及缔约方之间在农产品生产和出口措施方面的协作来逐步消除分歧。

(三) 乌拉圭回合多边贸易谈判的成果

关贸总协定在该轮谈判参加方最多、持续时间最长、议题最多、讨论最激烈、成果最多。最后法律文件包括29项协议、协定,为国际贸易制定了更有力更明确的法律框架,确立了各成员的权利和义务,建立了使贸易政策更加透明的贸易政策审议机制和更为有效而又可信赖的争端解决机制;货物贸易市场开放的范围更广,关税减让承诺幅度更大,预见性和稳定性提高,将农产品和纺织品及服装纳入多边规则;建立服务贸易和与贸易有关的知识产权以及与贸易有关的投资多边规则框架,成立世界贸易组织取代关贸总协定,使1947年关贸总协定创始缔约方建立全球普遍性贸易组织的愿望成为现实。世界贸易组织是解决全球贸易争端和制定贸易政策的国际经济组织。

作为关贸总协定本身的削减关税和非关税措施的谈判也取得重大成果。

第一,工业品关税。从1995年到2000年,发达国家成员削减幅度约40%,平均关税率从6.3%降到3.8%,发展中国家成员的关税也大幅度降低;有18%的成员国工业品关税为零,发展中国家享受发达国家免税待遇的进口工业品的价值从20%提高到44%(乌拉圭回合结束后,又有40多个成员、92%以上的信息技术产品关税降到零);发达国家受约束的进口产品数量从78%增加到99%,发展中国家从21%增加到73%,从中央计划经济过渡的转型国家从73%增加到98%。

第二,为保护本国工农业设置的形形色色的非关税措施,都在2005年内逐步取消。涉及几乎全部工农业产品的市场准入问题都得到解决。

(四) 乌拉圭回合多边贸易谈判的历史性影响

乌拉圭回合多边贸易谈判达成的协议已经改变了原关贸总协定的性质,把只管货物贸易中的关税和非关税问题的协定延伸到服务贸易、与贸易有关的知识产权保护、与贸易有关的投资措施等广泛的经济领域,使占世界贸易额90%以上的国家都要接受这一整套规则的全面约束。所有世界贸易组织的成员都必须做出重大的法律和政策的调整来适应乌拉圭回合多边贸易协议的要求,同时又要做出重大的产业结构调整来适应开放竞争的挑战。各成员愿意对上述产业进行调整,主要原因就是为了使世界贸易更加自由,从而促进本国和世界经济的增长,改善和提高各国人民的生活水平。

乌拉圭回合多边贸易谈判的结果标志着全球贸易新格局的形成,真正接近了关贸总协定创立的宗旨。这有助于加强世界贸易的自由化和恢复世界经济的活力。

第二章 世界贸易组织

第一节 世界贸易组织概述

一、世界贸易组织产生的背景

世界贸易组织(World Trade Organization,缩写WTO,简称世贸组织)于1995年1月1日正式成立。世界贸易组织是根据关贸总协定第八轮(乌拉圭回合)多边贸易谈判达成的《建立世界贸易组织的协议》成立的。建立世界贸易组织协议的达成是乌拉圭回合多边贸易谈判的一项重大意外成果。

在1986年9月乌拉圭回合发动时,15项议题中并没有建立世界贸易组织的问题,只是设立了一个关于修改和完善关贸总协定体制职能的谈判小组,没有预见到要建立一个监督和协调多边贸易体制职能的新国际组织。但是由于乌拉圭回合多边贸易谈判不仅包括了传统的货物贸易问题,而且还涉及与贸易有关的知识产权保护、服务贸易、投资措施以及环境保护等新议题,并将预期达成的结果看作是一个相互联系的整体,所有参加方都要签署。

此外,谈判是作为一个整体进行的,各参加方理解所有问题的讨论都必须取得大体平衡的进展,而且需要为实现一个领域的目标而在另一个领域向其他方做出让步。因此,如何有效地贯彻执行乌拉圭回合谈判达成的各项协议,是否建立一个统一的争端解决体制,以处理各成员在众多协议下可能产生的任何争端,就自然而然地提到了多边贸易谈判的议事日程。

考虑到关贸总协定作为一项多边条约从1947年一直临时适用和以协调货物贸易为主的职能作用,无论从组织结构还是从协调职能来看,关贸总协定面对庞杂纷繁的乌拉圭回合多边贸易谈判协议均显示出其"先天"不足,有必要在关贸总协定的基础上创立一个正式的、明确的、合理的和强有力的国际贸易组织来协调、监督和执行新一轮多边贸易谈判的成果。

1990年初,欧共体提出建立一个多边贸易组织的倡议,得到支持;同年12月,布鲁塞尔贸易部长会议同意就建立多边贸易组织进行协商和谈判;1991年12月形成《关于建立多边贸易组织协议》的草案,并成为"邓肯尔最后案文"整体的一部分,后经过修改完善,并根据美国的意向,将"多边贸易组织"改名为"世界贸易组织"。《建立世界贸易组织的协议》于1994年4月15日在摩洛哥的马拉喀什城部长会议上获得通过,与其他各项附件协议和部长级会议宣言及决定共同构成了乌拉圭回合多边贸易谈判的一揽子成果,并采取"单一整体"义务和无保留例外接受的形式,被当时参加会议的参加方政府代表所签署。

世界贸易组织在关贸总协定的基础上于1995年1月1日正式成立。关贸总协定和世界贸易组织在1995年共存一年,在这一年的过渡期内,1947年关贸总协定的规则继续适用。1996年1月1日,世界贸易组织取代关贸总协定成为国际多边贸易体制得以运转的基础和法律载体,监督、协调和管理新多边贸易与法律体系,作为在过去近半个世纪的世经济中扮演着事实上的"国际贸易组织"角色的关贸总协定已完成其历史使命。

二、《建立世界贸易组织的协议》

《建立世界贸易组织的马拉喀什协议》(Marrakech Agreement Establishing the World Trade Organization,简称 WTO Agreement)简称《建立世界贸易组织的协议》,由序言、正文16条和4部分附件组成。

(一)协议本身内容

《建立世界贸易组织的协议》主要内容是:

(1)阐述了世界贸易组织的宗旨。

(2)规定了世界贸易组织的多边贸易规则范围、职能。

(3)规定了世界贸易组织的机构、地位及与其他国际组织的关系。

(4)规定了世界贸易组织的预算和会费原则。

(5)规定了世界贸易组织的决策程序和要求。

(6)规定了对《建立世界贸易组织的协议》及其附件的修订原则和程序。

(7)对成员资格、加入、特定成员之间互不适用多边贸易协议,以及接受、生效和保存、退出等作了程序性规定。

该协议还要求各成员做出努力,以增加全球经济决策的一致性。但《建立世界贸易组织的协议》本身并未包括具有实质性意义的贸易政策义务,这些义务体现在协议的4个附件中。

(二)协议的附件

世界贸易组织有关协调多边贸易关系和解决贸易争端,以及规范国际贸易竞争的实质性规定均体现在4个附件中。世界贸易组织的法律体系主要由多边货物贸易协议、服务贸易总协定、与贸易有关的知识产权协定、争端解决机制和贸易政策审议机制等方面共22项协定和协议构成。

1. 附件一

附件一包括:(1)多边货物贸易协议,即1994年关税与贸易总协定及其12个配套协议(农业协议、纺织品与服装协议、实施卫生与植物卫生措施的协议、技术性贸易壁垒协议、与贸易有关的投资措施协议、海关估价协议、装运前检验协议、原产地规则协议、进口许可程序协议、反倾销协议、补贴与反补贴措施协议、保障措施协议);(2)服务贸易总协定;(3)与贸易有关的知识产权协定。

2. 附件二

附件二是关于争端解决规则与程序的谅解。

3. 附件三

附件三是贸易政策审议机制。

4. 附件四

附件四是4个诸边贸易协议,即《国际牛肉协议》《国际奶制品协议》《政府采购协议》《民用航空器贸易协议》。

此外,世界贸易组织协议还包括与《建立世界贸易组织的协议》有关的一系列部长级会议决定、决议、宣言、谅解,以及世界贸易组织成立后达成的协议,如《自然人流动服务协议》

《基础电信协议》《金融服务协议》《信息技术产品协议》等。

因此,可以说世界贸易组织有一个规模宏大的法律体系,归纳起来主要由一部基本法(《建立世界贸易组织的协议》)、二项程序法(《关于争端解决规则与程序的谅解》和《贸易政策审议机制》)、三部实体法(关贸总协定、服务贸易总协定、与贸易有关的知识产权协定,以下简称"三大协定")及其配套、附属协议构成。世界贸易组织的法律结构如图2.1所示。

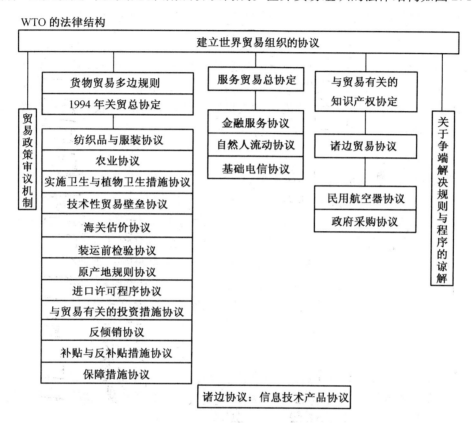

图 2.1　世界贸易组织的法律结构

三、世界贸易组织的宗旨

《建立世界贸易组织的协议》的序言阐述了世界贸易组织的宗旨,也是全部协议的目标,即提高世界范围内人民的生活水平,保证充分就业和大幅度稳步提高实际收入和有效需求,扩大货物与服务的生产和贸易,为持续发展之目的扩大对世界资源的充分利用,保护和维护环境,并以符合不同经济发展水平下各自需要的方式,加强采取各种相应的措施,确保发展中国家,尤其是最不发达国家,在国际贸易增长中获得与其经济发展需要相应的份额。

协议指出实现这些目标的方法是,互惠互利安排,切实降低关税和其他贸易壁垒,在国际贸易关系中消除歧视待遇,建立一个完整的更有活力和持久的多边贸易体系。具体实施这一宗旨的基本原则是:非歧视原则、开放市场原则、公平竞争原则、透明度原则,以及对发展中国家给予特殊与差别待遇等。

四、世界贸易组织的机构和职能

世界贸易组织是成员政府间规范、协调、管理成员的与贸易有关的、影响贸易正常发展的法律、政策、措施的契约式国际组织。

世界贸易组织总部设在瑞士日内瓦,其机构在原关贸总协定秘书处的基础上改革、扩充、增设而成。根据《建立世界贸易组织的协议》,世界贸易组织主要由下列机构组成:

(一)部长级会议

世界贸易组织的最高权力机构是部长级会议(Ministerial Conference)。部长级会议由所有世界贸易组织成员的部长级代表参加,它至少每两年召开一次大会。其职责是履行世界贸易组织的职能,并为此采取必要的行动或措施。部长级会议有权对各多边贸易协议中的任何事项做出决定。

(二)总理事会

世界贸易组织的常设机构是总理事会(General Council),负责世界贸易组织的日常会议和工作。总理事会由所有成员的代表组成,总理事会酌情召开会议,通常每年召开6次左右,向部长级会议报告。总理事会在部长级会议休会期间,行使部长级会议的各项职能,对世界贸易组织实施不间断的管理;监督世界贸易组织工作的各个方面,同时能够处理重要的紧急事务;并执行《建立世界贸易组织的协议》规定的各项职能。总理事会还有两个具体职能:《建立世界贸易组织的协议》要求总理事会作为"争端解决机构"与"贸易政策审议机构"召开会议。实际上,总理事会是"一个机构三个牌子",根据不同的职权范围召开不同的会议。

(三)争端解决机构

总理事会会议作为争端解决机构(Dispute Settlement Body,缩写DSB),负责世界贸易组织争端解决机制的运行,"三大协定"中有关争端的仲裁与处理。争端解决机构下设上诉机构及应争端当事方要求随时成立的争端解决评审组。

(四)贸易政策审议机构

总理事会会议作为贸易政策审议机构(Trade Policy Review Body,缩写TPRB),负责审查各成员的贸易政策,实施贸易政策审议的安排。

(五)理事会

理事会(Council)是总理事会的第一组下属机构,也是最重要的一组,负责世界贸易组织的主要职能,现设立三个理事会,即货物贸易理事会、服务贸易理事会、知识产权理事会。他们在总理事会的指导下进行工作,分别负责监督与所有成员根据货物贸易、服务贸易、知识产权协定所承担的义务有关的工作。

1. 货物贸易理事会

货物贸易理事会(Council for Trade in Goods),主要负责监督执行1994年关贸总协定及其配套的各项货物贸易协议和总理事会所赋予的职责。

货物贸易理事会现下设市场准入委员会、农业委员会、卫生与植物卫生措施委员会、与贸易有关的投资措施委员会、原产地规则委员会、进口许可程序委员会、反倾销措施委员会、补贴与反补贴措施委员会、保障措施委员会、海关估价委员会、技术性贸易壁垒委员会、以及纺织品监督机构、扩大信息技术产品贸易参加方委员会等。

2. 服务贸易理事会

服务贸易理事会(The Council for Trade in Services),主要负责《服务贸易总协定》及其部门协议和总理事会所赋予的职责。服务贸易理事会现下设有金融服务贸易委员会、具体承诺委员会等机构。

3. 与贸易有关的知识产权理事会

与贸易有关的知识产权理事会(The Council for TRIPS),或简称 TRIPS 理事会,主要负责《知识产权协定》以及总理事会所赋予的职责。

每个理事会都向所有希望参加的成员开放,理事会在必要时召开会议。三个理事会根据各自所管辖的贸易领域和职权范围设立相应的下属机构,并规定下属机构的职权和批准其议事程序规则。

(六)委员会

委员会(Committee)是《建立世界贸易组织的协议》规定的总理事会的第二组下属机构,执行由《建立世界贸易组织的协议》、多边贸易协议所赋予的职能,以及由总理事会赋予的额外职能。他们负责处理跨部门的广泛的事务,包括负责处理三个理事会的共性事务以及三个理事会管辖范围以外的事务。各委员会向总理事会直接负责。现有五个委员会:预算财务和行政管理委员会(Committee on Budget, Finance and Administration,简称预算委员会),负责审议世界贸易组织秘书处提交的年度预算草案和财政报告,并就此向总理事会提出建议,就如何在成员之间分摊世界贸易组织开支和对欠款采取措施等问题向总理事会提出建议,起草世界贸易组织财务条例;贸易与发展委员会(Committee on Trade and Development,简称 CTD)负责审议发展中国家的特殊条款的实施情况;国际收支限制委员会(Committee on Balance of Payments Restrictions,简称 BOP)负责审议成员因国际收支原因而采取的贸易限制措施;贸易与环境委员会(Committee on Trade and Environment)负责审议贸易与环境的关系及其影响;区域贸易协定委员会(Committee on Regional Trade Agreements)负责审议区域集团与世界贸易组织的关系及其影响;以后根据需要,还可能设立其他委员会。所有成员均可参加上述委员会。在各委员会下,根据需要还设立各种专门机构以处理各种事务,如贸易与发展委员会还要定期审议多边贸易协议中有利于最不发达国家的特殊条款,为此设立了"最不发达国家小组委员会"(Subcommittee on Least-Development Countries)。这些常设的委员会对所有成员开放。

(七)诸边贸易协议设置的委员会

诸边贸易协议设置的委员会(Committee)是总理事会的第三组机构,可称为附属机构,现有:政府采购委员会(Committee on Government Procurement)、民用航空器贸易委员会(Committee on Trade in Civil Aircraft)等,国际奶制品委员会、国际肉类委员会因这两项协议于 1997 年底废止,其职能转给农业委员会和卫生与植物卫生措施委员会承担。诸边贸易机构的职能由诸边贸易协议赋予,在世界贸易组织体制框架内运作,并定期向总理事会通报其活动。

此外,世界贸易组织还临时设立一些机构,通常称为"工作组"(Working Party / Working Group)。设立工作组是为了研究和报告出现的事务,并最终要求理事会或总理事会做出决定,一些工作组承担有关谈判的组织工作。如贸易与投资关系工作组,贸易与竞争政策相互关系工作组,政府采购透明度工作组,贸易、债务与财政工作组,贸易与技术转让工作组,加入世界贸易组织工作组,以及货物贸易理事会下属的国有贸易企业工作组,服务贸易理事会下属的国内法规工作组、服务贸易总协定规则工作组等。WTO组织结构图如图2.2所示。

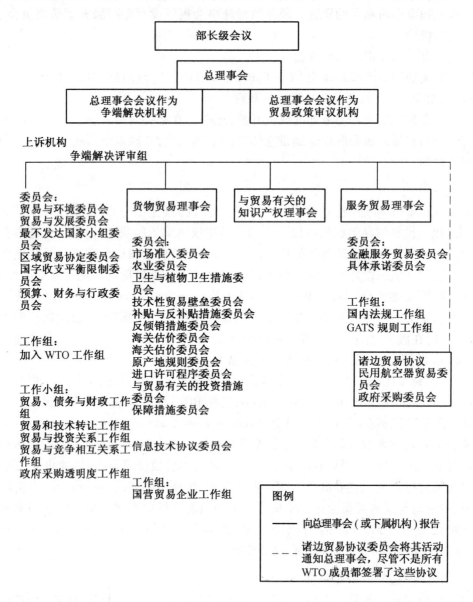

图2.2 WTO组织结构图

(八)秘书处

秘书处(The Secretariat of WTO)为世界贸易组织的日常办事机构,设总干事一名。它由部长级会议任命的总干事(Director-General,简称DG)领导。总干事的权力、职责、任职条件和任期由部长级会议通过规则确定。总干事有权指派其所属工作人员。

在履行职务中,总干事和秘书处工作人员均不得寻求和接受世界贸易组织以外的任何政府或机构的指示,避免任何有损国际职员身份的行为。各成员应尊重他们职责的国际性质,不能对他们行使职权施加影响。

秘书处的主要职责是：

（1）为世界贸易组织的代表机构（理事会、委员会、工作组和谈判组等）进行谈判和执行协议提供行政和技术支持。

（2）为发展中国家成员，特别是最不发达国家成员提供技术援助。

（3）世界贸易组织的经济学家和统计学家对贸易实绩和贸易政策进行分析。

（4）在涉及世界贸易组织规则和先例解释的贸易争端解决中，由法律雇员提供帮助。

（5）处理新成员的加入谈判，为准备加入国家和地区提供咨询。

秘书处设立若干司负责上述工作（详见表2.1），为世界贸易组织的活动提供广泛的支持，如技术合作、经济分析和信息等。一些司专门负责支持某些委员会的工作，如农业与商品司支持农业委员会和卫生与植物卫生措施委员会的工作。

世界贸易组织全体成员可以参加所有理事会和委员会（大部分委员会为自愿参加，因此只有贸易与发展委员会的成员数才接近世界贸易组织本身的成员数），但上诉机构、争端解决评审组、纺织品监督机构及诸边贸易协议委员会除外。

《建立世界贸易组织的协议》赋予世界贸易组织法人资格，给予世界贸易组织及其工作人员在履行职责时必需的特权与豁免，与联合国专门机构及其工作人员享受的特权与豁免相似。

表2.1　WTO秘书处机构设置

机 构 名 称	主 要 职 能
加入司 Accessions Division	加入WTO谈判
行政与总务司 Administration and General Services Division	为秘书处与成员服务，包括预算、财务、差旅、采购、膳宿管理
农业与商品司 Agriculture and Commodities Division	负责农产品的谈判及相关协议的履行等
理事会与贸易谈判委员会司 Council and Trade Negotiations Committee Division	部长级会议、总理事会、争端解决机构、贸易谈判委员会等
发展司 Development Division	贸易和发展，最不发达国家
经济研究与统计司 Economic Research and Statistics Division	为WTO提供经济分析与研究
人力资源司 Human Resources Division	负责WTO秘书处职员的人事管理

续表 2.1

机 构 名 称	主 要 职 能
信息司 Informatics Division	为 WTO 秘书处和成员提供信息技术服务
信息与对外关系司 Information and External Relations Division	为各类受众提供信息,负责网站、出版物与非政府组织的联系
培训与技术合作学院 Institute for Training and Technical Cooperation	为发展中国家与最不发达国家提供技术与能力建设
知识产权司 Intellectual Property Division	知识产权,竞争,政府采购
语言、文件和信息管理司 Languages, Documentation and Information Management Division	翻译、文件和信息资料管理等
法律事务司 Legal Affairs Division	为 WTO 和发展中国家提供法律支持、争端解决等
市场准入司 Market Access Division	为货物贸易理事会,市场准入、海关估价、原产地规则、进口许可程序、信息技术产品委员会提供服务
规则司 Rules Division	反倾销与反补贴措施,保障措施,投资措施、国有贸易,民用航空器贸易等
技术合作审计司 Technical Cooperation Audit Division	技术合作与审计,为贸易与发展委员会提供报告
贸易与环境司 Trade and Environment Division	贸易与环境,技术性贸易壁垒
服务贸易司 Trade in Services Division	为成员履行《服务贸易总协定》提供建议等
贸易政策审议司 Trade Policy Reviews Division	贸易政策审议、区域贸易协定审议

五、世界贸易组织的职能

根据《建立世界贸易组织的协议》,世界贸易组织负责管理"一个完整的、更可行的和持久的多边贸易体制,以包括《关税与贸易总协定》、以往贸易自由化努力的结果以及乌拉圭回合多边贸易谈判的全部成果"。世界贸易组织作为一个正式的国际机构,为处理和协调成员间的多边贸易关系提供了一个重要的框架机制。该协议第3条规定了世界贸易组织的5项主要职能。

(一) 管理职能

管理职能即实施世界贸易组织的各项协议。世界贸易组织的首要的和最重要的职能是促进《建立世界贸易组织的协议》和多边贸易协议的执行、管理和运作,并促进各协议目标的实现;并对诸边贸易协议的执行、管理和运作提供框架。这表明世界贸易组织具有行政组织的管理职能。但是,对多边贸易协议和对诸边贸易协议的管理是有区别的,诸边贸易协议虽然在世界贸易组织框架内,但却不能期望获得与多边贸易协议同样程度的支持。

(二) 谈判职能

世界贸易组织的第二项职能是提供谈判场所。包括两类谈判:第一类谈判是对《建立世界贸易组织的协议》及所列各项协议所涉事项或议题的多边谈判,这是专门为世界贸易组织设立的;第二类谈判是世界贸易组织部长级会议可能决定的、有关多边贸易关系的进一步谈判,即为扩大国际贸易自由化领域的谈判,世界贸易组织可以提供使谈判结果生效的框架。其谈判职能的行使主要围绕这两个核心内容进行。

(三) 解决争端职能

管理实施争端解决的规则和程序的谅解;协调解决成员间在货物贸易、服务贸易和知识产权领域及其相互之间出现的贸易纠纷与争端。世界贸易组织行使贸易争端"国际法院"的职能。因为,它的争端解决机制比关贸总协定的主要以道德约束力为手段的机制更具权威性和"法院"裁决的意义。

(四) 贸易政策审议职能

管理实施贸易政策评审机制,审议各成员实施的与贸易相关的国内经济贸易政策。政策审议是贸易政策透明度原则的延伸与具体运作表现,其目的在于促进各成员严格遵守多边贸易协定及其接受的诸边贸易协议的规则、义务和承诺。贸易政策审议职能无疑对严肃"国际贸易统一法"的法律规则,规范各成员国内的贸易立法,以使其符合"统一法"具有重要意义。

(五) 与其他国际组织合作的职能

为达到全球经济决策的更大一致性,世界贸易组织将以适当的方式与国际货币基金组织、世界银行及其附属机构、世界知识产权组织等国际组织进行合作,以更好地协调制定全球经济政策。世界贸易组织成立后,与上述国际组织进行了协商,做出了临时安排,内容包括相互给予对方观察员资格,相互提供有关文件与数据,就国际收支平衡、货币兑换以及其他财政金融事项进行协商。

此外,它还有帮助发展中国家成员发展经济贸易的职能,对发展中国家和最不发达国家成员提供技术援助和培训;以及组织编写年度世界贸易报告和举办世界经济与贸易研讨会等职能。

六、世界贸易组织的地位

根据《建立世界贸易组织的协议》的规定,世界贸易组织具有如下的地位:

(1) 世界贸易组织具有法人资格,其成员应赋予世界贸易组织在行使职能时必要的法定能力。

(2)世界贸易组织每个成员向世界贸易组织提供其履行职责时所必需的特权与豁免权,如:任何形式的法律程序豁免,财产、金融及货币管制豁免,所有的直接税、关税豁免及公务用品和出版物的进出口限制豁免等。

(3)世界贸易组织官员和各成员代表在其独立执行与世界贸易组织相关的职能时,享有每个成员提供的所必需的特权与豁免权。该特权与豁免权等同于联合国大会于1947年11月21日通过的《专门机构特权及豁免公约》所规定的特权与豁免权。

(4)世界贸易组织可以与其他国际组织进行协商和合作,并缔结协议。

七、世界贸易组织的决策

世界贸易组织的决策,按决策的内容与性质而言,可分为六类:第一类是一般性决策;第二类是世界贸易组织的协定、协议相关条款做出解释的决策;第三类是行使豁免权的决策;第四类是修改协定、协议的决策;第五类是部长级会议关于谈判其他协议的决策;第六类是关于诸边贸易协议的决策。按照决策的形式分,可分为协商一致决策和投票决策两种形式。

(一)协商一致决策机制

《建立世界贸易组织的协议》第6条规定,除非另有规定,世界贸易组织以关贸总协定所遵循的"决定、程序和惯例为指导",即继续实行1947年关贸总协定所遵循的经协商一致做出决定的惯例,又称为合意决策。合意(协商一致)的含义是"在做出决定的会议上,如果任何一个与会的成员对拟通过的决议不正式提出反对"就算达成合意。如不能以协商一致方式达成决定时,则将以投票决定。在部长级会议和总理事会上,世界贸易组织成员均有一票投票权。通常,一项决议以多数通过,除非另有规定。

争端解决机构关于成立评审组的申请、通过评审组审议报告或上诉机构审议的报告,除非协商一致反对,否则该申请或报告通过,即"反向"协商一致。

(二)投票决策

1.以全体成员通过的决议事项

对《建立世界贸易组织的协议》第9条(决策条款)、《1994年关贸总协定》第1条和第2条(最惠国待遇和关税约束条款)、《服务贸易总协定》第2条第1款(服务贸易的最惠国待遇条款)和《知识产权协定》第4条(与知识产权有关的最惠国待遇和国民待遇条款)所做的修订,只有被所有成员接受后方可生效。

2.以四分之三多数通过的决议事项

(1)部长级会议和总理事会拥有《建立世界贸易组织的协议》和多边贸易协议解释的专门权利,通过解释的决定以成员四分之三多数通过。

(2)有关豁免义务的申请,如不能协商一致,部长级会议可以四分之三表决方式做出免除一成员义务的决定,并必须详细说明给予豁免的原因、给予的条件及结束的日期,除有另外规定。超过一年的免除义务决定,要定期接受部长级会议审评,直到免除终止。

3.以三分之二多数通过的决议事项

(1)除上述1需全体成员一致通过修正的条款外,对《建立世界贸易组织的协议》或货物贸易多边协议、知识产权协定的其他条款以及服务贸易总协定第一、二、三部分的修正需得到三分之二以上成员同意。如果某项修正从实质上改变成员的权利和义务,那么,即使已获得三分之二多数通过,也将只对那些接受此类修正的成员生效。

但是,《建立世界贸易组织的协议》又规定,"部长级会议可经四分之三成员同意决定",根据上述规定生效的任何修正属于这样的性质,即任何成员在部长级会议规定的时限内不接受修正,则可退出世界贸易组织,或经部长级会议同意,仍为成员。这就是说,若某项修正有特殊的重要性,却未被某成员接受,那么该成员可退出或被开除出世界贸易组织。

(2)新成员的加入需要三分之二以上成员的批准。

4. 以简单多数(即半数以上)通过的决议事项

(1)部长级会议和总理事会的决定以所投票数的简单多数做出,除非有关协议另有规定。

(2)有关知识产权协定中提高现行知识产权保护水平的修正以及所有接受这些协议的决定,只要由部长级会议以简单多数通过即可。

八、世界贸易组织的成员

《建立世界贸易组织的协议》对世界贸易组织创始成员、加入与退出做出了规定。

(一)成员资格

《建立世界贸易组织的协议》规定了两种成为世界贸易组织成员的方法:

1. 创始成员

原关贸总协定的缔约方无保留地接受《建立世界贸易组织的协议》及其多边贸易协议,在货物贸易和服务贸易方面做出减让和承诺,并已经各方接受,其承诺和减让表分别附在《1994年关贸总协定》和《服务贸易总协定》之后,即无条件一揽子接受乌拉圭回合所有协议的原关贸总协定缔约方,是世界贸易组织的创始成员。成为世界贸易组织创始成员的最不发达国家应遵守相同的基本条件,但"只需承担与其各自发展、财政和贸易需要或管理和机构能力相符的承诺和减让"。

2. 加入成员

任何国家或拥有对外贸易自主权的单独关税区,经过谈判按其与世界贸易组织成员达成的条件,可以加入世界贸易组织。协议并没有明确规定加入成员的条件,不同的申请方根据自己的经济发展水平进行谈判,加入只是根据申请方与世界贸易组织议定的条件(具体体现在加入议定书和减让表中),虽然新成员的加入条件的情况有所不同,但目的在于使申请方与现有成员处在相似的水平上,使申请加入方权利和义务大体平衡。

3. 观察员

已申请加入世界贸易组织的国家或单独关税区可以申请成为世界贸易组织的观察员,未申请加入世界贸易组织的国家或单独关税区也可以申请,经批准后成为世界贸易组织的观察员(但5年内必须开始进行加入世界贸易组织的谈判),观察员可以列席世界贸易组织的一些会议和谈判。国际组织也可以申请经批准成为观察员,世界贸易组织总理事会及其下属机构各有数量不等的国际组织观察员,它们参加相关议题的会议和讨论。预算财务和行政管理委员会、争端解决机构和加入世界贸易组织工作组没有国际组织观察员。

(二) 加入程序

所有成员都必须经过谈判才能加入世界贸易组织,因此,成员资格意味着权利和义务的平衡。加入世界贸易组织一般有四个程序(图2.3):

申请加入方提交书面申请,表明其根据《WTO协议》第12条加入WTO的愿望	申请散发WTO全体成员,并列入总理事会会议会程
总理事会审议加入申请并设立工作组,其职权范围为标准格式,工作组对所有感兴趣的WTO成员开放,经与申请加入方和工作组成员磋商后,任命工作组主席	工作组职权范围的标准格式:"审议根据《WTO协议》第12条加入WTO的申请。并向总理事会或部长级会议提交可包括加入议定书草案在内的建议。"
召开工作组第一次会议的请求(WTO秘书处应请求可提供技术援助)	准备并散发以下文件: 外贸制度备忘录(格式根据WTO文件WT/WCC/1及WT/ACC/4) 按照协调制度(HS)编制的现行实施关税税则 有关法律法规 提交以上文件后,工作组成员通常会提出书面问题,澄清外贸制度的运作。申请加入方需准备并散发书面答复。作为一般规定,所有文件需以WTO的3种工作语言(英语、法语和西班牙语)在会议召开4~6周前散发
工作组举行第一次会议(至少在正式散发关于问题和答复的文件6周后)	会议审议备忘录及关于问题与答复的文件,并为今后的工作作出安排
应请求,工作组再次召开(数次)会议	进一步审议备忘录及其他文件,一般以工作组成员进一步提出的问题为基础
准备工作组报告书草案(工作组讨论情况总结)、决定草案、加入议定书草案(包含申请加入方与工作组成员议定的加入条件,附货物贸易和服务贸易减让表),提交总理事会或部长级会议通过	有关外贸制度的审议深入进行后,开始双边货物贸易和服务贸易市场准入谈判。谈判取得进展,最终达成双边协议。准备多边审议货物贸易和服务贸易减让表,减让表将附在加入决定书之后
工作组举行最后一次正式会议	工作组通过并向总理事会或部长级会议提交以下文件: 工作组报告书草案 货物贸易和服务贸易减让表 加入议定书草案,货物贸易和服务贸易减让表
WTO总理事会或部长级会议以2/3多数通过加入议定书、工作组报告书和决定草案	"总理事会将根据《WTO协议》第9条第1款(即协商一致原则)寻求做出决定。如不能做出决定,这一问题将根据《WTO协议》第9条或第12条(即2/3多数)通过投票决定。以上程序不阻止一成员在做出决定时提出进行投票的请求。"(1995年11月15日总理事会决定,WTO文件WT/L/93)
申请加入方签署或递交批准书接受加入议定书	
加入议定书自申请加入方签署或递交批准书后第30天起生效	

图2.3 加入WTO的程序

1. 申请与提交贸易政策备忘录

申请加入方提交书面申请,世界贸易组织秘书处将申请散发给全体成员,把审议加入申请列入总理事会会议议程,总理事会审议申请并设立工作组,所有对申请感兴趣的成员都可以参加工作组。申请方提交其与《建立世界贸易组织的协议》有关的贸易和经济政策的全面情况的对外贸易制度备忘录。

2. 工作组审议

工作组对申请方的对外贸易制度备忘录进行审议,包括对现行关税税则及有关法律、法规等贸易措施进行审议。工作组成员通常要求申请方进一步说明和澄清对外贸易制度的运作情况,申请方需做出书面答复。工作组根据需要举行多次会议,审议申请方的对外贸易制度和有关答复。

3. 与世界贸易组织成员进行双边谈判

当工作组在原则和政策审议方面取得足够进展时,未来的新成员同要求与其谈判的各成员(主要是与其有重要贸易利益的成员)之间进行双边货物贸易和服务贸易市场准入的平行谈判,并达成双边市场准入协议。

4. 工作组报告、加入议定书及加入生效

当工作组完成了对申请者的贸易体制的审议,而且平行的双边市场准入谈判也已结束,工作组便可以归纳、综合各个双边协议,与申请者一起谈判加入议定书。加入议定书包括经综合的申请方与成员达成的加入条件、货物贸易和服务贸易减让承诺表。工作组报告书则是工作组讨论情况的总结。

工作组最后一次会议通过加入议定书与工作组报告书后,达成同意申请方加入世界贸易组织的决定,提交总理事会或部长级会议审议通过。如果世界贸易组织成员的三分之二多数投票同意,申请者即可签署议定书,加入世界贸易组织。在一般情况下,申请方的议会或立法机构必须核准该议定书。该申请方将加入决定书送总干事后30天生效,成为世界贸易组织正式成员。

(三)特定成员之间互不适用多边贸易协议

由于政治或其他原因,某些国家可能不希望世界贸易组织的规则在它们之间适用,对此,协议规定如果任何成员在自己或另一成员成为正式成员时明确表明不同意互相适用多边贸易协议,则在有关成员之间可互不适用。如萨尔瓦多在我国加入时提出互不适用。

(四)退出

任何成员可以退出世界贸易组织,包括适用于所有多边贸易协议和《建立世界贸易组织的协议》本身,退出从递交退出通知被总干事接受6个月后生效。

九、世界贸易组织成员的权利和义务

《建立世界贸易组织的协议》本身虽然只对成员规定了2项义务:即所有成员需要交纳在世界贸易组织费用中分摊的份额,并保证其法律、法规和行政程序符合《建立世界贸易组织的协议》所附各项协议所规定的义务。但世界贸易组织是契约式的贸易组织,成员的权利和义务基本上是平衡的。一成员享受其他成员给予市场准入的特权以及贸易规则所提供的权利,反过来他必须承诺开放自己的市场,并具有遵守规则的义务,承诺是在成员资格或加入谈判中形成的结果。按照世界贸易组织各项协议的规定和加入谈判的条件,综合起

来,成员应享受的权利和应尽的义务主要有:

(一) 世界贸易组织成员享有的基本权利

(1) 在所有成员中享受多边的、无条件的、稳定的最惠国待遇和国民待遇的权利。

(2) 享受其他世界贸易组织成员提供的货物与服务市场准入、关税和非关税减让措施的权利。

(3) 享受其他成员提供的知识产权保护的权利。

(4) 利用世界贸易组织的体制,采取"豁免"与保障措施的权利。

(5) 利用世界贸易组织的贸易争端解决规则与程序,同有关成员进行磋商,公平、客观、合理地解决与其他成员的贸易争端的权利。

(6) 享有世界贸易组织成员利用各项规则、采取促进本国经贸发展的权利。

(7) 获取其他成员的贸易政策和措施等信息资料的权利。

(8) 参与审议其他成员的贸易政策是否符合世界贸易组织规则的权利。

(9) 参加世界贸易组织及其附属机构各项活动的权利。

(10) 发展中国家成员可享受一定范围内的普惠制待遇及对发展中国家成员差别优惠待遇或过渡期安排。

(二) 世界贸易组织成员应履行的基本义务

(1) 在货物、服务、知识产权等方面,根据世界贸易组织规定,给予其他成员最惠国待遇和国民待遇。

(2) 根据世界贸易组织有关协议规定,给予其他成员以货物、服务市场准入、关税和非关税措施减让的义务。

(3) 按照《知识产权协定》规定,规范知识产权的保护措施。

(4) 谅解其他成员根据其情况,采取"豁免"与保障措施。

(5) 根据世界贸易组织争端解决规则与程序,与其他成员公正地解决贸易争端。

(6) 保证其法律、法规和行政程序符合建立世界贸易组织各项协议所规定的义务。

(7) 增加贸易政策和有关法规的透明度,向世界贸易组织及其成员提供本国贸易政策和措施等信息资料。

(8) 接受世界贸易组织的贸易政策审议。

(9) 缴纳一定比例的会费。会费基本上按每一成员的货物与服务的出口量在成员总出口量中的比例分摊,最少的分摊比例为 0.03%,这一比例对贸易量在世界贸易组织成员总贸易量所占份额不足 0.03% 的成员适用。

第二节 世界贸易组织的作用与影响

世界贸易组织的成立是国际经济贸易机构体制的重大变革。从关贸总协定到世界贸易组织的转变,对世界经济贸易的影响意义深远。从《建立世界贸易组织的协议》和三大协定及其各项附属协议的内容、范围和体制职能,及其对今后国际经济贸易发展的影响看,与 1947 年关贸总协定相比较,世界贸易组织在强化和完善世界多边贸易体制职能作用和规范国际贸易竞争规则方面取得了许多新的进展,主要表现在以下几方面:

一、成为三足鼎立的国际经济机构之一

作为一个正式负责国际经济贸易政策、法律与争端解决的国际组织,世界贸易组织是世界新多边贸易体制得以有效运转的基础。它与负责稳定国际货币金融体系的国际货币基金组织(IMF)和为发展经济与生产提供资本的世界银行(IBRD)一起构成世界经济的完整体系,形成三足鼎立、各司其职、协调配合的世界经济与贸易的国际经济机构。

二、确立了比较完整的国际贸易法律框架

世界贸易组织的一系列协议被世界上绝大多数的国家和地区接受,这套贸易规则成为世界各国从事国际贸易所不得不遵守的国际规范,是各国制定相关法律、法规和政策措施的最基本的参考依据。在经济全球化不断发展的今天,即使不是世界贸易组织成员的国家,只要从事国际贸易活动,也不得不被动地遵守这套规则。这标志着一套比较完整的国际贸易法律体系的确立,也可以说基本形成了国际贸易统一法。

三、拓宽了世界贸易组织的职责范围

世界贸易组织扩大和拓宽了多边贸易体制的协调领域和范围,不仅把以协调货物贸易(除农产品和纺织品外)为宗旨的关贸总协定多边贸易体制的管理权限扩展到服务贸易、知识产权、与贸易有关的投资措施以及农产品和纺织品等领域,而且将传统商品领域拓展到高新技术产品和电子商务以及环境保护等领域,还要不断地向新的与国际贸易有一定直接或间接关系的领域拓展。

世界贸易组织增强和延长了其在世界多边贸易关系中的管理"触角",即新多边贸易体制不仅调整与进出口贸易有关的关税及非关税的边境措施,而且还涉及各成员的宏观调控措施,在货物、服务、投资、知识产权以及产业与税收、财政与货币政策等方面的国内政策与国内法律法规的制定与执行。

世界贸易组具有健全的机构和组织规则,各项工作,如现有协议的修改、新协议的谈判等可以持续不断地进行。这种机制为随时推动开放市场、拓展贸易、及时处理国际经济贸易中的重大问题,进而健全国际贸易制度提供了充分的条件和机会。

四、强化了解决成员间贸易争端的体制

世界贸易组织的争端解决机制健全,适用范围广泛,负责审理争端的专家条件严格,具有明确的、统一的程序、规则和时间限制,审理较为公正、迅速,呈现出多边化和司法化趋势。反向协商一致通过的规则,有利于评审组的成立、上诉机构裁决的通过,报复和补偿相当于自动通过、生效,从而增强了世界贸易组织争端解决机制的权威。

五、完善了贸易政策审议制度

世界贸易组织进一步完善了贸易政策审议机制,使之制度化、法律化,增强了各成员贸易政策的透明度,减少了贸易摩擦,有利于维护多边贸易体制的稳定性。世界贸易组织成员间的相互审议,鼓励各成员政府更加严格地遵守世界贸易组织的规则和纪律,并履行其承诺。实际上审议已取得两个明显的效果:一是使外界能够理解一成员的政策和情况;二是为受审议的成员提供了关于其在贸易体制中表现的反馈。

六、考虑了发展中国家成员的利益

世界贸易组织的各项协议在一定程度上反映和体现了发展中国家特别是最不发达国家在经济发展水平和资金贸易方面的需要,就发展中国家的特殊和差别优惠待遇作了较明确的法律表述。

第三节 世界贸易组织运作

世界贸易组织成立以来,按照其各项协议赋予的职权进行运作,有关协议的履行情况良好,取得了较大成果,显示了一定的活力。此外,世界贸易组织还要对一些领域协议实施情况的评估,对一些领域开展新的谈判,部分工作计划已经完成,但也有许多议程没有按期完成。

一、世界贸易组织成立以来的主要工作与成果

(一)落实乌拉圭回合协议内容,继续谈判有关协议

世界贸易组织继续在一些领域进行谈判。迄今为止,通过谈判已达成几个重要的协议:(1)1995年7月28日谈判达成《自然人流动服务协议》;(2)1997年4月15日达成《基础电信协议》;(3)1997年3月26日达成减让信息技术产品关税的《信息技术产品协议》;(4)1997年12月13日达成《金融服务协议》,为推进贸易自由化做出了贡献。

(二)解决成员之间贸易争端

世界贸易组织成立以来,受理了大量的贸易争端,这反映了各国、各成员对争端解决机制的信任不断增强。1995年至2009年9月30日,WTO争端解决机构受理的争端案件总数已达400起,其中进入评审组程序的122起,进入上诉机构程序的114起。大部分案件在在"庭外"解决(即磋商阶段),相当一部分案件在评审组程序中解决,只有一部分案件在最终裁决阶段解决。绝大部分案件得到了及时公正的解决,在一定程度上维持了国际贸易的公平。

此外,利用这一机制的国家类型越来越多,而且,发展中国家成员作为起诉方的案件大量增加。如委内瑞拉起诉美国限制汽油进口案是发展中国家成员起诉发达国家成员并胜诉的典型;欧美香蕉争端案是发达国家成员联合发展中国家成员的诉讼案;加拿大与欧盟牛肉贸易争端案是发达国家成员之间的纠纷案。WTO争端解决机制被认为是为多边贸易体制提供保障和可预见性的核心因素。

(三)举行高层会议,帮助最不发达国家成员解决贸易发展问题

1996年的部长级会议议定了一项《最不发达国家成员行动计划》,展望了援助最贫穷国家成员可以做出的特别努力,包括帮助它们改善参与多边贸易体制的能力,发达国家成员承诺审议它们如何改善来自最不发达国家成员的进口产品对其市场的准入,包括完全取消关税的可能性。接着1997年10月在日内瓦召开了最不发达国家成员的贸易发展高级别会议,除世界贸易组织成员外,其他一些国际组织,如联合国贸易与发展会议、国际货币基金组织、联合国开发计划署和世界银行也参加了会议,探讨帮助解决最不发达国家成员的市场准入、与贸易有关的技术援助、培训和能力建设等问题。9个世界贸易组织成员宣布主动

改进从最不发达国家成员进口的市场准入措施,如削减产品进口限制、拓展已有的关税减让表,重点放在纺织品和农产品领域,要大量简化附加条件等。

世界贸易组织其他成员也表示要采取相应的行动。会议产生了一个共同的综合方法,以援助最不发达国家成员更有效地利用多边贸易体制,会议还要求更多的发达国家成员改善最不发达国家成员对其市场的准入。

(四)举行部长级会议,解决多边贸易体制发展中的问题

世界贸易组织成立以来,共举行了7次部长级会议,启动了新一轮多边贸易谈判——多哈回合。

(1)1996年12月9日至13日,在新加坡召开世界贸易组织首届部长级会议。会议决定成立3个工作组:贸易与投资关系工作组、贸易与竞争政策相互关系工作组和政府采购透明度工作组,并将贸易便利化纳入了货物理事会的职责范围;发表了针对信息技术产品贸易自由化的《新加坡部长宣言》。

(2)1998年5月18日至20日在日内瓦举行第二次部长级会议和多边贸易体制50周年大庆。会议主要讨论了已达成的贸易协议的执行情况、既定日程和未来谈判日程等问题,以及第三次部长级会议举行的时间和地点。会议的主要目的是为第三次部长级会议启动新一轮多边贸易谈判准备。《部长级会议宣言》强调指出,解决1997年发生的亚洲金融危机等混乱问题的关键是按照世界贸易组织的规则实施贸易自由化,坚决反对贸易保护主义的倾向。在这次会议上,还产生了一个具体协议——所有世界贸易组织成员都对因特网上的电子商务免税至少一年。

(3)1999年11月30日至12月3日在美国西雅图召开第三次部长级会议。这次会议原定将揭开全球多边贸易体系"千年回合"谈判的序幕,确立新一轮多边贸易谈判的框架和主要议题。由于非政府组织的示威游行和干扰所产生的压力,以及成员间在一系列重大问题上的意见分歧,会议未能启动拟议中的新一轮多边贸易谈判,最终以失败告终。

(4)2001年11月9日至14日在卡塔尔首都多哈召开第四次部长级会议,142个成员、37个观察员和50多个国际组织参加了会议。此次会议有3项主要议题:①批准中国加入世界贸易组织;②发动新一轮多边贸易谈判;③解决发展中国家成员提出的要求,会议最后通过了《部长会议宣言》等3个文件。

(5)2003年9月9日至14日在墨西哥坎昆召开第五次部长级会议。坎昆会议的目标是对谈判的进程进行盘点,各方希望能在谈判的诸多议题上形成共识,为下一步的谈判指明方向。会议前,对新一轮谈判涉及的诸多议题,发展中国家和发达国家就存在严重分歧,在谈判中又互不相让。农业、非农产品市场准入等议题的进程时间表都没有实现。发展中国家强调,会议应首先讨论农业问题,发达国家首先应该承诺取消农业补贴,然后才可以讨论农产品市场准入问题。发达国家,主要是美国和欧盟成员国,虽然口头上表示愿意减少农业补贴,但就是不提是否全部取消补贴以及何时取消补贴。

与此同时,发达国家急于讨论启动所谓的"新加坡议题"谈判,即首先讨论启动贸易与投资、贸易与竞争政策、政府采购透明度、贸易便利化4项议题的谈判。会议有负众望,未能达成任何协议,这是世贸组织成立8年来无果而终的第二次部长级会议。会议无法达成协议的直接原因是发展中国家和发达国家在农产品市场准入、取消出口补贴、减少对农业生产的补贴以实现公平竞争这3个基本点上分歧太大。美欧日等发达国家要求发展中国家更大幅度地削减,后者则要求前者全部取消。由于发达国家在削减农业补贴和农产品关税问

题上不肯做出实质性让步,会议无果而终。会议仅通过了《部长会议声明》。这次会议体现了一种 WTO 及其前身 GATT 少有的积极趋势,即广大发展中成员开始形成自己的利益集团,包括以巴西、中国、印度等为首的 21 国集团、33 国集团和跨大洲联盟。在成员数上对发达国家占了绝对优势。由于集体谈判力量的显著优势,发达国家成员无法主导这次大会。

(6)2005 年 12 月 13 日至 12 月 18 日第六次部长级会议在中国香港举行。会议主要讨论多哈回合谈判议题,包括削减农业补贴和农产品关税、降低工业品关税、发展问题、服务业开放、知识产权保护与贸易争端的解决、贸易便利化等。与会部长们围绕多哈回合议题经过 6 天谈判后,发表了《部长宣言》,在农业、棉花以及发展问题上取得进展。这些成果为世界经济特别是最不发达国家经济发展将带来一定的积极意义。

(7)2009 年 11 月 30 日至 12 月 2 日第七次部长级会议在日内瓦召开,为期 3 天的会议未能在推动多哈回合谈判方面取得明显进展,但会议向世界发出了明确的信号,必须尽快结束多哈回合全球贸易谈判,使所有成员尤其是最不发达成员从全球化进程中受益,使世贸组织在应对金融危机和推动经济复苏中发挥更大作用。

(五)吸收新成员

从世界贸易组织成立至 2010 年底,通过谈判吸收了 25 个新成员,从关贸总协定的 128 个缔约方发展到现在的 153 个成员,发展中国家成员超过三分之二,世界贸易组织成员的贸易额已占世界贸易总额的 97.6% 以上。通过吸收像中国这样的发展中国家新成员,扩大了发展中国家在世界贸易组织中的谈判实力,并使世界贸易组织成为真正的全球性的经济贸易组织。

二、"多哈回合"多边贸易谈判

2001 年 11 月 9 日至 14 日在多哈召开第四次部长级会议,大会通过《2001 年多哈部长级会议宣言》《关于乌拉圭回合协议执行问题的决定》和《关于知识产权与公共健康问题的宣言》等文件,成功发动了新一轮多边贸易谈判。根据《部长级会议宣言》,所有谈判应当在 2005 年 1 月 1 日前结束(但至今尚无结束的确切期限)。

(一)"多哈回合"多边贸易谈判的议题

《多哈部长级会议宣言》(又称为《多哈发展议程》)的通过,表明新一轮多边贸易谈判启动,它被定为"多哈回合"。根据《多哈发展议程》,新一轮多边贸易谈判的议题主要有农产品、服务业、非农产品市场准入、知识产权、贸易规则、争端解决、贸易与发展、贸易与环境等项议题。

1. 农业议题

世界贸易组织成员将就出口竞争(包括出口限制)、市场准入、国内支持政策继续进行全面谈判,其目标是:大幅度提高农产品市场准入机会,分阶段削减各种形式的出口补贴,大幅度削减造成贸易扭曲的国内支持措施;非贸易因素将被列入考虑范围;发展中国家成员可以采取特殊措施和区别对待。

2. 非农产品市场准入议题

讨论削减某些产品的高关税、关税高峰和关税升级,取消某些产品的关税和非关税壁垒;考虑发展中国家成员的特殊利益。

3. 服务贸易领域的议题

主要是就服务贸易进一步自由化、服务贸易统计、服务贸易紧急保障措施等问题进行谈判。其中服务贸易开放水平及其所涵盖的服务贸易统计与自愿性自由化待遇议题的谈判最为重要。

4. 知识产权领域的议题

研究、拟定酒类产品国际注册制度；研究植物"可专利性"；检查各成员知识产权承诺的履行情况（每两年检查一次）；在不违反知识产权协定的前提下，成员若没有自制药品的生产能力，又无法负担特定药品（如治疗疟疾、艾滋病、霍乱等疾病的药品）高昂的价格，且无法通过强制授权在国内从事生产时，如何取得廉价的进口药品的问题。另外，有关地理标识保护内容，是否包括协议所规定的葡萄酒与烈性酒之外的其他产品也可能被列为谈判议题之内。

5. 贸易与发展议题

解决发展中国家成员要求的议题主要是给予发展中国家成员特殊和优惠待遇及与执行相关的问题、发展问题。并就发展中国家成员的特殊与差别待遇条款的原则与目标的实施，对非强制性条款转为强制性条款在法律及实务影响进行探讨、谈判。

6. 贸易规则议题

这是强化多边贸易体制的议题，主要是对《反倾销协议》《补贴与反补贴措施协议》《保障措施协议》进行修改和完善。研究渔业补贴纪律、区域贸易协定纪律等事项。

7. 争端解决议题

审议《关于争端解决规则与程序的谅解》的执行情况，并研究、提出修改补充方案。

8. 贸易与环境议题

各成员同意就现行世贸组织条款与多边环境协议中有关条款的关系举行谈判，并削减或消除环境产品和服务的关税与非关税壁垒，但不能预先做出谈判结果的判断。

9. 研究的问题

贸易谈判委员会还将就"新加坡议题"（投资、竞争、贸易便利化与政府采购透明度）、电子商务、小型经济体、贸易与债务及融资、贸易与技术转让、技术合作与能力培训、低收入发展中国家成员、对发展中国家成员的特殊与差别待遇、谈判规划的组织与管理等12项议题进行研讨，并向第五届部长级会议提出报告。

10. 同意谈判，下次部长级会议才启动的议题

（1）贸易与投资规则。这是首次就贸易和投资之间的关系进行谈判，以便建立一个保证跨国投资具有透明度、稳定性和可预见性的多边投资框架。

（2）贸易与竞争政策的相互关系。内容包括：主要原则、透明度、非歧视、程序的公开性、反垄断的规定、自愿合作的方式、通过能力培训支持发展中国家成员逐步加强竞争的机制。

（3）贸易便利化，主要是简化海关程序手续方面的问题。

（4）政府采购。主要是政府采购透明度、国民待遇以及市场准入方面的问题。

世界贸易组织建立了一个特别的谈判机制——设立贸易谈判委员会，经总理事会授权，谈判将由贸易谈判委员会负责监督。该委员会在2002年2月1日设立并举行首次会议，建立相应的谈判机制，谈判委员会下设8个谈判小组：农业谈判小组、服务贸易谈判小组、非农产品市场准入谈判小组、贸易规则谈判小组、知识产权谈判小组、争端解决谈判小

组、贸易与环境谈判小组、贸易与发展谈判小组。各谈判小组确定了谈判的主要议题、焦点、目标、方式和日期。

多哈回合谈判的范围与以往回合谈判有所不同。这不仅反映了经济全球化发展的要求和世界经济贸易发展的变化，谈判还将为实现全球贸易自由化达成新的贸易规则，谈判的结果必将对全球化进程和世界经济贸易的发展产生深远的影响。同时应注意到，发达国家成员不得不一面对发展中国家成员予以照顾，一面寻求扩大自由贸易，但成员间的利益错综复杂，西方大国和发展中国家成员在认识上的差距较大，谈判异常艰难、激烈。

（二）"多哈回合"多边贸易谈判的进展

"多哈回合"谈判通过 WTO 贸易谈判委员会、小型部长级会议、特别会议、部长级会议等各种类型、不同范围、不同层级的反复磋商、谈判，虽然取得一些进展，但谈判进程一波三折、一再拖延，并被迫中止。

1. 谈判已达成的协议

经过谈判，2005 年 12 月 6 日，WTO 总理事会通过了《修改〈与贸易有关的知识产权协定〉议定书》；2006 年 12 月 18 日 WTO 理事会通过了《区域贸易协定透明度机制》的决议。

2. 谈判的总体进展情况

多哈回合经过反复、密集的磋商和谈判，概括起来，经历了以下几个阶段。

第一阶段：2001 年 11 月至 2003 年 9 月。启动新一轮全球多边贸易谈判，最初计划在 2004 年年底达成协议，并确定了 8 个谈判领域，成立谈判委员会和谈判小组。根据《多哈发展议程》(DDA)，在总理事会授权下负责监督谈判工作的"贸易谈判委员会"于 2002 年 2 月 1 日召开首次会议，设立相应的谈判机制，各项谈判正式启动。此后的近两年中，由于各成员在利益要求上存在严重分歧，谈判进展缓慢。

2003 年 9 月，在墨西哥的坎昆召开了 WTO 第五次部长级会议，希望谈判能在此前取得重大进展，并在会上就主要谈判议题确立了总体框架，以期推动第二阶段的谈判。但由于各方固守立场，分歧难以缩小，会议未能取得预期结果，坎昆会议的挫折使 2005 年 1 月 1 日前如期结束多哈回合谈判的计划成为泡影。

第二阶段：2003 年 9 月至 2005 年 12 月。坎昆会议后，各成员方仍致力于恢复和推动谈判，将许多棘手的问题暂时搁置起来，着眼于制定一份框架协议，以确定今后谈判的指导原则和主要方向。2004 年 8 月 1 日，在日内瓦 WTO 总理事会上各方达成《多哈发展议程框架协议》，将原新加坡议题的 3 项（即贸易与投资的关系、贸易与竞争政策的互动作用和政府采购透明度）剔除出多哈回合，多哈谈判取得阶段性突破。

2005 年 12 月在中国香港举行了 WTO 第六次部长级会议，由于各方特别是欧美在农业问题上仍固执己见，分歧仍难以消除，但会议最终通过《香港宣言》，在农业出口补贴和棉花问题上取得了重要进展。

第三阶段：2006 年 1 月至 2006 年 12 月。中国香港会议后，根据谈判计划，各方应在 2006 年 4 月 30 日前就农业和非农产品市场准入问题达成初步协议，但是由于各方缺乏妥协，谈判进展依然缓慢。因此，WTO 决定将达成协议的最后期限重新限定在 6 月底，以便留出时间从 7 月份开始就服务贸易自由化和发展中国家的特殊待遇等其他关键议题展开谈判。2006 年 7 月 23 日，WTO 的 6 个关键成员美国、欧盟、日本、澳大利亚、巴西和印度的贸易部长为打破僵局进行部长级会谈，因农业和非农产品市场准入问题分歧严重而破裂；7 月 24 日，WTO 总干事拉米无奈地宣布，无限期"中止"多哈回合谈判。

第四阶段:2007年1月至2008年7月。2007年1月27日,24个世贸组织成员的部长级官员在达沃斯会晤,承诺尽快全面重启2006年7月中止的多哈回合谈判;1月31日,WTO同意全面恢复多哈回合各个议题的谈判;7月17日农业谈判主席在前期谈判基础上散发了经修订的农业模式草案。但是,其后的谈判特别是在农产品问题上各国互不妥协,导致2007年9月谈判陷入僵局。此后国际各界纷纷表示要尽快恢复谈判。2007年9月~2008年1月,各方就农业问题展开密集谈判,2008年2月、5月和7月农业谈判主席分别散发已经反复修订的农业模式草案。

2008年7月21日至2008年7月29日,在日内瓦的小型部长会议上,部长们通过极其艰苦的谈判,就20个议题中的18个达成了协议,但最后却在第19个议题(即关于发展中国家农产品特殊保障条款)上谈判破裂。这一次谈判破裂,给脆弱的多边贸易体系带来较大的负面影响。

第五阶段:2008年8月至今。多哈回合历经10年的艰苦谈判,除涉及核心利益平衡的农业和非农业市场准入外,其他各项议题均取得相当的进展。

2011年1月29日,世贸组织小型部长级会议在达沃斯举行,与会代表希望恢复谈判,认为2011年将是考验各方能否把握谈判"机会之窗"的关键一年。目前,贸易谈判委员会在农业、非农产品市场准入,贸易便利化,贸易规则等具体领域展开密集谈判,争取2011年结束谈判。

(三)多哈回合谈判进展艰难的原因

多哈回合谈判启动以来,一波三折、屡陷困境。究其原因,主要有以下几方面:多边管辖范围过分拓宽,谈判议题广泛而且含混;WTO成员多、集团多,存在发展的差异性和利益的多元化;区域贸易协定盛行对多边贸易体制造成冲击;WTO成员内部结构的权力变化;WTO体制存在内在缺陷和矛盾等。

三、世界贸易组织面临的课题

世界贸易组织有一套庞大的协议和范围广泛的领域,有些问题已有规则正在实施;有些问题刚刚触及,有待探讨和解决;同时又不断派生出新的问题,需要研究和谈判,旧的矛盾解决了,又产生新的矛盾。因此,世界贸易组织面临许多新课题。世界贸易组织可能会像滚雪球一样,协议越来越多,涉及的范围越来越广。

(一)贸易与环境保护

随着世界人口的增长与经济的发展,人类对自然资源的开发,日益严重的环境污染开始影响经济的持续发展,甚至威胁着人类的健康和生存。人们开始重视环境保护问题,意识到贸易政策与环境保护之间的关系。

1. 世界贸易组织有关环境与贸易的条款

世界贸易组织没有专门的协议处理环境问题,但一些协议包含了处理环境问题的规定,这些条款被称为"绿色"条款。《建立世界贸易组织的协议》前言中强调了可持续发展和环境保护的目标。世界贸易组织有关协议中处理环境问题的条款有:

(1)《关税与贸易总协定》第20条规定,为保护人类、动植物的生命和健康而影响货物贸易的政策,在某些条件下,适用《关税与贸易总协定》的一般例外规则。

(2)《技术性贸易壁垒协议》及《实施卫生与植物卫生措施协议》包括了环境因素;对于

农产品环境保护项目不需要削减补贴。

(3)《补贴与反补贴措施协议》中规定,为适应新的有关环境的法律,允许进行补贴,数量可以达到公司成本的20%。

(4)《服务贸易总协定》第14条第2款把成员"为保护人类、动物或植物的生命或健康而必需的措施"作为"一般例外"条款。

(5)《知识产权协定》第27条规定,各成员可以为"保护人类、动物或植物的生命或健康或避免严重损害环境"而不授予某些发明以专利权。

在世界贸易组织中,发达国家和发展中国家成员对环境保护的要求差距较大,有着不同的观点。发展中国家成员认为,发达国家制定了很高的环境标准,已严重阻碍了发展中国家的产品进入发达国家的市场。而发达国家成员则认为,保护环境并没有限制贸易,只希望限制采取或取消对环境有负面影响的贸易措施,采用更高的环境标准等。美欧建议新回合制定的环境准则应符合世界贸易组织确保世界经济可持续发展的总目标,贸易和环境政策应在有利于可持续发展的基础上发挥相互支持的作用。

2. WTO贸易与环境委员会的职责

WTO成立了贸易与环境委员会,拥有管理、协调涉及货物、服务和知识产权等各个领域有关环境问题的广泛职能,使环境保护成为世界贸易组织工作的一部分。贸易与环境委员会的工作主要有以下七个方面:

(1)讨论多边贸易体制的规定和用于环境目的的贸易措施,包括与多边环境协议中有关措施之间的关系。

(2)研究有关贸易的环境政策和具有较大贸易影响的环境措施与多边贸易体制规定之间的关系。

(3)研究多边贸易体制规定与下列问题的关系:用于环境目的的税收和费用;关于用于环境目的的产品要求,包括标准、技术条例、包装、标签和再循环。

(4)研究关于用于环境目的的贸易措施透明度的多边体制的规定和具有较大贸易影响的环境措施和要求。

(5)协调多边贸易体制争端解决机制与多边环境协议中争议解决机制之间的关系。

(6)研究环境措施对发展中国家尤其是他们中最不发达国家的市场准入的影响,以及取消贸易限制和扭曲的环境利益。

(7)研究国内禁止货物的出口问题。

由保护生态环境和消费者利益而形成的环境与贸易问题,并由此而采取的保护措施,又称为"绿色壁垒",于20世纪90年代开始构筑,人们已开始把它同传统的关税壁垒、20世纪80年代形成的技术性贸易壁垒相提并论,成为国际贸易的三大壁垒,而且随着关税壁垒日益削弱,技术性贸易壁垒和绿色壁垒普遍为西方发达国家所采用。贸易与环境问题已列为世界贸易组织的新一轮多边贸易谈判的重要议题,也将成为发达国家成员与发展中国家成员谈判中争论的焦点之一。

(二)增加政府采购的透明度

世界贸易组织有一个规范政府采购的诸边协议,但仅有少数成员参加。由于政府采购在各成员贸易中的地位不断上升,政府采购的行为也将影响贸易的正常进行。有成员提出,世界贸易组织应该协助推动世界范围内的政府采购的透明化,这将使得招标更具竞争性,其结果更加容易预料,有助于确保有效地分配资源。因此,希望在新一轮谈判中,能就政府采购行为的透明度方面达成协议。

在1996年新加坡召开的第一次世界贸易组织部长级会议上讨论了这一问题,并决定设立政府采购透明度工作组。该工作组是多边的,包括所有世界贸易组织成员。政府采购透明度工作组的工作主要集中在政府采购行为的透明度问题上。工作组将不关注成员对本国当地供应商的优惠待遇,而关注这种优惠是否公开、是否具有透明度、是否非歧视地实施等问题,使政府采购朝多边规则发展。

（三）电子商务

它是国际贸易领域中一种新的交易方式,即产品以电子方式交易跨越国境,即通过电信网络进行产品的生产、广告、销售和分销。最明显的例子是以电子形式分销的产品,如书籍、音乐和录像等通过电话线或因特网传输的产品。

由于电子商务正日益成为国际贸易中重要的组成部分,因此1998年在日内瓦举行的第二次部长级会议上,世界贸易组织成员同意研究全球电子商务中出现的贸易问题,并将充分考虑发展中国家的经济、金融和发展要求,同时认识到其他国际组织也正在进行这一工作,定于在1999年在美国西雅图举行的世界贸易组织第三次部长级会议上提交报告进行讨论。美日欧同意就电子商务进行谈判,制定新规定,为电子商务的进一步发展创造有利的环境。目前世界贸易组织成员已达成的共识是继续对电子商务传输方式免征关税,进一步加强对电子商务的研究,并帮助发展中国家成员有效地参与有关电子商务的活动。

（四）贸易与投资

虽然乌拉圭回合已达成了《与贸易有关的投资措施协议》,但发达国家成员认为它的内容仍过于狭窄,要制定一项关于国际投资的更广泛的协定。《与贸易有关的投资措施协议》是世界贸易组织明确规定了要在今后进行内容广泛的进一步谈判的协议之一。1996年新加坡部长级会议决定设立贸易与投资关系工作组,从更广泛的角度考虑贸易与投资政策之间的关系。工作组的主要任务是分析和解释《与贸易有关的投资措施协议》。各成员越来越认识到投资措施与贸易关系的密切性,特别是投资措施与服务贸易关系更为密切,因此世界贸易组织也越来越多地处理这种关系的具体问题。例如,服务贸易总协定涉及的一种类型的贸易是外国公司在东道国开展业务提供服务,即通过外国投资的商业存在。

（五）贸易与竞争政策

竞争政策与贸易之间有密切关系,竞争政策与投资政策之间也有密切关系。1996年新加坡部长级会议决定设立贸易与竞争政策相互关系工作组,从更广泛的角度考虑竞争政策与贸易政策之间的关系及影响,以便谈判针对垄断和专有服务提供者的规则,即反垄断法,为从事国际贸易的公司、企业制定公平竞争的规则,以防止其行为扭曲国际贸易。

（六）贸易便利

贸易便利是一个引人注目的新议题。一旦正式的贸易壁垒降低了,其他问题就变得更加重要。例如,公司需要能够获得其他成员进出口规则和处理海关程序方面的信息,在产品进入另一成员时减少烦琐的程序或手续,并使此类信息更容易获得,这是便利贸易的两种方式。1996年新加坡部长级会议责成货物贸易理事会,就简化贸易程序问题开始解释和分析工作,以便评估世界贸易组织规则在这一领域可以发挥作用的范围。

（七）贸易与劳工（社会）标准

贸易和劳工标准是一个争议很大的问题。美国和欧盟一直想在世界贸易组织框架下讨论劳工问题,但一直遭到发展中国家成员的强烈反对。在1996年新加坡部长级会议上,世界贸易组织成员表示承诺遵守已被承认的核心劳工标准,但这些标准不得用于保护主义目的。会议宣言指出,低薪国家的经济优势不应受到质疑,但世界贸易组织和国际劳工组织秘书处将继续目前的合作;同意不将劳工标准放入世界贸易组织的议程之中;有关国家可以继续要求在世界贸易组织中开展更多的工作,确定国际劳工组织(ILO)是处理劳工标准的主管机构,世界贸易组织不负责处理任何核心劳工标准。在多哈部长级会议上,美国和欧盟再次要求部长宣言明确表示世界贸易组织应该在执行劳工核心标准方面发挥一定作用,但发展中国家成员认为这实际上是工业化国家试图损害低薪贸易伙伴的比较优势,怀疑西方国家会利用劳工标准来达到贸易保护主义目的,坚决反对以任何形式将贸易与劳工问题联系在一起。

多哈会议决定,国际劳工组织是讨论贸易协议中核心劳工标准地位的恰当机构。根据西方国家的法律,所谓"核心劳工标准(Core Labor Standard)",即适用于工人待遇的主要标准。这一术语涉及内容广泛,包括:工人组建工会的权利、工人要求增加工资的权利、禁止雇用劳改劳教人员、禁止使用童工、最低工资标准、可接受的工作条件以及举行罢工等权利。

第三章 世界贸易组织的基本原则和例外规定

世界贸易组织各项多边贸易协议是涵盖范围广泛的各项活动的法律文本,冗长而复杂。协定涉及货物贸易、服务贸易、知识产权,以及贸易政策审议和争端解决等诸多内容。但有几个简单而重要的原则作为其制定和执行各种规则的基础,贯穿于所有多边贸易体制的文件中。

虽然世界贸易组织各项协定、协议都是围绕其基本原则制定的,但同时多边贸易体制还规定了种种例外和免责条款,使得这些基本原则在实施中具有灵活性,任何成员不会因其在世界贸易组织体制中权利和义务的不平衡而采取不得不退出世界贸易组织情况的发生。因此,这些基本原则和例外条款是世界贸易组织的精髓和核心,"原则中有例外,例外中有原则"是世界贸易组织各项协定、协议的突出特点。认真研究这些基本原则和例外条款,对于运用世界贸易组织的多边贸易规则极为重要。

第一节 世界贸易组织的基本原则

世界贸易组织的宗旨在于反对贸易保护主义,实现贸易自由化,扩大就业,充分利用全球资源,造福人类。为此,世界贸易组织确立了非歧视、开放市场、公平竞争和透明度原则,作为各项协议的指导原则,世界贸易组织各项协议的主要内容都是根据这些原则,围绕消除或者限制成员政府对国际贸易的干预而展开的,以调整和规范国际贸易秩序,使世界经济贸易的发展更具稳定性和可预见性。

一、非歧视原则

非歧视原则是世界贸易组织各项协定、协议中最重要的原则。它是指在世界贸易组织管辖的领域内,各成员应公平、公正、平等地一视同仁地对待其他成员的包括货物、服务、服务提供者或企业,知识产权所有者或持有者等在内的与贸易有关的主体和客体。在世界贸易组织中,非歧视原则主要是通过最惠国待遇和国民待遇来实现的。在非歧视原则下,各成员本着互惠原则,对等地进行双边减让谈判,互惠得到的好处通过最惠国待遇无条件地适用于所有成员,使双边互惠成为多边互惠,使一成员对各成员的进口产品均无歧视。国民待遇保障了互惠的好处不受减损,使进口产品和国内产品同样在一国国内不受歧视。最惠国待遇的目的是一成员平等地对待其他任何成员,在不同成员之间实施非歧视待遇。国民待遇的目的是平等对待外国和本国的贸易活动主体和客体,实施非歧视待遇。

非歧视原则要求各成员无论在给予优惠待遇方面,还是按规定实施贸易限制方面,都应对所有其他成员一视同仁,即"最惠国待遇";不应在本国和外国的产品、服务、服务提供者或企业之间造成歧视,要给予他们"国民待遇"。

(一)最惠国待遇

最惠国待遇是指,一成员在货物贸易、服务贸易和知识产权保护给予任何其他国家(不论是否是世界贸易组织成员)的优惠待遇(包括利益、特权、豁免等),应立即和无条件地给予其他成员。最惠国待遇在《关税与贸易总协定》的第1条,在《服务贸易总协定》的第2条和《与贸易有关的知识产权协定》的第4条中均有同样的规定。尽管每个协定在处理该原则方面略有不同,但覆盖了世界贸易组织所管辖的全部三个主要贸易领域,即货物贸易、服务贸易和与贸易有关的知识产权。

世界贸易组织在货物贸易方面适用的是无条件的、永久的、普遍的、多边的最惠国待遇。根据《建立世界贸易组织的协议》,各成员一般不得在其贸易伙伴之间造成歧视。给予某一成员一项特殊优惠,例如针对某项产品征收更低的关税,必须给予其他所有世界贸易组织成员同样的待遇。最惠国待遇要求在世界贸易组织成员间进行贸易时彼此不能搞歧视,大小成员要一律平等,只要其进出口的产品是相同的,享受的待遇也应是相同的,不能附加任何条件,而且是永久的。这意味着,每当一成员降低贸易壁垒或开放某一市场,它必须给予来自其他所有成员的同类产品以同等待遇,无论这些成员是是贫还是富、是强还是弱。

在货物贸易方面最惠国待遇不仅适用于关税,还适用于:(1)一切与进出口有关的任何其他费用;(2)关税和其他费用的征收办法;(3)与进出口有关的规章与手续;(4)国内税和其他国内费用;(5)有关影响产品销售、购买、运输、分销和使用的规则与要求等。

在服务贸易方面,根据《服务贸易总协定》第2条规定:在《服务贸易总协定》下的任何措施方面,各成员应立即和无条件地给予任何其他成员的服务和服务提供者以不低于其给予任何其他成员相同的服务和服务提供者的待遇,使最惠国待遇原则普遍适用于所有的服务部门。如果一成员在某个服务部门允许外国竞争,那么,在该部门对来自世界贸易组织其他所有成员的服务及服务提供者都应给予相同的待遇。

在与贸易有关的知识产权保护方面,世界贸易组织将最惠国待遇规定为其成员必须普遍遵守的一般义务和基本原则。根据《与贸易有关的知识产权协定》第4条的规定:在知识产权保护方面,一成员给予任何其他成员国民的任何好处、优惠、特权或豁免,应立即无条件地给予所有其他成员的国民。各成员的国民应当享受同等的待遇,而不能对某一成员的国民实行歧视。

最惠国待遇原则在三大协定中都具有多边性。多边适用是世界贸易组织法律原则最重要的基础,具有重要的意义。从经济理论的角度看,最惠国待遇能够切实保证一成员从最有效的供应来源满足本身的进口需求,从而使比较成本(或称比较优势)原则充分发挥作用。从贸易政策角度看,最惠国待遇可以确保双边的关税或非关税壁垒减让谈判的成果在全体成员的多边范围内加以实施,进而促进全球贸易自由化。从国际角度来看,承诺实行最惠国待遇可以通过较大成员的实力帮助较小成员的利益和要求的实现,使之获得平等的竞争机会与待遇。对于多边贸易体制来说,它是使市场的新来者顺利进入市场的保证。从一成员的国内角度来看,它促使成员实行更直接和更透明的政策及更为简化的保护制度,各成员承诺无条件最惠国待遇具有立法上的意义,可以保障授予行政当局贸易问题的处置权。

最惠国待遇具有以下4个特点:

(1)自动性。根据最惠国待遇的"立即和无条件"的内在机制,只要是世界贸易组织成员,当一成员给予其他国家的优惠待遇超过其他成员享有的优惠时,其他成员便自动地享有了这种权利,而且这种权利是没有保留的、永久的。除非在一个新成员加入时,老成员或新成员中的一方宣布互不适用《建立世界贸易组织的协议》。

(2)同一性。当一成员给予其他国家的某种优惠,自动转给其他成员时,受惠标的必须相同。

(3)相互性。任何一成员既是给惠方,又是受惠方,即在承担最惠国待遇义务的同时,也享受最惠国待遇权利。

(4)普遍性。它指最惠国待遇适用于全部进出口货物、服务贸易的各个部门和所有种类的知识产权所有者和持有者。

(二)国民待遇

国民待遇又称平等待遇,在一般的在贸易协定中,是指成员之间相互保证对方的公民、企业、船舶在本国境内享有与本国公民、企业、船舶同样的待遇。实施国民待遇必须是对等的,不得损害对方国家的主权,并只限制在一定的范围之内。

世界贸易组织的国民待遇是指,对其他成员的货物、服务、服务提供者或企业,知识产权所有者或持有者所提供的待遇,不低于本国同类货物、服务、服务提供者或企业,知识产权所有者或持有者所享有的待遇。

国民待遇在《关税与贸易总协定》的第3条、《服务贸易总协定》的第17条、《与贸易有关的知识产权协定》的第3条中都有规定,但略有不同。国民待遇原则只有在产品、服务或与贸易有关的知识产权的产品进入市场后才适用。国民待遇原则在《服务贸易总协定》中仅仅适用于一成员做出具体承诺的服务部门,而在《关税与贸易总协定》和《与贸易有关的知识产权协定》中是一条普遍适用的原则。

根据《关税与贸易总协定》第3条规定:一成员领土的产品输入到另一成员领土时,不应对其直接或间接征收高于对相同的国产产品所直接或间接征收的国内税或其他国内费用,即进口产品在进入进口成员后,它所享受的待遇不低于国内产品所享受的待遇。适用范围包括国内税和其他国内税费、法令、条例和规定等方面,具体包括:

(1)不对进口产品征收超出对同类国内产品的国内税或其他国内费用。

(2)在有关销售、购买、运输、经销或使用的法律、行政法规、规章等规则和要求方面,以及投资措施方面,进口产品应享受与同类国内产品的同等待遇。

(3)成员对产品的混合、加工或使用实施国内数量管理(即产品混合使用要求)时,不能强制要求生产者必须使用特定数量或比例的国内产品。协定还对国民待遇原则的适用范围予以详细具体地规定。

根据《服务贸易总协定》第17条的规定:在列入其承诺表的部门,在遵照其中所列条件和资格的前提下,每个成员在所有影响服务提供的措施方面,给予任何其他成员的服务和服务提供者的待遇不得低于其给予本国相同服务和服务提供者的待遇。即在服务贸易领域,国民待遇意味着一旦一成员允许外国企业在其境内提供服务,则在对待外国企业和本国企业时,一般不应存在歧视。服务贸易领域的国民待遇原则包括以下内容:

(1)适用的对象既有服务,也有服务提供者,包括外商投资企业。

(2)适用的范围是成员中央政府和地方政府所采取的与提供服务有关的各项措施。

(3)给予外国服务和服务提供者国民待遇,以成员在服务贸易承诺表中所承诺的国民待遇为准,对成员没有做出开放承诺的服务部门,不适用国民待遇原则。

根据《与贸易有关的知识产权协定》第3条的规定:在知识产权保护方面,每个成员给予其他成员的国民待遇不应低于其给予本国国民的待遇,除非其他有关国际知识产权公约另有规定。在知识产权领域的国民待遇原则包括以下内容:

(1)适用的对象包括知识产权协定的各项知识产权的所有者或持有者。

(2)适用范围是成员政府所采取的知识产权保护措施,包括法律、法规、规章和政策、措施等。

(3)成员给予其他成员国民在知识产权保护方面的国民待遇,以该成员在现行国际公约(《知识产权协定》所列的)中所承担的义务为前提。

(4)对表演者、录音录像制品作者和广播组织而言,国民待遇只适用于《知识产权协定》所规定的权利,未作规定的其他权利可不适用。

二、开放市场原则

世界贸易组织倡导并致力于推动贸易自由化,要求成员尽可能地取消不必要的贸易障碍,开放市场,提高市场准入水平,为货物、服务和知识产权在国际流动提供便利。市场准入是指外国货物供应者或服务提供者参与进口国国内市场的程度及要求进口国削减关税和非关税壁垒,开放市场。开放市场是实现世界贸易自由化的前提和保证。开放市场原则在货物贸易中主要是国别关税减让与约束原则和禁止使用除关税以外的保护措施原则,在服务贸易中则主要是开放成员服务贸易市场。

在世界贸易组织体制下,各成员对保证不增加贸易壁垒与减少贸易壁垒是同样重要的,因为这种保证可使得商人更清楚地看到未来的机会,保证成员的货物和服务有充分的市场准入机会,这样就可以鼓励投资,创造就业机会,并使消费者充分享受到竞争的好处,例如有更多的选择或更低的价格等。

在世界贸易组织规则框架下,开放市场原则是指通过多边贸易谈判,实质性降低关税和减少非关税措施,扩大成员之间的货物、服务和知识产权贸易。开放市场原则包括5个要点:以共同规则为基础;以多边谈判为手段;以争端解决为保障;以贸易救济措施为"安全阀";以过渡期方式体现差别待遇,逐步实现世界贸易自由化。

(一)关税减让

开放市场原则体现在货物贸易规则中是只能采用关税一种方式来保护国内市场和民族工业,但关税必须通过谈判不断削减,税率在约束的减让表水平上不能随意提高,以不断推动贸易自由化进程。这给世界贸易提供了一个稳定的、可预见的基础。它在关贸总协定中又称为关税保护和减让、调整原则。

关税减让有以下4方面含义:

(1)降低关税并约束降低后的关税税率水平。

(2)将关税固定在现有的水平。

(3)对单项产品关税或某几项产品的平均关税承担不超过一个规定水平的义务,也称为"最高限约束"。

(4)对低关税或免税待遇加以约束。关贸总协定的关税减让谈判一般在产品主要供应者与主要进口者之间,或者在集体主要供应者与主要进口者之间进行,其他成员也可参加。双边达成的减让谈判结果(包括减让产品与减让税率幅度表等),将被谈判委员会收入《关税与贸易总协定》第2条"减让表"的附表中,成为关贸总协定一个有机的组成部分,其他成员按照"最惠国待遇"原则,就可以不经谈判而适用这些减让谈判结果。一项产品的关税税率经减让谈判确定,并被纳入减让表后就要受到"约束",就是各成员承诺或保证不对减让表中的产品征收超过减让表上规定的关税税率的关税或其他税费。据此承诺的税率称为"约束税率"。约束税率具有两个方面的作用:第一,通过对关税税率的确定限制,使得产品出口能够避免关税壁垒的障碍,进入其他成员市场;第二,约束税率规定的仅仅是上限约束,并不反对税率下调。另外,在对一组产品的平均关税税率加以"最高限约束"时,允许其中的某项产品税率超过最高限,只要该组的平均税率不超过即可。

关税保护与数量限制不同,关税比较清楚地反映一国对本国工业的保护程度,并且允许自由竞争。大幅度的削减关税是关贸总协定所规定的目标之一,依据关税税则进行关税减让被认为是有明确的衡量标准,谈判也容易成功。所以,为开放市场多边贸易体制要求各成员运用关税措施,而不使用非关税壁垒对进口进行调节,保护国内产业。

通过谈判达成的关税减让表是关贸总协定的组成部分,对各成员都有约束力。特别是发达国家成员的关税税率在3年内不能随意变动,而发展中国家成员在3年内可以变动部分关税税率,但总体关税水平仍应控制在减让表水平上,不能高于变动前的税率水平。关税减让谈判在双边基础上进行,依最惠国待遇原则在多边的基础上加以实施,即双边关税减让多边化,从而使贸易自由化的成果扩展到所有成员以促进世界贸易发展。

在多边贸易体制中,当各成员同意开放其货物市场时,这种承诺便被"约束"下来。各成员的进口关税减让表中的税率就是其有关进口商品的最高税率,这一约束构成了该成员进口税率的上限。世界贸易组织鼓励成员按其"约束"税率或以低于减让表中的税率对进口货物征收关税。但当一成员欲改变其约束税率时,只能在与其有关的贸易伙伴谈判后进行,谈判的目的是对与其相关的贸易伙伴由此出现的损失进行补偿。

(二)削减非关税壁垒

开放市场原则还体现在削减非关税壁垒上,《关税与贸易总协定》第11条规定在货物贸易中取消数量限制,逐步取消配额、进出口许可证或其他限制,削减其他限制贸易的措施,为外国货物进入本国开放市场。并且就一些可能限制贸易的措施制定了专门协议,以规范成员的相关贸易行为,减少非关税措施,不断推动全球贸易自由化进程。

(三)服务贸易的市场开放

各国在服务贸易领域同样存在种种限制外国服务和服务提供者进入本国的措施,影响服务业的公平竞争、服务质量的提高和服务领域的资源配置。《服务贸易总协定》及其部门协议要求各成员为其他成员的服务和服务提供者提供更多的投资与经营机会,分阶段逐步开放服务贸易领域。在乌拉圭回合谈判中,成员就服务贸易领域开放做出了承诺。各成员将服务领域的市场准入承诺列入其服务贸易自由化承诺表中,并加以"约束"。这种承诺"约束"把服务贸易纳入世界贸易组织体制下,为商人、投资者、消费者提供一种稳定的、可预见的商业环境和市场准入机会。

三、公平竞争原则

在世界贸易组织规则框架下,公平竞争原则是指成员应避免采取扭曲市场竞争的措施,纠正不公平的贸易行为,在货物贸易、服务贸易和与知识产权领域,创造和维护公开、公平、公正的市场环境。

公平竞争原则包括以下3个要点:

(1)公平竞争原则体现在货物贸易、服务贸易和知识产权贸易领域。

(2)公平竞争原则既涉及成员的政府行为,又涉及成员的企业的行为。

(3) 公平竞争原则要求成员维护货物、服务或服务提供者,以及知识产权所有者或持有者在本国市场的公平竞争,不论他们来自本国或其他任何成员。

货物贸易领域的公平竞争原则主要体现在各成员不得采取不公平的贸易手段进行或扭曲国际贸易竞争,尤其不能采取倾销和补贴的方式在其他成员市场销售产品。世界贸易组织允许使用关税,在少数情况下还允许使用其他保护形式,以谋求一个开放的、公平的、无扭曲的竞争规则。

为了创立和维持公平竞争的国际贸易环境,世界贸易组织特别将倾销和补贴视为不公平竞争方式,提供了保护公平贸易的措施,允许成员政府对这两种不公平竞争形式征收补偿性关税。同时也为防止成员出于保护本国产业的目的,滥用反倾销和反补贴措施,造成公平贸易的障碍,《反倾销协议》《补贴与反补贴措施协议》对成员实施反倾销、反补贴措施规定了较为严格的条件和程序,并禁止采取有关销售安排和自愿出口限制等"灰色区域措施"。此外对享有专有权和特权的国有贸易企业,其经营活动也应以价格、质量等商业因素为依据,使其他成员的企业能够充分参与竞争。

服务贸易领域的公平竞争原则主要体现在要求成员保证本国的垄断和专营服务提供者的行为符合最惠国待遇原则及该成员在服务贸易承诺表中的具体承诺,不得滥用其垄断地位。要求成员在其他成员的请求下,就限制服务贸易、抑制竞争的某些商业惯例举行磋商,交流信息,以最终取消这些商业惯例。

在知识产权领域,公平竞争原则主要体现为对知识产权的有效保护和反不正当竞争。知识产权协定允许成员采取适当措施,防止或限制包括排他性返授条件、强制性一揽子许可等商业做法。

各成员在发展对外贸易活动时应建立在比较优势的基础上,在《关税与贸易总协定》《服务贸易总协定》《与贸易有关的知识产权协定》中,反对各成员滥用反倾销、反补贴和知识产权保护以达到贸易保护主义的目的。世界贸易组织许多协议旨在支持公平竞争,如有关农产品、知识产权和服务贸易的协议,目的在于给予农产品贸易更高的公平程度,在知识产权方面将改善智力成果和发明的竞争条件,在服务贸易方面将进一步规范国际服务贸易的竞争环境,促进服务贸易的健康发展。

有些成员可能采取变相的贸易壁垒,比如对产品质量或性能规定不必要的高标准,或者高估进口产品价值以征收不合理的高额关税,此外,政府有时会通过冗长的许可程序来削弱进口产品的竞争能力,或者利用国有贸易企业来达到这一目的。世界贸易组织对这些行为都规定了明确的防范措施。

公平竞争原则的第二个重要内容是贸易互惠原则。在国际贸易中,互惠一般是指两国或多国之间在贸易利益或特权方面的相互或相应让与。这种互惠包括关税方面、运输、非关税壁垒方面的削减和知识产权方面的相互保护等。互惠贸易原则是多边贸易谈判及一成员贸易自由化过程中与其他成员实现经贸合作的主要工具。参加关税减让谈判的成员必须根据互惠贸易原则交换减让,即一成员将他能提供的一项减让与另一成员能给予的减让交换,这样才能使各方获益。税率互减后对扩大各成员出口有利,自然会有力地促进成员之间的贸易。所以,通过成员对等减让和提供互惠的方式来保持贸易平衡,谋求贸易自由化的实现。

公平贸易原则的第三个重要内容是全国贸易政策统一原则。世界贸易组织的各项协定、协议要求各成员应以统一、公平和合理的方式实施有关货物与服务贸易、知识产权保护方面的法律、法规、行政规章、司法判决和政策措施等,保证在它的领土内的中央和地方政府及其各部门都能遵守世界贸易组织的各项规定,既要求地方立法和中央保持一致,也要求不同地方之间的立法,以及非政府机构制定的规定或标准也应与中央政府保持一致。

四、透明度原则

与公平竞争原则相辅相成的是透明度原则。透明度原则源自《关税与贸易总协定》第10条。透明度原则是指,成员应公布其所制定和实施的各项贸易措施(包括法律、法规、规章、政策及司法判决和行政裁决等)及其变化情况(如修改、增补或废除等),与其他国家签订的与世界贸易组织各协定、协议内容有关的双边和多边国际经济贸易条约或协定,并通知世界贸易组织,以便其他成员政府和企业了解与熟悉,并接受检查、监督。但不要求成员公布那些会妨碍法令的贯彻执行、会违反公共利益或会损害某一企业的正当商业利益的机密材料。

(一)贸易措施的公布

公布有关贸易措施是世界贸易组织成员最基本的义务之一。世界贸易组织各协定、协议要求各成员将有效实施的有关管理货物和服务贸易、保护知识产权方面的各项法律、法规、行政规章、司法判决和政策措施等迅速加以公布,最迟应在生效之前公布或公开有关贸易措施,使世界贸易组织其他成员和贸易商及时知晓,应该公布的,不公布不得实施,在公布之前不得提前采取措施。

《技术性贸易壁垒协议》和《实施卫生与植物卫生措施协议》等协议还要求,在起草有关技术法规和合格评定程序过程中,如果该有关法规和程序与现行国际标准不一致,或没有现行的国际标准,并且将对国际贸易产生重大影响,则成员应给予一段合理时间,以便其他成员就有关法规和程序草案发表意见。

成员还承担应其他成员要求提供有关信息和咨询的义务。

(二)贸易措施的通知

在《服务贸易总协定》第3条中具体规定了各成员对已承诺开放服务贸易的新的法律、规章或行政命令或对现行法律、规章或行政命令的任何修改,立即或至少每年一次向服务贸易理事会通报。世界贸易组织《关于通知程序的部长级决定》附件列出了需要通知的19项具体措施和有关多边协议规定的其他措施。此外,还规定了100多项有关通知的具体程序与规则,包括通知的项目、内容、期限、格式等。

成员还可进行"反向通知",监督有关成员履行其通知义务。反向通知是指,其他成员可以将某些成员理应通知而没有通知的措施通知世界贸易组织。

透明度原则贯穿于世界贸易组织的所有协定、协议之中,特别是《贸易政策评议机制》。通过贸易政策审议机制对各成员贸易政策进行定期审议,以便各成员政府和贸易商了解和熟悉。

此外,世界贸易组织的各项协议、协定还可归纳出稳定性和可预见性,鼓励发展和经济改革、地区贸易安排,允许正当非歧视的保护,以磋商、协商和裁决方式解决争端等原则。

世界贸易组织的这些基本原则是相辅相成、密不可分的。非歧视原则是世界贸易组织的最重要的原则,它是开放市场的基础,也是保证公平竞争的条件,只有开放市场才能谈得上公平竞争,只有各成员的贸易法律、规章、措施具有透明度,才能做到公平竞争,只有公平竞争才能促进各成员生产力的提高、经济的繁荣与发展。

第二节 世界贸易组织的例外与免责规定

纵观世界贸易组织各项协定、协议,不难发现世界贸易组织多边贸易规则的法律框架"是由若干规则和相关例外所构成的",有关"例外"的条款及其文字比"原则"的还多。所以,人们又把"例外规定"称为世界贸易组织的灵活适用原则。这是谈判妥协的结果,也是为了照顾不同类型成员的实际情况。

世界贸易组织的"例外"条款有的有明文规定,有的则无规定,而是体现在其原则精神和实践中,归纳起来可以分成五大类:基本原则的例外、一般例外、安全例外、发展中国家成员的例外(将在下一节专门介绍)以及免责规定等。每大类中又有若干例外,有些例外又是交叉的。因此,认真研究和掌握这些"例外"条款,用好用足这些"例外"条款,对作为发展中国家的中国而言尤为重要。

一、基本原则的例外

(一)最惠国待遇的例外

根据世界贸易组织多边贸易协议条款中的规定,成员之间在某些特定情况下不适用协议最惠国待遇条款,并附列了种种例外规定,世界贸易组织的最惠国待遇的例外条款使得其成员在一定的范围内合法地不给予某项关税减让义务,最为典型的例外条款有以下几种:

1. 边境贸易的例外

边境贸易是指对毗邻国家边境地区的居民和企业,在距边境线两边各15千米以内地带从事的小额贸易活动,在关税、海关通关手续上给予减免等优惠待遇,目的是方便边境两边的居民互通有无。《关税与贸易总协定》第24条第3款规定,关贸总协定的各项规定不得阻止任何成员为便利边境贸易对毗邻国家给予的某种好处或减让等利益。最惠国待遇原则不适用于任何成员为便利边境贸易所提供的或将要提供的权利和优惠。

2. 关税同盟和自由贸易区的例外

《关税与贸易总协定》第24条第5款规定成员之间在其领土范围内可以建立关税同盟或自由贸易区,但要求建立关税同盟和自由贸易区之后其成员之间的关税和非关税壁垒应低于建立前的水平;同时认为关税同盟和自由贸易区范围内的优惠措施仅限于其成员之间享受,不适用于来自区域集团外的产品和服务,即最惠国待遇原则例外。例如,欧洲联盟、北美自由贸易区的成员之间在关税上的免税待遇,应作为世界贸易组织最惠国待遇的例外,而不适用于其他非关税同盟的世界贸易组织成员。

《服务贸易总协定》则有"经济一体化"的例外条款,与《关税与贸易总协定》第24条类似。

3. 服务贸易的一次性例外

《服务贸易总协定》规定,在该协定生效时,已在双边或几个国家之间签有服务贸易优惠协定的,可一次性列出豁免清单,作为最惠国待遇原则的例外,但一般要在10年内取消。

4. 知识产权领域的例外

成员给予任何其他国家的知识产权所有者或持有者的下述一些权利,对世界贸易组织成员可不适用最惠国待遇原则:在一般司法协助的国际协议中享有的权利;《与贸易有关的知识产权协定》第4条规定,在世界贸易组织成立前已生效的国际知识产权保护公约中规定的权利,即最惠国待遇方面的优惠、特权及豁免的例外规定不在当事国义务范围内。

5. 对发展中国家成员的例外

世界贸易组织允许对发展中国家成员实行特殊和差别优惠待遇,关贸总协定允许发展中国家成员相互间实行优惠待遇,而不将此优惠待遇给予发达国家成员,如普遍优惠制、"最佳努力"条款与"授权条款"。

(二)国民待遇的例外

1. 检验检疫

为维护公共道德,保障人类或动植物的生命和健康,对进口产品实施有别于本国产品的待遇,如商品检验、检疫等。

2. 政府采购

政府采购,即所购货物供政府使用,未参加《政府采购协议》的成员政府,在为自用或为公共目的采购货物时,可优先购买国内产品。

3. 只给予某种产品的国内生产者的补贴

符合《补贴与反补贴措施协议》和《农业协议》规定的只给予某种产品的国内生产者补贴。发展中国家成员提供的以使用国内产品为条件的补贴,自1995年起,最不发达国家成员可将此项补贴保留8年,其他发展中国家成员可保留5年。

4. 有关电影片的国内放映数量规定

成员可要求本国电影院只能放映特定数量的外国影片。

5. 服务贸易

《服务贸易总协定》规定,对于未做出承诺的服务部门,则无须实施国民待遇原则;即使在已经做出承诺的部门,也允许对国民待遇采取某些限制。

6. 知识产权

在《知识产权协定》中未作规定的有关表演者、录音录像制品作者和广播组织的权利可不适用国民待遇。

(三)开放市场原则的例外

(1)《服务贸易总协定》的市场准入例外是未谈判达成协议的部门即为限制或禁止的。也就是说,成员认为国内的服务贸易的某些部门尚无竞争能力,即列入幼稚产业,而不对外开放。

(2)实施数量限制例外。在特殊情况下,成员可以实行数量限制,但世界贸易组织要求其成员在实施数量限制时,同时做到"非歧视性",即"除非对所有第三国的相同产品的输入或对相同产品向所有第三国的输出同样予以禁止或限制",否则不得进行数量限制。

(四)公平竞争原则的例外

当进口成员受到某产品进口数量急剧增加,对该成员相同产品或与它直接竞争的产品的国内生产者造成严重损害或有严重损害的威胁时,受损害的成员可采取进口限制的保障措施,以保护国内市场或国内产业。

(五)透明度原则的例外

不要求成员公布那些会妨碍法令的贯彻执行、会违反公共利益或会损害某一企业的正当商业利益的机密材料,作为透明度原则的例外。《农业协议》规定了特殊保障条款,《纺织品与服装协议》也规定了过渡性保障条款。

二、一般例外

1. 货物贸易领域的一般例外

《关税与贸易总协定》第20条具体规定了可以免除成员义务的10种一般例外措施:(1)为维护公共道德所必需的措施;(2)为保障人类和动植物的生命或健康所必需的措施;(3)与黄金或白银进出口有关的措施;(4)为保障与关贸总协定不相抵触的法律、法规实施所必需的措施,包括与海关执法、有关垄断、保护知识产权以及防止欺诈行为的有关措施;(5)有关监狱囚犯生产的产品有关的措施;(6)对具有艺术、历史或考古价值的文物采取保护措施;(7)对可能枯竭的天然资源采取保护措施;(8)为履行政府间商品协定项下而实施的措施,但该协定应与其他成员无异议的;(9)国内原料价格被压低到低于国际市场价格水平时,为保证国内加工工业对这些原料的基本需要,可以限制这些原料出口;(10)在普遍或局部供应短缺的情况下,为获取或分配产品所必需的措施。

2. 服务贸易领域的一般例外

《服务贸易总协定》第14条规定成员在不对其他成员构成歧视,或不对服务贸易变相限制的情况下可以实施5种一般例外措施:(1)为维护公共道德或公共秩序所必需的措施;(2)为保障人类和动植物的生命和健康所必需的措施;(3)为保障与服务贸易总协定不相抵触的法律、法规实施所必需的措施:防止欺骗和欺诈行为或处理服务合同违约而产生的影响,保护与个人信息处理和传播有关个人隐私及保护个人记录和账户的机密性、安全;(4)只要待遇方面的差别旨在保证对其他成员的服务或服务提供者公平或有效地课税或征收直接税;(5)只要待遇方面的差别是约束该成员的避免双重征税的协定或其他国际协定或安排中关于避免双重征税的规定的结果。

3. 知识产权领域的一般例外

《知识产权协定》也有类似规定,如第27条第2.3款有关可拒绝授予专利的条款等。

成员如采取一般例外措施,则可不受世界贸易组织规则及该成员承诺的约束,但应遵守非歧视原则。成员援用一般例外条款采取有关措施的依据是国内法和国际公约。但是,一般例外的某些规定又成为某些成员利用贸易保护措施的趋势,如保护人类或动植物的生命或健康、环境保护等,成为绿色壁垒。

三、安全例外

世界贸易组织的安全例外规定,允许成员在战争、外交关系恶化等紧急情况下,为保护国家安全利益采取必要的行动,对其他相关成员不履行世界贸易组织规定的义务。

《关税与贸易总协定》第21条规定:(1)为了保护国家基本安全利益不能公布的信息;(2)为保护国家安全利益采取必要的行动:以裂变材料或提炼裂变材料的原料,与武器、弹药和作战物资的贸易有关的行动,在战时或国际关系的其他紧急情况下采取的行动;(3)维护国际和平与安全的义务而采取的行动。即在上述情况下,可以采取贸易限制措施,如限制对特定成员的进出口产品、贸易禁运、限制其他成员的进出口,以及解除与其他成员的权利和义务关系。

《服务贸易总协定》第14条之二和《与贸易有关的知识产权协定》第73条均有此类

规定。

四、免责规定

世界贸易组织协定协议中有关免责的规定,包括紧急限制进口措施、保护幼稚产业措施、国际收支限制措施、有关承诺的修改或撤回、义务豁免。

(一) 紧急限制进口措施

紧急限制进口措施又称为保障措施,世界贸易组织成员在符合规定的紧急情况下,可暂停实施对有关进口产品做出的关税和其他承诺,即免去承诺的职责与义务(详见第七章)。

(二) 保护幼稚产业措施

保护幼稚产业措施源自《关税与贸易总协定》第18条规定,允许成员为促进建立某一特定产业而背离其承诺,可修改或撤回业已承诺的某些关税减让项目,实施关税保护和数量限制的措施。此措施主要适用于发展中国家成员,具体内容见本章第三节。

(三) 国际收支限制措施

《关税与贸易总协定》和《服务贸易总协定》均在第12条规定,成员在国际收支发生严重困难时,可以限制进口商品的数量或价值,在已实施的具体承担义务的贸易中实行或维持限制,但必须经国际货币基金组织的证实和世界贸易组织的审查,实施时应对所有成员无歧视地进行,并在国际收支改善后取消,公布其取消限制的时间表。在实施数量限制时,优先采用对贸易破坏作用最小的"从价措施"(包括进口附加税、进口保证金要求及其他对商品进口价格有重大影响的措施)而力求避免实施新的数量限制;进口限制不能超过通常国际收支状况必需的水平;只有在不可避免时,才可以使用非自动许可证,但也要逐步取消。

世界贸易组织允许成员因国际收支困难而中止关税减让和其他承诺。对发展中国家成员的规定是《关税与贸易总协定》第18条,对发达国家成员的规定是《关税与贸易总协定》第12条。两者的区别是,对发展中国家成员程序较简便,适用条件较宽松。《服务贸易总协定》也允许成员在国际收支发生严重困难时,对已承诺开放的某服务贸易部门采取限制措施,或对与该服务贸易有关的支付或转移实施限制。

实施国际收支限制措施的成员必须向世界贸易组织递交书面报告,说明国际收支困难的情况、限制方法、限制影响及逐步放宽限制的计划。

(四) 有关承诺的修改或撤回

世界贸易组织允许成员在某些特殊情况下可援引关贸总协定的"免责条款",撤回其已做出的关税减让。例如,有关产品的大量进口及进口的条件会使该进口成员的国内工业遭到严重损害,该进口成员即可修改或撤回原先已做出的关税减让。

《关税与贸易总协定》第28条规定,每隔3年(在特殊情况下,也可随时进行),成员可就修改或撤回业已做出的进口产品关税减让承诺进行谈判,并须与受影响的成员达成协议;如达不成协议,仍可修改或撤回关税减让,但受影响的成员有权在6个月内对等撤回关税减让。《服务贸易总协定》对成员修改撤回承诺义务也有规定,实体规则和程序与《关税与贸易总协定》类似。

根据争端解决程序,若裁定某成员的行为导致另一成员享有的利益受到减损甚至丧失,经争端解决机构授权,另一成员可以暂停对该成员所做的减让(在第十三章"世界贸易组织的争端解决机制"中将作详细介绍)。

(五)义务豁免

成员可以根据豁免条款,申请免除某项或某些义务。申请豁免必须说明义务豁免要达到的目标、采取的措施,以及采取符合世界贸易组织规定的措施仍不能达到目的的原因。豁免义务申请要经部长级会议批准。成员在获准豁免后,应与受影响的成员磋商,以弥补豁免对其他成员造成的损失。如果磋商不能达成一致,则受影响的成员可诉诸争端解决程序。

采取世界贸易组织的例外(安全例外除外)与免责措施有三个特点:一是批准程序严格;二是需要与有关成员磋商;三是应遵循非歧视原则。

第三节 对发展中国家成员的差别优惠待遇

世界贸易组织中四分之三的成员是发展中国家和转型经济国家。世界贸易组织继承了关贸总协定中有关给予发展中国家成员特殊和差别待遇的原则。世界贸易组织高度重视发展问题,考虑到各成员的经济状况,尤其是发展中国家成员和最不发达国家成员履行义务的灵活性和经济的特殊需要,允许向发展中国家成员提供特别援助,规定了向它们提供贸易减让等优惠待遇的条款,并在世界贸易组织的相关协定、协议或条款中加以完善。突出表现为在发展中国家成员贸易自由化时间表上给予一定的灵活性。如被给予较长的过渡期,以使其逐步适应世界贸易组织的要求,同时规定发达国家成员对发展中国家成员要提供更多的各种经济、技术援助和优惠措施。这反映了世界贸易组织支持发展中国家成员特别是最不发达国家成员经济发展和经济改革的原则。

近年来,发展中国家在世界贸易组织和全球经济贸易中发挥着越来越重要的作用。这些数量众多的发展中国家与发达国家相比,经济发展水平相差很大,因此世界贸易组织给发展中国家成员以差别优惠待遇,这些规定体现在世界贸易组织的各项协议中,如《关税与贸易总协定》《服务贸易总协定》和《与贸易有关的知识产权协定》三大协定及其各附属协议,也有专门的部长级会议决定、宣言或散见于世界贸易组织部长级会议的决议中。世界贸易组织的规则是发展中国家与发达国家经过长期斗争、相互妥协的产物,也是求同存异的产物。它们为发展中国家成员承担世界贸易组织的义务提供了一定的灵活性,考虑了发展中国家的利益。

一、从关贸总协定继承下来的优惠待遇

(一)关贸总协定的"授权条款"

在1979年11月28日的"东京回合"谈判中,关贸总协定通过"授权条款",允许仅对发展中国家成员实行优惠待遇,以及允许发展中国家成员相互间实行优惠待遇,而不将此优惠待遇扩大到发达国家成员。

《关税与贸易总协定》第四部分"贸易和发展"鼓励发达国家成员支持发展中国家成员,确认发展中国家成员在其产品进入世界市场时,发达国家成员对涉及发展中国家成员特殊利益的初级产品和其他出口产品不实行新壁垒。发达国家成员承诺在减让或取消关税和

其他壁垒的谈判中不要求发展中国家成员提供对等的补偿。即所谓"发达国家成员与发展中国家成员之间的非互惠"。在东京回合多边贸易谈判中达成了一项给予发展中国家成员优惠待遇的决议,名为"对发展中国家成员的差别和更为优惠的待遇、对等及更全面的参与",该决议规定了著名的"授权条款"。该条款第一次在贸易关系方面和国际经济法方面为发达国家成员向发展中国家成员提供普遍优惠制和建立发展中国家成员之间的优惠贸易安排确定了法律基础。世界贸易组织再次做出《给予最不发达国家成员差别和优惠待遇的决定》。根据这些条款和规定,发展中国家成员可在一定限度内进行出口补贴和采取其他措施鼓励制成品的出口。

1. 授权条款的含义

授权条款是指成员可给予发展中国家成员差别的和更为优惠的待遇,而无须按照最惠国待遇原则将这种待遇给予其他成员,也无须得到关贸总协定或世界贸易组织的批准。根据这一原则,发达国家成员和发展中国家成员都可本着条款精神将一些优惠措施只向一些特定的国家(发展中国家成员或其中最不发达国家成员)提供,而不必向另外一些国家(发达国家成员)提供。

2. 授权条款适用范围

(1)普遍优惠制(Generalized System of Preferences,GSP),简称普惠制,是指发达国家对从发展中国家或地区输入的商品,特别是制成品和半制成品,给予普遍的、非歧视的和非互惠的关税优惠待遇。这种税称为普惠税。所谓普遍的,是指发达国家应对发展中国家或地区出口的制成品和半制成品给予普遍的优惠待遇;所谓非歧视的,是指应使所有发展中国家或地区都不受歧视、无例外地享受普惠制的待遇;所谓非互惠的,是指发达国家应单方面给予发展中国家或地区关税优惠,而不要求发展中国家或地区提供反向优惠。

(2)在多边贸易谈判达成的有关非关税措施协议方面,给予发展中国家成员差别的和更加优惠的待遇。

(3)允许发展中国家成员之间区域性或全球性的优惠关税安排,而不适用于发达国家成员。

(4)对最不发达国家成员的特别待遇。

但授权条款同时也规定了提供这些差别和更优惠待遇的条件:

(1)提供的这些待遇,不应妨碍在最惠国待遇基础上减少或撤除关税和其他限制。

(2)提供的这些待遇应促进发展中国家成员的贸易,但不应损害其他成员的贸易利益。

(3)随着发展中国家成员经济贸易上的积极发展,可酌情修改这些待遇。

在授权条款中的另一个重要规定是"毕业条款",即要求发展中国家成员随着其经济逐步增长和贸易状况的改善,相应提高其在世界贸易组织中所做的贡献和减让,"毕业"后,发达成员不再给予普惠制待遇。

3. 授权条款的意义

(1)给予普遍优惠制以法律地位。

(2)给予发展中国家成员之间实行优惠待遇以法律地位。

(3)取消了必须满足于关贸总协定和世界贸易组织的严格要求或申请解除义务的规定。

(二)关贸总协定的幼稚产业保护规定

《关税与贸易总协定》第18条规定对于各成员,特别是那些只能维持低生活水平,处在发展初级阶段的成员(即发展中国家成员)为了加速发展或建立一个新兴的产业,或为了保护刚刚建立尚不具备竞争能力的幼稚产业而实行进口限制。但是,一般不能笼统地定义某个部门所有产业都是幼稚产业,需要视具体行业的实际情况而定。

1. 幼稚工业的范围

严格来讲,关贸总协定中无条款提及"幼稚产业"的概念,第18条中只提到"某一特定产业"。这里所指的建立特定产业范围包括:

(1)某一新兴产业。
(2)在现有产业中建立一项新的分支产品部门。
(3)对现有产业进行重大改造。
(4)对只能少量供应国内需要的现有产业进行重大扩建。
(5)因战争或自然灾害遭到破坏的工业重建。

2. 幼稚工业的证据

在援引这一条款时,该成员必须提出符合下列条件的证据:

(1)其目的在于提高人民的一般生活水平。
(2)促进某一特定产业的加速建立。
(3)为上述目的必须提供"政府援助"。
(4)如采取其他规定的措施,并不能实现上述目的。

3. 保护幼稚产业的原则

同时关贸总协定规定,一国在对幼稚产业实施保护应遵循以下基本原则:

(1)幼稚产业保护仅仅是一种暂时的,有一定期限的保护措施。
(2)受保护的产业必须是有明显发展前途的。
(3)如一成员对某一幼稚产业或新兴产业实施保护,该成员必须将保护实施情况通知世界贸易组织并请求批准。

通常,幼稚产业是指那些当前还不成熟、经不起国外竞争的产业。如果采取适当保护政策扶植其竞争能力,它将来可以具有比较优势,能够出口并对国民经济发展做出贡献,那么就应该采取过渡性的保护、扶植措施,以保证这一新兴或初创产业得以健康发展。

一成员实行幼稚产业保护的最终目的是使本国幼稚产业产品能与国外同类产品进行竞争,对于认定的幼稚产业保护方式包括提高关税、实行进口许可证、征收临时附加税、进口配额等手段。

二、乌拉圭回合各项协议给发展中国家成员的优惠待遇

综观乌拉圭回合各项协议的内容,关于发展中国家成员可以享受的差别(优惠)待遇概括起来有以下几类:

1. 对发展中国家总体利益的承认

世界贸易组织的目标之一是保证发展中国家成员,特别是最不发达国家在国际贸易增长中获得与其经济发展需要相当的份额。因此,世界贸易组织的大部分协议(特别是前言或序言)都对发展中国家成员的总体利益给予承认。如《服务贸易总协定》特别规定了"发展中国家成员的更多参与",将发展中国家成员更多参与服务贸易作为《服务贸易总协定》的义务,要求发达国家成员给予优惠和技术援助。

2. 对发展中国家成员减轻义务或实行不同规则

(1) 与发达国家成员相比,发展中国家成员可以承诺较低水平的义务,如《补贴与反补贴措施协议》《农业协议》《服务贸易总协定》《保障措施协议》等协议中有关差别、优惠待遇的规定。

(2) 旨在通过扩大市场准入,以增加发展中国家成员贸易机会的规定,如《纺织品与服装协议》《服务贸易总协定》《技术性贸易壁垒协议》等。

(3) 要求发达国家成员对发展中国家成员承担义务。要求世界贸易组织成员在采取国内或国际措施时保障发展中国家成员利益的规定,如《反倾销协议》《保障措施协议》《技术性贸易壁垒协议》等。

(4) 通过各种不同方式支持发展中国家成员的规定,如帮助他们处理有关动植物健康标准的承诺、技术标准以及帮助他们增强其国内电信部门的能力等。

3. 延长实施期

发展中国家成员在实施承诺方面可有更多的时间或更长的过渡期,如《知识产权协定》《服务贸易总协定》《纺织品与服装协议》《农业协议》等大多数协议均有规定。

4. 享有某些程序上的灵活性和优惠待遇

在涉及发展中国家成员的争端解决以及贸易政策审议时享有某些程序上的灵活性和优惠待遇。

5. 给予发展中国家成员技术援助

(1) 提供法律帮助。世界贸易组织秘书处的技术合作司的法律顾问可在任何世界贸易组织的争端案件中为发展中国家成员提供帮助,向它们提出法律建议。

(2) 为发展中国家成员举办培训班、研讨会、讲习班,所涉及的议题包括贸易政策和有效的谈判方法。

6. 设立专门机构研究发展中国家成员的发展问题

(1) 贸易与发展委员会。该委员会优先处理的问题是:优惠发展中国家成员的条款如何落实、技术合作指导原则、增强发展中国家成员对贸易体制的参与,以及最不发达国家成员的地位问题等。世界贸易组织还要求各成员必须通知该委员会对发展中国家成员产品给予贸易减让的计划,以及发展中国家成员间的区域安排。

(2) 最不发达国家小组委员会。该小组委员会优先处理的问题是:将最不发达国家成员融入多边贸易体制的途径、技术合作,并定期检查世界贸易组织各项协议中优惠最不发达国家成员特殊规定的实施情况。

三、给予最不发达国家成员的优惠措施

认识到最不发达国家成员所面临的困境和需要保证它们有效地适应与世界贸易体制及在市场准入领域的特别需求,1993年12月15日部长级会议通过了《关于给予最不发达国家成员优惠措施的决定》(以下简称《决定》)。《决定》要求各成员采取进一步措施改善它们的贸易机会。这些措施主要有:继续提供普惠制待遇,增加市场准入机会,给予最不发达国家成员技术援助等,迅速有效地实施乌拉圭回合各项文件中给予的差别和优惠待遇,并定期审查予以保证。1994年4月15日马拉喀什部长宣言同意通过世界贸易组织的部长级会议和适当的机构,定期评估乌拉圭回合谈判结果对最不发达国家成员产生的影响,以采取积极措施,使这些成员能够实现发展的目的。

四、发展中国家面临的挑战

世界贸易组织的各项协定和协议是所有成员谈判达成的,实行一成员一票决策制。法律上是平等的,表面上权利和义务是平衡的,但事实上是不平等的,实施协议也是不平衡的。经济贸易实力是世界贸易组织成员参与世界贸易组织活动的基础。因发达国家成员与发展中国家成员经济贸易实力悬殊,发展中国家成员享受权利乏力,世界贸易组织的决策权仍然掌握在发达国家成员手里,在一定程度上左右世界贸易组织谈判的议题和进程。

世界贸易组织虽然给发展中国家成员规定了许多优惠待遇,有些可以兑现,但有些则不一定,要靠发展中国家成员去努力争取,一些发达国家成员常出于本国的政治、经济利益或国内立法克扣或拖延甚至不给予发展中国家成员优惠待遇。此外,许多特殊规定不是自动的,也不是强制性的,必须由有关成员提出请求,无论是最不发达国家成员,还是发展中国家成员。在某些情况下,还要求对给予的特殊待遇进行审议,以便鼓励将所有发展中国家成员融入世界贸易组织正常的法律框架,尽管这一要求经常对最不发达国家成员有所简化。

过去,人们称关贸总协定为"富人俱乐部",这称呼应该说是很确切的。现在关贸总协定发展成为世界贸易组织后,其成员增加了,管辖的领域扩大了,贸易规则修订并加强了,但仍然可以称为"经济强国俱乐部"。世界贸易组织的贸易规则或称"游戏规则"主要是在经济强国主导下制定的,它的解释权、争议裁判权实际上都掌握在发达国家人士手中。世界贸易组织规则作为带有强制性的国际法律规范,在形式上对所有成员一视同仁,但由于发展中国家成员迫使发达国家成员履行义务的能力、手段都远不及发达国家成员,这种强制性对发展中国家成员是现实的,而对发达国家则往往要大打折扣。例如,古巴、洪都拉斯、斯里兰卡、印度、印尼、马来西亚、牙买加、巴基斯坦、埃及、坦桑尼亚和多米尼加等发展中国家认为,它们至今没有从乌拉圭回合谈判结果中获益,执行协议后反而更穷了。发达国家对协议的执行多是技术性的问题,离协议的要求相差很远,而美国倚仗其超级强国的实力,利用全球多边贸易谈判,在国际贸易领域主导游戏规则的制定,迫使其他成员降低关税、开放市场,从国际贸易体系中获得巨大的经济利益。但它并没有放弃对国内一些产业的保护,美国政府经常将国内贸易法置于国际贸易规则之上,动辄对别国发出单方面的制裁威胁,并采用较为隐蔽的非关税措施。

以美国、欧盟成员、日本为主的西方发达国家总是以有利于自己的方式来解释和执行世界贸易组织规则,积极推动对自己有利的协议的履行,拖延实施对发展中国家有利的协议,在农产品贸易和纺织品服装贸易方面,继续保留高关税和非关税壁垒,使占世界贸易组织成员总数四分之三的发展中国家在诸多领域陷入事实上的贸易壁垒之中。乌拉圭回合的协议本身是不平衡的,执行的结果也不同,在服务贸易、知识产权、与贸易有关的投资措施等方面,对发达国家成员有利的协议,执行得比较好,而对发展中国家成员有利的协议则执行得不好。例如,《纺织品和服装协议》要求发达国家成员从1995年至2005年,逐步取消对纺织品服装贸易的数量限制,但拖到最后一天,才把大部分配额取消。发达国家成员还利用反倾销规则的漏洞,滥用反倾销调查,限制了发展中国家成员优势产品的出口。

世界贸易组织规则形成的"国际贸易统一法"和经济全球一体化,就像把虎和鹿从原野森林角逐搬进森林公园里对峙,鹿的回旋余地更小了,风险更大了。两个实力悬殊的对手在同一竞技场上比赛,使用同一比赛规则,所谓公平竞争,只不过是一句冠冕堂皇的口号。

世界贸易组织的各项协议虽然给予发展中国家成员一个过渡期(一般为5年)和某些例外规定及优惠待遇,但是发展中国家成员不可能在短期内将经济、技术水平提高到与发达国家成员相类似的水平。

发展中国家成员不参加世界贸易组织也是不行的,因为若不参加,则必然要面对在重大国际经济贸易问题上缺乏发言权、参与权和决策权的不利局面。发展中国家若被排除在世界贸易组织之外,则将任人摆布和宰割,没有生存空间,经济难以发展;而参加世界贸易组织后又无力竞争,处在两难境地。但权衡利弊得失,两害相权取其轻,广大发展中国家仍然参加世界贸易组织,其动因:一是积极参与游戏规则的制定,争取对自己最有利的条件;二是趋利避害,努力发展本国的技术和经济,奋起直追,尽快缩小与发达国家成员的差距;三是寄希望于能享受发展中国家成员的差别与优惠待遇。

第四章 1994年关贸总协定

多边货物贸易规则,即《建立世界贸易组织的协议》附件一(1),包括《1994年关税与贸易总协定》以及关贸总协定乌拉圭回合多边贸易谈判所达成的与《1994年关税与贸易总协定》配套的有关多边货物贸易的12项协议及1个新协议。配套协议有的是由关贸总协定某些条款具体化演变而成的单独的协议,如反倾销协议、补贴与反补贴措施协议、保障措施协议、海关估价协议、进口许可程序协议、原产地规则协议;有的是对关贸总协定补充、扩展、派生的协议,如技术性贸易壁垒协议、农业协议、实施卫生与植物卫生措施协议、纺织品与服装协议、装船前检验协议;有的是乌拉圭回合多边贸易谈判达成的新协议,如与贸易有关的投资措施协议;有的是世界贸易组织成立后谈判达成的新协议,如信息技术产品协议。1994年关贸总协定与这些配套协议共同构成世界贸易组织的多边货物贸易规则体系,构成世界贸易组织成员与货物贸易有关的权利和义务。这些都是世界贸易组织货物贸易理事会监督执行的范围。本章介绍多边货物贸易协议的《1994年关税与贸易总协定》,13项配套协议将在第五、六、七章分别介绍。

第一节 1994年关贸总协定的结构

1986年至1994年的关贸总协定乌拉圭回合多边贸易谈判对1947年的《关税与贸易总协定》进行了较大修改、补充,形成了《1994年关税与贸易总协定》(实际上是继承了《1947年关税与贸易总协定》的原文本及附件,加上一个修正说明)。它在法律上与人们所熟知的于1947年10月30日签署的《关税与贸易总协定》有明显的不同。

根据修正说明,《1994年关税与贸易总协定》包括:

(1)《1947年关税与贸易总协定》的各项条款及其9个附件,以及《建立世界贸易组织的协议》生效之前所实施的法律文件核准更正、修正和修改的文本及附件,但不包括《临时适用议定书》。

该议定书是1947年关贸总协定普遍适用的法律基础,允许关贸总协定成员继续适用那些在1947年仍然有效的、但不符合关贸总协定条款的强制性国内法,有时又称为"祖父条款"。到1994年,这些法律几乎不存在了,只有美国的《琼斯法案》(允许将美国国内航线留给美国制造的、美国人担任船员的和挂美国旗的船只)仍然有效,有关条款的法律庇护转由《1994年关税与贸易总协定》第3款(a)至(e)项的特殊条款提供。

(2)在《建立世界贸易组织的协议》生效之前,根据《1947年关税与贸易总协定》生效的下列法律文件:有关关税减让的议定书或证明书;加入议定书(失效的部分除外);在《建立世界贸易组织的协议》生效时仍有效的根据《1947年关税与贸易总协定》第25条授予的豁免义务的决定;《1947年关税与贸易总协定》缔约方全体做出的其他决定。

(3)有关解释《关税与贸易总协定》条款的6项谅解。

(4)《1994年关税与贸易总协定马拉喀什议定书》。

此外,《1994年关税与贸易总协定》,在文字上也作了修改,如将"缔约方"改为"成员";

"欠发达缔约方"和"发达缔约方"改为"发展中国家成员"和"发达国家成员";"执行秘书"改为"世界贸易组织总干事";将"缔约方全体"改成"部长级会议"或"世界贸易组织"。

第二节 1994年关贸总协定的内容

《1994年关税与贸易总协定》分为序言、正文四大部分、9个附件和乌拉圭回合承诺减让表。《1994年关税与贸易总协定》继承了《1947年关税与贸易总协定》的核心原则,包括最惠国待遇原则、国别关税减让与约束原则、国民待遇原则、禁止使用除关税外的保护措施原则和透明度原则,以及这些原则的例外。

一、《关税与贸易总协定》的宗旨

《关税与贸易总协定》序言主要是阐述缔结该协定的宗旨:达成互惠互利协议,以求大幅度地削减关税和其他贸易障碍,取消国际贸易中的歧视待遇,达到提高生活水平、保证充分就业、保证实际收入和有效需求的巨大持续增长、实现世界资源的充分利用以及发展商品生产与交换的目的。

二、《关税与贸易总协定》的第一部分

《关税与贸易总协定》第一部分包括第1条"普遍最惠国待遇"和第2条"减让表"。

第1条"普遍最惠国待遇"

它是整个《关税与贸易总协定》规则的核心和体制的基础。第1款规定,"在对进口或出口、有关进口或出口以及进口或出口货物的国际支付转移所征收的关税和费用方面,在征收此类关税和费用的方法方面,在有关进口和出口的全部规章手续方面……,任何成员给予来自或运往任何其他国家的任何产品的利益、优惠、特权或豁免,应当立即无条件地给予来自或运往所有其他成员的同类产品。"在以往的贸易条约和协定中,最惠国待遇条款一般是双边的,而《关税与贸易总协定》的最惠国待遇是普遍的和无条件的,是稳定的,只要是成员,就可以长期、稳定地享受这种普遍的无条件的最惠国待遇。本条第2款列出了《关税与贸易总协定》最惠国待遇的几种例外。

第2条"减让表"

本条是关贸总协定的第二个核心原则,各成员需要承诺削减具体进口产品的进口关税、其他税费或最高限制水平。它允许各成员使用关税手段保护国内产业,但要求通过谈判逐渐降低关税水平,并对其加以约束。它规定了关贸总协定各成员经谈判达成的实际关税减让,列入关税减让表附录,成为各成员在关贸总协定中承担的义务,又根据最惠国待遇原则,使这些义务适用于来自任何成员的进口产品。第2条和第28条的技术性规则形成了关税谈判的基础。第2条的核心是"一成员对其他成员的贸易所给予的待遇,不得低于本协定所附减让表中有关部分所规定的待遇。"1994年修改时,对本条第1款第2项"其他税费"作了进一步解释,主要内容是将其载入减让表,以使其具有稳定性和透明度。本条第2款至第6款对某些特种税费的征收、关税减让表中的待遇应给而未给时的补偿以及税费的汇价表示等问题做出规定。

三、《关贸总协定》的第二部分

《关贸总协定》第二部分由第3条至第23条共21条组成,主要内容是对关税以外的各种规定,其中大部分属于对非关税措施的约束。

第3条"国内税与国内法规的国民待遇"

本条即禁止实行进口的国内税和其他国内措施。第1款规定"各成员认识到:国内税和其他国内费用,影响产品的国内销售、标价出售、购买、运输、分销或使用的法律、法规和规定,以及要求产品的混合、加工或使用的特定数量或比例的国内数量法规,不得以为国内生产提供保护的目的对进口产品或国产品适用。"第2款进一步规定"任何成员领土的产品进口到任何其他成员领土时,不得对其直接或间接征收超过对同类的国内产品所直接或间接征收的任何种类的国内税或其他国内费用。此外,成员不得以违反第1款所列原则的方式对进口产品或国内产品实施国内税或其他国内费用。"这就是说,《关税与贸易总协定》只规定各成员之间在产品进入另一成员关境内在其国际捐税以及流通渠道方面给予和本国产品同样的待遇——国民待遇。这里不包括对自然人、法人和船舶等的待遇。

第4条"有关电影片的特殊规定"

它主要是规定成员在建立或维持有关电影片的国内数量限制条例时,除规定对国产片保留放映时间外,不得对其他成员影片放映时间分配比例做出规定。

第5条"过境自由"

本条即要求成员之间对过境运输应按无歧视原则处理。本条第2款规定"来自或前往其他成员领土的过境运输,按照最便于国际过境的路线通过每一成员的领土是一种自由。船舶的国籍、来源地、出发地、进入港、驶出港或目的港的不同,或者有关货物、船舶或其他运输工具的所有权的任何情况,不应被用作实施差别待遇的依据。"并且"不应受到不必要的迟延或限制,并应对它免征关税、过境税或有关过境的其他费用,但运输费用以及相当于因过境而支出的行政费用或提供服务的费用,不在此限。"此外,本条还对过境的其他事项作了规定。

第6条"反倾销税和反补贴税"

本条对倾销与补贴的含义和征收反倾销税与反补贴税的条件作了原则规定。

第6条第1款规定各成员认为:用倾销的手段将一成员产品以低于正常价值的办法进入另一成员市场内,如因此对某一成员领土内已建立的某项工业造成实质性损害或产生实质性损害威胁,或者对某一国内工业的新建产生实质性阻碍,这种倾销应该受到谴责。本条所称一产品以低于它的正常价值进入进口成员的市场内,系指从一成员向另一成员出口的产品的价格:(1)低于相同产品在出口成员用于国内消费时正常情况下的可比价格;或(2)如果没有这种国内价格,低于(1)相同产品在正常贸易情况下向第三成员出口的最高可比价格;或(2)产品在原产国的生产成本加合理的推销费用和利润。但对具体销售的条件差异、赋税差异以及影响价格可比性的其他差异,必须予以适当考虑。"

本条第2款规定"成员为了抵消或防止倾销,可以对倾销的产品征收数量不超过这一产品的倾销差额的反倾销税。本款所称的倾销差额系指按本条第1款的规定所确定的价格差额。"

这是《关税与贸易总协定》对倾销和征收反倾销税的基本规定。由于本条对"正常价值""对某项工业造成实质性损害或产生实质性损害威胁""实质性阻碍"等含义难以界定,于是有些成员以国内立法来对征收反倾销税予以规定,这样反倾销往往成为某些成员推行贸易保护主义的手段。为此,世界贸易组织又制订了《关于执行关贸总协定第六条的协议》,即《反倾销协议》。

第 6 条第 3 款为《关税与贸易总协定》对征收反补贴税的规定。第 3 款规定"一成员领土的产品进口到另一成员领土时,对这种产品征收的反补贴税,在金额上不得超过这种产品在原产国或出口国制造、生产或出口时所直接或间接得到的奖励或补贴的估计数额。一种产品于运输时得到的特别补贴,也应包括在这一数额以内。'反补贴税'一词应理解为:为了抵消商品于制造、生产或出口时所直接或间接地接受的任何奖励或补贴而征收的一种特别关税。"

第 6 条第 4 款、第 5 款、第 6 款、第 7 款是《关税与贸易总协定》有关征收反倾销税与反补贴税的共性规定。第 4 款规定"一成员领土的产品进口到另一成员领土,不得因其免纳相同产品在原产国或出口国用于消费时所须完纳的税捐或因这种税捐已经退税,即对它征收反倾销税或反补贴税。"第 5 款规定"一成员领土的产品进口到另一成员领土,不得因抵消倾销或出口补贴,而同时对它既征收反倾销税又征收反补贴税。"第 6 款、第 7 款规定了不得征收反倾销税和反补贴税的情况。

第 7 条"海关估价"

它规定了进口商品海关估价的一般原则。各缔约方海关征收关税的完税价格应以进口货物或同类货物的"实际价格"为依据,不得以同类国产品的价格或者以任意的或虚构的价格作为计征关税的依据;计价采用的汇率应符合国际货币基金组织的有关规定。本条第 2 款第 1 项规定"海关对进口商品的估价,应以进口商品或相同商品的实际价格,而不得以本国产品的价格或者以武断的或虚构的价格作为计征关税的依据。""实际价格"是指在进口国立法确定的某一时间和地点,在正常贸易过程中充分竞争的条件下,某一商品或相同商品出售或推销的价格。由于海关估价的许多概念不明确,难以操作,因此世界贸易组织为此制定了《关于实施关贸总协定第 7 条的协议》,即《海关估价协议》。

第 8 条"规费和进出口手续"

本条第 1 款规定,除了关税和第 3 条所述的国内税以外的任何种类的规费和费用,不应成为对本国产品的一种间接保护,也不应成为为了财政目的而征收的一种进口税或出口税。本条规定的中心意思是降低商品进出境的规费,简化手续。

第 9 条"原产国标记"

本条第 1 款规定"一成员在有关标记规定方面对其他成员领土产品所给的待遇,应不低于对第三成员相同产品所给予的待遇。"第 2 款规定"各成员认为,在采用和贯彻实施原产国标记的法令、条例时,这些措施对出口成员的贸易和工业可能造成的困难及不便应减少到最低程度;但应当注意防止具有欺骗性的或易引起误解的标记,以保护消费者的利益"。它要求各成员在采用和实施原产地规则时,应以最惠国待遇原则对待所有成员,把对出口成员的贸易和工业可能造成的困难及不便减少到最低程度;但应当注意防止具有欺骗性的或易引起误解的标记,以保护消费者的利益。为此,世界贸易组织制订了《原产地规则协议》作为对本条的补充和完善。

第 10 条"贸易条例的颁布和实施"

本条第 1 款要求"成员有效实施的关于海关对产品的分类或估价,关于税捐或其他费用的征收率,关于对进出口货物及其支付转账的规定、限制或禁止,以及关于影响进出口货物的销售、分配、运输、保险、存仓、检验、展览、加工、混合或使用的法令、条例与一般援用的司法判决及行政决定,都应迅速公布,以使各成员政府及贸易商熟悉它们。一成员政府或政府机构与另一成员政府或政府机构之间缔结的影响国际贸易政策的现行规定,也必须公布。但本款的规定并不要求成员公布那些会妨碍法令的贯彻执行、会违反公共利益或会损害某一公私企业的正当商业利益的机密资料。"本条还要求"成员应以统一、公正和合理的方式实施本条第1款所述的法令、条例、判决和决定。"本条规定确立了《关税与贸易总协定》的贸易政策统一和透明度原则。为此,世界贸易组织进一步制定了《贸易政策审议机制》。

第11条"普遍取消数量限制"

规定不能以许可证和配额或其他措施限制或禁止货物的进出口。本条第1款规定"任何成员除征收关税或其他费用以外,不得设立或维持配额、进出口许可证或其他措施以限制或禁止其他成员领土的产品的进口或向其他成员领土出口或销售出口产品。"第2款则规定了三项不适用第1款的例外情况。

第12条"为保障国际收支平衡而实施的限制"

本条第1款规定"虽有本协定第11条第1款的规定,任何成员为了保障其对外金融地位和国际收支,可以限制准许进口的商品数量或价值,但必须遵守本条下述各项的规定"。本条第2款、第3款、第4款和第5款规定了在国际收支困难时采取限制措施的条件。即允许成员为保障国际收支平衡和对外金融地位,在发生严重国际收支困难时,临时采取提高关税或数量限制的措施,但对这些限制的实施条件及应履行的磋商程序等有严格具体的规定。1994年修改国际收支条款时严格了使用此条款的纪律与要求。发达国家成员一般不使用本条的规定,因此这一条款实际上已不起作用。

第13条"非歧视地实施数量限制"

非歧视地实施数量限制指如果确有必要实施数量限制,应在非歧视的最惠国待遇原则基础上实施。具体为:除非对所有第三成员的相同产品的进口或对相同产品向所有的第三成员的出口同样予以禁止或限制以外,任何成员不得限制或禁止另一成员领土产品的进口,也不得禁止或限制产品向另一成员领土出口。它要求在允许采取配额、许可证来实施进出口数量限制时应无歧视地、一视同仁地对待其他所有成员。

数量限制指防止或限制进口数额的措施:(1)配额;(2)进口许可证;(3)自动出口配额制;(4)禁止进口。

第13条规定了允许使用这些数量限制和使用这些限制的成员要遵守的纪律:

(1)要求成员遵守最惠国待遇的纪律。

(2)实施数量限制时,要求制定详细的规则使进口许可数量在成员之间公平地分配。本项内容包括:

①在保证透明度的前提下实行全球配额。

②若实行国别配额,则配额应由进出口成员共同商定,而非由进口成员单方面规定。

③在配额制无法实施的情况下,也可采用许可证制度。

(3)通知和磋商的义务。

当某一成员由于某种原因采取限制进口数量措施时,应提前与世界贸易组织货物贸易理事会及相关成员进行协商,一旦特殊情况不复存在,该成员应立即取消这种限制措施。

第14条"非歧视原则的例外"

它规定根据第12条和第18条B节有关保障国际收支可以采取歧视性数量限制的特定情况。

第15条"外汇安排"

本条规定成员采取贸易外汇限制措施应与国际货币基金组织协调。

第16条"补贴"

它对补贴的种类及限制做出规定。本协定的第6条、本条以及第23条"利益的丧失或损害"构成《关税与贸易总协定》的反补贴的基本原则。世界贸易组织据此制定了《补贴与反补贴措施协议》，对这些原则进行具体化。

第17条"国有贸易企业"

本条允许成员建立或维持国有贸易企业，但要遵守非歧视原则，要求对具有独占权或特权的企业在其有关进口或出口的购买和销售方面的行为加以限制。1994年修改此条内容增加了对这类企业及其活动情况的通报要求。

第18条"政府对经济发展的援助"

它规定发展中国家成员为了提高人民一般生活水平和经济发展计划，政府可以采取一些援助或进口限制措施。但采取本条措施，要符合规定的条件。

该条A节规定，为促进建立某个产业，可将关税提高至约束水平以上。该条C节规定，为促进建立某个产业，可提供政府援助。也就是说政府对"某一特定产业"可采取扶持和保护政策。这两节被引申为对"幼稚产业"的保护条款。

该条B节规定，为保障发展中国家成员对外金融地位，确保足够的外汇储备水平，可以限制进口数量或其价值。1994年修改国际收支条款时严格了使用此条款的纪律与要求。

第19条"对某些产品的进口的紧急措施"

本条第1款第1项规定"如因意外情况的发展或因一成员承担本协定义务（包括关税减让在内）而产生的影响，使某一产品进口到这一成员领土的数量大为增加，对这一领土内相同或与它直接竞争产品的国内生产者造成严重损害或产生严重损害的威胁时，这一成员在防止或纠正这种损害所必需的程度和时间内，可以对上述产品全部或部分地暂停实施其所承担的义务，或者撤销或修改减让。"

本条第1款第2项规定"属于优惠减让对象的某一产品，如果在本款第1项所述情形下进口到一成员领土，并因此对目前或过去享受这种优惠的另一成员领土内的相同产品或与它直接竞争产品的国内生产者造成严重损害或产生严重损害的威胁时，经这另一成员提出请求后，进口这种产品的成员可以在防止或纠正这种损害所必需的程度和时间内，全部或部分地对这种产品暂停实施其所承担的有关减让，或者撤销或修改减让。"

这就是《关税与贸易总协定》关于保障措施的基本原则，又称为"安全阀"。本条第2.3款规定了实施免受进口损害的保障措施的条件和程序。世界贸易组织为此制定了《保障措施协议》。

第20条"一般例外"

它规定在10种情况下可以采取进出口限制措施，而不履行关贸总协定的义务，但对情况相同的各成员，实施的措施不得构成武断的或不合理的差别待遇，或构成对国际贸易的变相限制。

第21条"安全例外"

它规定在为了国家安全等情况下可采取限制措施。

第22条"协商"

本条规定了成员之间发生贸易纠纷时,应进行协商。

第23条"利益的丧失或损害"

本条第1款规定"如一成员认为,由于(1)一成员未能实施其对本协定所承担的义务,或(2)一成员实施某种措施(不论这一措施是否与本协定的规定有抵触),或(3)存在着任何其他情况,它根据本协定直接或间接可享受的利益正在丧失或受到损害,或者使本协定规定的目标的实现受到阻碍,则这一成员为了使问题得到满意的调整,可以向其认为有关的成员提出书面请求或建议。有关成员对其提出的请求或建议应给予同情的考虑。"本条第2款规定了有关成员在合理期间尚不能达成满意的调整办法时的救济方法。因此,本条又称为豁免义务条款。

第22条和第23条构成了关贸总协定争端解决机制的基本原则。世界贸易组织为完善这一原则,制定了《关于争端解决规则与程序的谅解》。

四、《关税与贸易总协定》的第三部分

《关税与贸易总协定》第三部分由自第24条至第35条共12条构成。其主要内容是关于关贸总协定的加入、退出、接受、生效以及协定的修订、谈判、活动方式、适用范围、减让的停止或撤销等具体手续和有关程序规定。

第24条"适用的领土范围、边境贸易、关税联盟和自由贸易区"

本条第1款是对适用的领土范围的规定。它规定"本协定的各项规定,应适用于各成员本国的关税领土……实施本协定的任何其他关税领土";并且申明"每一个这样的关税领土,从本协定的领土适用范围来说,应把它作为一个成员对待"。另外,参照第26条第5款第3项的规定"原由其成员代为接受本协定的任何关税领土,如现在在处理对外贸易关系和本协定的其他事务方面享有或取得完全自主权,这一领土经负责的成员发表声明证实上述事实后,应视为本协定的一个成员"。本条及第26条、第33条形成了"单独关税区"的概念,单独关税区的政府可以加入关贸总协定。例如,我国的香港和澳门加入即属于此类情况。

本条第3款规定把"边境贸易"作为例外:"本协定的各项规定,不得阻止任何成员为便利边境贸易对毗邻国家给予某种利益……"

本条第4款将"关税联盟和自由贸易区"作为特殊的例外。它规定"各成员认为,通过自愿签订协定发展各成员之间经济的一体化,以扩大贸易的自由化是有好处的。各成员还认为,成立关税联盟或自由贸易区的目的,应为便利组成联盟或自由贸易区的各领土之间的贸易,但对其他成员与这些领土之间进行的贸易,不得提高壁垒"。本条第5款第1项进一步规定"建立起来的这种联盟或临时协定对未参加联盟或临时协定的各成员的贸易所实施的关税和其他贸易规章,大体上不得高于或严于未建立联盟或临时协定时各组成领土所实施的关税和贸易规章的一般限制水平。"

关税同盟指同盟成员之间取消关税壁垒和非关税壁垒,对非成员实行统一的关税税则,如欧盟。自由贸易区指两个或两个以上的关境(国家)成员所组成的区域集团,区内贸易取消关税或其他贸易限制,但每个成员在与非成员贸易时,仍保留各自的税则和其他贸易限制。如北美自由贸易区、东盟自由贸易区等。从关贸总协定1948年生效至1995年世界贸易组织成立,在关贸总协定和世界贸易组织成员之间先后成立了近百个区域贸易集团

组织。目前较有影响的主要包括欧盟、北美自由贸易区、亚太地区经济合作组织、东南亚国家联盟、南方共同市场、澳新自由贸易区等。

《关税与贸易总协定》附件3的关税联盟和自由贸易区即是被认为符合《关税与贸易总协定》本条规定的。本条经1994年修订后,严格了关税联盟的纪律,强调透明度。

第25条"成员的联合行动"

它规定每一个成员在关贸总协定的各种会议上有一票投票权;并规定部长级会议的决议,除本协定另有规定外,应以所投票数的多数通过;对重要问题(如"豁免某成员对本协定所承担的义务"等)其决议应以所投票数的三分之二的多数通过。但在实际上,世界贸易组织成立以前的关贸总协定的绝大多数决定是由总干事以协商的方式和有关成员商谈解决的,很少采用投票表决方式。本条内容在1994年修订后,强调若成员要求授权免除某项义务时,要充分说明理由。

第26条"接受、生效和登记"

它规定成员接受本协定的程序、生效时间及登记手续。

第27条"减让的停止或撤销"

本条规定,如一成员确定原与它谈判减让的另一成员政府未成为本协定的成员或已中止为本协定的成员,它可以停止或撤销有关减让。

第28条"减让表的修改"

它规定每隔3年,一成员经与最初谈判此项减让的另一成员和部长级会议确认具有主要供应利益的其他成员谈判取得协议,并须与部长级会议认为在减让中有实质利害关系的其他成员进行协商的条件下,可以修改本协定所附有关减让表内所列的某项减让。但在谈判中,有关成员应力求维持互惠互利减让的总体水平,使其对产品提供的补偿性调整不低于谈判前本协定减让表所规定的水平。本条的内容经1994年修改后,要求在进口成员修改或撤销关税减让时,若占某出口成员第一位的出口产品受到影响时,则它有同主要供应者一样的关税谈判权。

申请修改需经下列步骤:(1)通知世界贸易组织货物贸易理事会,建议修改或收回某项减让,理事会授权该成员就此进行谈判。(2)与下列成员进行谈判:最初参与该减让谈判的成员,理事会认定的有主要供应利益的成员,如某成员的相关出口产品在该出口成员的总出口中占有最大的份额,即为有重大供应利益。(3)与上述成员谈判决定将进行降税的产品以及降税的幅度,它所提供的(补偿性)减让应与拟撤销或修改的减让大致相当。(4)如谈判达成协议,则对该产品实施修改后的关税税率,并适用于所有成员。(5)如不能达成协议,也可采取建议的行动,而有最初谈判权或者被认定有主要供应利益或重大利益的成员可以自由地撤销大致相等的减让。

第28条附加"关税谈判"

它规定部长级会议可以不时地主持关税谈判,因为"在互惠互利的基础上进行谈判,以大幅度降低关税和进出口其他费用的总体水平,特别是降低那些使少量进口都受到阻碍的高关税,并在谈判中适当注意本协定的目的与各成员的不同需要,这对发展国际贸易是非常重要的"。它还规定了谈判的范围和应考虑的问题。

第29条"本协定与哈瓦那宪章的关系"

本条已没有实际意义。

第30条"修订"

《关税与贸易总协定》的条款的修订应有三分之二成员接受后方可生效。

第 31 条"退出"

本条规定,任何成员在不损害本协定第 18 条、第 23 条、第 30 条规定的条件下,可以退出本协定。在接到退出通知 6 个月后生效。

第 32 条"成员"

本条规定,按照第 26 条和第 33 条规定参加并实施本协定的各成员政府或单独关税区政府为成员。

第 33 条"加入"

本条规定,非本协定成员政府加入或代表某个在对外贸易关系和本协定所规定的其他事务的处理方面享有完全自主权的单独关税领土的政府,可以在这一政府与部长级会议所议定的条件下,代表它本身或代表这一领土加入本协定,部长级会议按本条规定做出决定时,应以三分之二的多数通过。

第 34 条"附件"

它规定附件为本协定的组成部分。

第 35 条"在特定的成员之间不适用本协定"

本条规定"如果:(1)两个成员没有进行关税谈判,和(2)成员的任何一方在另一方成为成员时不同意对它实施本协定,本协定或本协定第 2 条在这两成员之间应互不适用。"

实际上,第 26 条、第 29 条、第 30 条、第 31 条、第 32 条、第 33 条,以及第 35 条,或失去意义,或被《建立世界贸易组织的协议》的相关条款所取代或修正。

五、《关税与贸易总协定》的第四部分

《关税与贸易总协定》第四部分以"贸易和发展"为题,规定了对发展中国家成员的特殊待遇,包括第 36 条至第 38 条。

第 36 条"原则和目的"

该条规定,采取维持稳定、公平、有利的价格等手段,为发展中国家成员的初级产品进入世界市场提供更为优惠和可接受的条件;发达国家成员对与发展中国家成员目前和潜在的出口利益特别有关的某些加工品或制成品,要尽最大可能增加其进入市场的机会。

发达国家成员在贸易谈判中对发展中国家成员的贸易所承诺的减让或撤除关税和其他壁垒的义务,不能希望得到互惠。这就是普遍优惠制和"授权条款"的依据。

第 37 条"承诺"

该条规定,发达国家成员承诺应尽可能实施有利于发展中国家成员的 5 项措施的义务,如优先降低和撤消与发展中国家成员目前和潜在的出口利益特别有关的产品的壁垒,包括其初级产品和加工产品的不合理的差别关税和其他限制。对发展中国家成员有特殊出口利益产品,发达国家成员应避免实行关税或非关税壁垒,并对产自发展中国家成员的未加工或已加工的初级产品,避免实行产生不利影响的财政措施;对发展中国家成员现实或潜在的特殊出口利益的产品,发达国家成员应优先考虑降低关税和取消非关税壁垒。发展中国家成员之间采取的一些优惠减让可以不给予发达国家。

第 38 条"联合行动"

该条规定,各成员应在本协定的范围内和在其他适当情况下共同合作,包括与其他国际机构的合作,努力实施第 37 条的承诺,以促进实现第 36 条的目的,帮助发展中国家成员发展经济和贸易。

第四部分三个条款主要针对发展中国家成员经济和贸易发展的特殊情况、要求和有关措施,规定了发展中国家成员可以采取特殊措施促进本国的经济和贸易的发展,以及发达国家成员应给予发展中国家成员一些帮助和合作。但除了授权条款外,这些要求不是强制性的,因此,又称为"最佳努力"条款。

六、《关税与贸易总协定》的附件

《关税与贸易总协定》本身有9个附件,都是《建立世界贸易组织的协议》生效前对《1947年关税与贸易总协定》的说明、注释和补充规定。其中附件1至6是与《关税与贸易总协定》第1条第2款有关的对某些成员的适用领土名单或关税同盟与边境贸易适用领土名单;附件7是与《关税与贸易总协定》第1条第4款有关的对某些成员的优惠最高差额的确立日期;附件8是《关税与贸易总协定》第26条规定所称做出决议时需用的对外贸易总额百分比分配数。附件9是对《关税与贸易总协定》有关条款的《注释和补充规定》。

第三节 1994年关贸总协定的其他文件

一、解释1994年关贸总协定的六项谅解

解释《1994年关税与贸易总协定》的六项谅解实际上是对《1947年关税与贸易总协定》有关条款内容的重要补充、修改、解释和更新。

(一)《关于解释1994年关税与贸易总协定第2条第1款(b)项的谅解》

本项谅解共8项内容,主要规定有,为了保证第2条第1款(b)项所产生的法律权利和义务的透明度,对该项规定中所指的对约束的关税以外所征收的任何"其他税费"的性质和水平,都应列入1994年关贸总协定所附的适用于这些关税项目的减让表中。这些税费必须约束在1994年关贸总协定马拉喀什议定书所规定日期的水平上。

(二)《关于解释1994年关税与贸易总协定第17条的谅解》

本项谅解共5项内容,主要规定是,为确保国有贸易企业的透明度,明确"国有贸易企业"的工作定义,并通过制定严格的通知和审议程序,建立工作组来加强对国有贸易企业活动的审议与监督。若成员发现其他成员通报不实,可自行将其他成员的情况向世界贸易组织"反向通报"。"国有贸易企业"是指政府或非政府企业,包括销售局,这些企业被给予了专有权、特殊权利或特权,可以通过它们的购买或销售来影响进口或出口产品的水平和方向。谅解规定,国有贸易企业应非歧视性地从事经营活动,只能以价格、质量、适销性、运输和其他购销条件等商业因素作为经营活动的依据,并为其他成员的企业参与上述经营活动提供充分的竞争机会;不应该通过优惠特殊的供应商、限制进口或出口的数量、补贴出口产品或高定价来扭曲贸易。

(三)《关于1994年关税与贸易总协定国际收支条款的谅解》

本项谅解共13项内容,是对关贸总协定第12条和第18条的解释和补充规定。它规定,在保护现行权利和义务的同时,澄清和强化了使用国际收支保障措施的纪律和程序。为了国际收支的目的,应优先使用对贸易损害最小的以价格为基础的限制措施(价格机制

措施),如进口附加税和进口押金或对进口货物价格有优先的其他同等措施,而不是数量限制。除非国际收支出现紧急情况、价格机制措施不能制止对外支付的急剧恶化,原则上应尽量避免实施新的数量限制。如要采取数量限制措施,则必须说明确定受限产品及其进口数量或金额的标准。成员实施国际收支限制要说明理由,并负举证责任;应尽快公布取消限制的时间表。谅解还规定了同世界贸易组织国际收支限制委员会的磋商程序以及通知程序。

(四)《关于解释1994年关税与贸易总协定第24条的谅解》

本项谅解共15项内容,它澄清了该条款中在过去产生困难的部分,它规定,关税同盟、自由贸易区和导致组成关税同盟或自由贸易区的协议应与第24条一致,应避免对其他成员的贸易造成不利影响,提高透明度。本项谅解不仅确立了对区域贸易安排形成前后所实施的关税和有关条例的评估办法,而且还明确了在关税同盟成员寻求提高约束关税的情况下做出必要补偿性体制的程序。本项谅解提出货物贸易理事会要加强对关税同盟和自由贸易区的审议,并规定了审议程序。关贸总协定对关税同盟、自由贸易区协议的审议引起的争端适用《关于争端解决规则与程序的谅解》。此外,还进一步规定了成员应采取措施保证区域或地方政府在其辖区内遵守关贸总协定的条款。1996年2月6日,世界贸易组织总理事会成立了区域贸易协定委员会,目的是审议区域贸易集团的情况,并对其是否符合世界贸易组织规则做出评估。委员会还审议区域贸易安排将如何影响多边贸易体制,以及区域贸易安排和多边贸易安排的关系问题。2006年12月18日WTO理事会通过了《区域贸易协定透明度机制》的决议,用来指导WTO区域贸易协定委员会对WTO成员间达成的区域贸易协定的审议工作。

(五)《关于1994年关税与贸易总协定下豁免义务的谅解》

本项谅解共3项内容,这是对关贸总协定第23条的补充规定。本项谅解规定,任何在《建立世界贸易组织的协议》生效之日仍然有效的原关贸总协定的豁免都应在1997年内终止,除非根据新规则进行延期。该谅解规定,有关申请豁免义务或延长豁免义务,应说明成员想采取的措施,所追求的具体政策目标,以及为什么不能采取符合1994年关贸总协定义务的措施实现政策目标的原因等。由于获得豁免义务的成员未能遵守豁免义务的时间或条件,或者运用某项与豁免义务的期限和条件不一致的措施,任一成员认为其1994年关贸总协定下的利益正在丧失或受到损害时,可以援引争端解决规则和程序及关贸总协定第23条。此外还规定,任何豁免必须有确定的终止期限。

(六)《关于解释1994年关税与贸易总协定第28条的谅解》

本项谅解共7项内容,补充了第28条关于修改或撤回约束关税并给予补偿的规则。根据1947年关贸总协定,对某一产品关税约束利益所受损失的补偿谈判权,主要留给"最初谈判方"或"主要供应方",本项谅解给在市场中有"实质利益"的供应方以一些小的权利,这将使中小出口成员受益。最初谈判成员是在双边谈判中获得约束关税的成员;主要供应方是近年来某一产品对有关市场的出口量超过最初谈判方的国家或单独关税区。该谅解承认对于一些供应成员来说,虽然它们在市场中占有关产品的份额很小,而实际上可能具有很大的经济利益。为此,该谅解规定,出口易受关税约束变化的成员,如果没有获得"最初谈判权成员"或"主要供应成员"权利的话,可被认为有"额外主要供应利益",因此有谈判补偿的权利。这种地位的确定是根据如下证据:有关供应成员出口到修改或撤销约束关税的成员市场的受到影响的产品占其全部出口的比例最大。在修改或撤回关税减让时,若出口成员第一位的出口产品受到影响,则该出口成员应被视为具有主要供应利益,在补偿性谈判中相应给予其最初谈判权;在谈判"新产品"的关税修改或撤回时,对该产品原来所在的税号享有最初谈判权的成员,仍被视为有最初谈判权;如果一项不受限制的关税减让被关税配额所取代,则所提供的补偿量应超过实际受此变化影响的贸易量。该谅解对如何确定最初谈判权及其提供补偿额的计算方法作了规定。

二、1994关贸总协定马拉喀什议定书

《1994年关税与贸易总协定马拉喀什议定书》(以下简称《议定书》)共9项,主要是关于1994年关贸总协定的关税减让表的规定。《议定书》规定,各参加方在乌拉圭回合多边贸易谈判所做出的取消或减少货物贸易的关税和非关税壁垒的承诺,包括根据《农业协议》所做的具体承诺,应记录在各成员的减让表中。这些市场准入减让表作为乌拉圭回合多边贸易谈判的附件,既构成《1994年关税与贸易总协定》的组成部分,又是《乌拉圭回合多边贸易谈判结果最后文件》的一个组成部分。

议定书本身的实质性内容主要是关于实施议定减让的规则,实施非农产品关税减让的议定时间表。每个成员承诺的关税减让按相等的税率分五次实施,但减让表中另有规定者除外。就农产品而言,根据《农业协议》第2条规定的步骤和有关减让表的规定执行减让承诺。但对于1995年以后加入世界贸易组织的新成员,需要在加入时立即完成其他成员已经完成的减让,以赶上削减的进程表。

《议定书》有5个附件,包括农产品和工业品关税、优惠关税、非关税措施以及削减农产品国内支持和出口补贴等具体承诺。每个世界贸易组织的成员在议定书中所附的减让表成为该成员的1994年关贸总协定减让表。这些国别减让表达两万多页。

第四节 关贸总协定的关税谈判规则

关税谈判是关贸总协定和世界贸易组织的重要职责,但没有专门的协议,只在1947年的关贸总协定与1994年关贸总协定中的第2条、第28条中作了一些规定,而《关于解释1994年关税与贸易总协定第28条的谅解》则对一成员修改或撤回已做出承诺的关税减让的补偿谈判制订了规则。关税谈判是谈判各方(关贸总协定缔约方和世界贸易组织成员以及申请加入方)通过不同的谈判形式,削减和约束进口关税的过程,谈判结果汇总形成关税减让表。关税谈判的目标是通过不断削减和约束各缔约方或成员的进口关税,逐步消除贸易壁垒,使国际贸易具有稳定性和可预见性。

一、关税与关税减让

关税是主权国家或单独关税区海关对进出国境或关境的货物或物品征收的流转税。关税减让(Tariff Schedule),是缔约方之间在互惠互利的基础上通过谈判,互相让步,承担减低关税的义务。

关税按照征收的对象或商品流向分类,可分为进口税、出口税、过境税;按照征税的目的分类,可分为财政关税和保护关税;按照差别待遇和特定的实施情况分类,可分为进口附加税、反补贴税(又称抵销税或补偿税)、反倾销税、差价税、特惠税(如协定特惠税、协定互惠税、普遍优惠税制）；按照关税保护的程度和有效性分类,可分为名义关税和有效关税；按照征税的一般方法或征税标准分类,主要有从量税和从价税。在这两种征税方法的基础上,又演变出混合税和选择税。

（1）从量税:是按照商品的重量、数量、容量、长度和面积等计量单位为标准计征的关税。

（2）从价税:是按照进口商品的价格为标准计征一定比率的关税,其税率表现为货物价格的百分率。

（3）混合税:又称复合税,它是对某种进口商品,采用从量税和从价税同时征收的一种方法。混合税可以分为两种:一种是以从量税为主加征从价税；另一种是以从价税为主加征从量税。

（4）选择税:是对于一种进口商品同时订有从价税和从量税两种税率,在征税时选择其税额较高的一种征税。

目前的趋势是将混合税、选择税和从量税向从价税转换。

关贸总协定和世界贸易组织成员每轮关税减让谈判,都将各自的全部或部分货物关税固定在某一水平上,这一水平通常称为约束关税。关贸总协定和世界贸易组织所称的"减让"主要有以下含义:一是削减关税并约束减让后的税率；二是约束现行的关税水平；三是上限约束税率；四是约束低关税或零关税。

二、关税谈判的基础

关贸总协定和世界贸易组织的关税谈判有两个基础:一是货物基础；二是税率基础。

（一）货物基础

关税谈判的货物基础是各成员的海关进口税则。海关进口税则包括进口货物的税号、与税号相对应的进口货物名称和相关的进口税率。目前,各成员均根据世界海关组织的《商品名称及编码协调制度》制定进口税则,一个税号确定的商品范围基本上是一致的,因此,在关税谈判中使用税号确定商品范围,使谈判具有公共语言。

（二）税率基础

税率基础是关税减让的起点。新一次谈判的税率基础一般是上一次确定的税率即约束税率。对于没有约束税率的商品,谈判方要共同确定一个税率。加入世界贸易组织关税谈判的基础税率一般是申请方开始进行关税谈判时该国或单独关税区实际实施的税率。

三、关税谈判的原则

根据《1994年关税与贸易总协定》第28条的规定,世界贸易组织成员应在互惠互利基础上进行谈判,实质性地削减关税和其他进口费用的总水平,特别是应削减阻碍最低数量进口的高关税。在谈判中,应适当注意该协定的目标与成员的不同需要。主要原则有:(1)互惠互利;(2)应考虑对方的需要;(3)对谈判情况予以保密;(4)谈判结果按照最惠国待遇原则实施。

四、关税谈判权的确定

根据世界贸易组织规定,只有享有关税谈判权的成员才可参加关税谈判。具备下列条件之一的,享有关税谈判权。

（一）有主要供应利益成员

在谈判前的一段合理期限内,一成员如果是另一成员(或申请加入者)进口某项货物的前三位供应方,则该成员对这项货物享有主要供应利益,被称为有主要供应利益成员,通称为主要供应成员。此外,如某成员的该货物出口占其总出口的比重最高,则该成员虽不具有主要供应利益,但应被视为具有主要供应利益,与主要供应成员一样,也有权要求参加谈判。

（二）有实质供应利益成员

在谈判前的一段合理期限内,一成员某项货物的出口在另一成员(或申请加入者)进口贸易中所占比例达10%以上(含10%),则该成员对这项货物享有实质供应利益,被称为有实质供应利益成员。

在实际谈判中,还有具有"潜在利益"的成员也有权要求进行关税谈判,但是否与之谈判由进口方决定。

（三）有最初谈判权成员

一成员与另一成员就某项货物的关税进行了首次谈判,并达成协议,则该成员对该项货物享有最初谈判权,通常称为有最初谈判权成员。当做出承诺的一方要修改或撤回这项减让时,应与有最初谈判权成员进行谈判。

在申请加入世界贸易组织谈判中,具有"潜在利益"的成员也有权要求最初谈判权,申请加入者不得拒绝。

五、关税谈判的类型及谈判程序

关税谈判主要有多边关税谈判、加入时的关税谈判以及补偿谈判(又称为修改或撤回减让表的关税谈判)三种类型。不同类型的关税谈判具有不同的谈判程序,享有谈判权的资格条件也不同。

（一）多边关税谈判

多边关税谈判是指由所有关贸总协定缔约方或世界贸易组织成员参加的为削减贸易壁垒而进行的关税(有时包括非关税措施)谈判。多边关税谈判可邀请非缔约方或成员参加,特别是邀请申请加入者和观察员,如我国就参加了关贸总协定乌拉圭回合谈判。

多边关税谈判的程序是:

(1)由全体缔约方或成员协商一致发起,并确定关税削减的最终目标。

(2)成立谈判委员会,根据关税削减的最终目标确定谈判方式,一般采取部门减让或者线性减让与具体货物减让相结合的方式。

(3)将谈判结果汇总成为多边贸易谈判的最终文件,参加方签字后生效。

多边关税谈判是相互的,任何缔约方或成员,均有权向其他缔约方或成员要价,也有义务对其他缔约方或成员的要价做出还价,并根据确定的规则做出对等的关税减让承诺。但是,就具体产品减让谈判而言,有资格进行谈判的,主要是对该项产品具有主要供应利益,或对该项产品具有实质供应利益,或已享有最初谈判权的缔约方或成员。

（二）加入时的关税谈判

任何一个加入申请方都要与成员进行关税谈判,谈判的目的是削减并约束申请方的关税水平,作为加入后享受到多边利益的补偿。

加入时的关税谈判程序是:

(1)由申请方向成员方发出关税谈判邀请。

(2)各成员根据其货物在申请方市场上的具体情况,提出各自的关税要价单,一般采用货物对货物的谈判方式。

(3)申请方根据对方的要价,并考虑本国产业情况进行出价,谈判双方进行讨价还价。这一过程一般要经过若干轮谈判。

(4)双方签订双边关税减让表一式三份,谈判双方各执1份,交世界贸易组织秘书处1份。

(5)将所有双边谈判的减让表汇总形成加入方的关税减让表,作为加入议定书的附件。

加入时的关税谈判,减让是单方面的。申请方有义务做出减让承诺,无权向世贸组织成员提出关税减让要求。

加入时的关税谈判资格,一般不以是否有主要供应利益或实质供应利益来确定。任何成员均有权向申请方提出关税减让要求,是否与申请方进行谈判,由各成员自行决定;要求谈判的成员也可对某些产品要求最初谈判权,申请方不得拒绝。

(三)补偿谈判

补偿谈判是指一成员修改或撤回已做出承诺的关税减让,包括约束税率的调整或改变有关税则归类,与受影响的其他成员进行谈判。这种谈判以双边方式进行。补偿谈判的程序是:

(1)通知世贸组织货物贸易理事会,要求修改或撤回某项货物的减让,理事会授权该成员启动关税谈判。

(2)有关成员进行谈判,确定修改或撤回的减让幅度,给予补偿的货物及关税减让的水平等。一般来说,补偿的水平应与撤回的水平大体相同。

(3)谈判达成一致后,应将谈判的结果载入减让表,按照最惠国待遇原则实施。

(4)若谈判未能达成一致,申请方可以单方采取行动,撤回减让;但其他有谈判权的成员可以采取相应的报复行动,撤回各自减让表中对申请方有利益的减让。

有资格参加补偿谈判的成员,包括有最初谈判权的成员、有主要供应利益或实质供应利益的成员。但获得补偿的成员,不是所有有资格谈判的成员,申请方仅对具有主要供应利益或实质供应利益的成员给予一定的补偿。

对有最初谈判权的成员,如果在申请方提出申请时,既不具有主要供应利益,也不具有实质供应利益,则该成员虽可要求与申请方进行谈判,但申请方可以以该成员没有贸易利益为由,而不给予补偿。

六、关税谈判的方式

关税谈判的方式主要有货物对货物谈判、公式减让谈判、部门减让谈判三种。

(一)货物对货物谈判

货物对货物谈判是指一成员根据对方的进口税则商品分类,向谈判对方提出自己具有利益商品的要价单,被要求减让的一方根据有关谈判原则,对其提出的要价单按具体货物进行还价。

提出要价单的一方通常称为索要方。索要方在提出的要价单中,一般包括具有主要供应利益、实质供应利益及潜在利益的货物。

(二)公式减让谈判

公式减让谈判是指对所有货物或所选定货物的关税,按某一议定的百分比或按某一公式削减的谈判。公式减让谈判是等百分比削减关税,因而对高关税削减幅度较大,对低关税削减幅度较小,但各个公式的削减程度是不一样的。目前,主要有三种公式:划一削减公式、协调一致公式和瑞士公式。

1. 划一削减公式

或称线性削减谈判模式,也称"一揽子方式"。对同类商品按同一百分比减税,然后分年度分阶段实施。在20世纪60年代"肯尼迪回合"中工业品关税削减采用了此公式的有关缔约方16个,而仍有36个国家采用传统"产品对产品"的谈判方式。"划一削减公式"的有利之处是:(1)技术上不复杂,简单易行。(2)简化谈判程序,一次划一削减等于多次双边削减。(3)明了准确,易于衡量比较。其不足之处是无法解决不同缔约方之间的关税比例悬殊问题。

2. 协调一致公式

原则是"高关税减幅大,低税率减幅小",削减结果分阶段实施。由于各国关税税率高低不同,采用"划一削减公式",对高关税国有利,对低关税国不利。为此,欧共体在东京回合谈判中提出此公式,以使各成员关税体制更加趋于协调统一,但未能实现。

3. 瑞士公式(Swiss Formula)

又称为"非线性瑞士公式"。在关贸总协定1975年至1979年的东京回合进行了旷日持久的讨论,为避免"划一削减公式"所带来的平均主义弊病,又保证谈判的顺利进行,经广泛征求缔约方的意见,拟定和采纳一个为大多数国家愿意接受和尽可能普遍适用的非农业部门的全面关税减让公式,即瑞士公式。瑞士公式结合了划一削减公式和各种协调因素,以期达到如下效果:原有关税越高者减让越多,原有关税越低者减让越少。削减结果分阶段实施。"东京回合"谈判中有18个工业发达国家采用了此项公式,有31个缔约方仍采用传统谈判方式。

瑞士公式为:$Z = A \times X / (A + X)$,其中Z为减让后新税率(New Bound Rates),X为原税率(Base Rates),A为系数(Coefficient),通过谈判决定。瑞士公式将线性减税公式与协调减税公式结合起来,使高关税国家的减税比例高于低关税国家的减税比例,有助于缩小各成员税则中税率之间的差异,具有一定的补偿性。瑞士公式具有压缩关税至一定区间的数学特性,对于高关税产品的降税,远高于低关税产品的降幅,系数越低,削减幅度越大,有利于促进世界范围内工业制成品的市场开放。

(三)部门减让谈判

部门减让谈判是指将选定货物部门的关税约束在某一水平上的谈判。部门减让的货物范围,一般按照《商品名称及编码协调制度》的6位编码确定。

在部门减让谈判中,将选定货物部门的关税统一约束为零,该部门称为零关税部门;将选定货物部门的上限关税税率统一约束在某一水平上,该部门称为协调关税部门。

在实践中,这几种谈判方式交叉使用,没有固定模式,通常是以部门减让及货物对货物的谈判方式为主。通过部门减让谈判,解决成员方关心的大部分货物问题;通过货物对货物谈判,解决个别重点货物问题。货物对货物谈判在双边基础上进行,是关贸总协定的传统谈判方式。部门减让及公式减让主要在多边基础上进行,有时也用于双边谈判。

七、关税减让表

关税谈判的结果一般有三种情况:一是谈判结果为所有成员接受并形成减让表;二是谈判结果形成一个诸边协议;三是谈判未达成一致,谈判失败。

关税减让表是各成员关税减让结果的具体体现,减让结果应体现在各成员的税则中。在多边谈判中,各成员的减让表均作为附件列在各回合的最后文件中,是世界贸易组织协议的组成部分。在加入谈判中,减让表是一申请方加入世界贸易组织议定书的附件。

关税谈判结果的税率与各成员实施的税率是不同的。谈判结果的税率是约束税率,而实施税率是各成员公布的法定适用税率。各成员实施的关税水平,均不得高于其在减让表中承诺的税率以及逐步削减的水平。如要将某商品的关税税率提高到约束水平以上,或调整关税约束的货物范围,均应按有关条款规定的程序进行谈判。经谈判确定的修改结果,重新载入减让表。

第五章 规范非关税壁垒的多边货物贸易规则

多边货物贸易规则,除了《1994年关贸总协定》外,还包括关贸总协定乌拉圭回合多边贸易谈判所达成的有关货物贸易的配套协议,即有关规范特定货物的贸易规则(农业协议、纺织品和服装协议、信息技术产品协议);有关规范非关税措施的规则(海关估价协议、原产地规则协议、装运前检验协议、技术性贸易壁垒协议、进口许可程序协议、实施卫生与植物卫生措施协议);有关规范保护国内产业措施的规则(反倾销协议、补贴与反补贴措施协议、保障措施协议),以及与贸易有关的投资措施协议。由于它们是《1994年关贸总协定》的具体化协议,又是相对独立的,所以,世界贸易组织规定当《1994年关贸总协定》的某一规定与上述13项配套协议的某一项协议的某一条款规定发生冲突时,配套协议的规定应当在冲突涉及的范围内具有优先效力。

1994年关贸总协定与这些配套协议共同构成世界贸易组织的多边货物贸易法律体系。它们都属于世界贸易组织货物贸易理事会监督执行的范围。本章先阐述有关规范非关税措施的规则。

关贸总协定经过八轮的多边贸易谈判,各成员的关税已逐步地、大幅度降低。各成员为保护国内市场越来越多地采用非关税措施管理对外贸易,构成对其他成员的歧视与不公平竞争。

为此,世界贸易组织制定了一系列的规范非关税壁垒的规则,以促进贸易的自由化发展。这些规则是海关估价协议、装运前检验协议、进口许可程序协议、原产地规则协议、技术性贸易壁垒协议、实施卫生与植物卫生措施协议,主要是边境、海关和贸易管理方面的措施。

第一节 海关估价协议

海关估价制度是指进口国海关当局对进口货物的货价进行估计,并以此价格作为计算应征关税税款基础的制度。海关征收关税的方式有从价税、从量税以及混合税,但对绝大多数货物采用从价税,海关估价主要适用于采用从价税的货物。因此,海关估价的原则、标准、方法和程序等都影响完税价格的确定。有些国家为了限制进口,高估进口货物的价格。海关高估进口货物的价格相当于提高了关税税率,减损了各成员所作出的关税减让承诺。因此,海关估价成为非关税壁垒的一种重要形式。为了便于贸易,乌拉圭回合达成了海关估价协议。目的在于消除或减少海关估价对国际贸易的不利影响,促进世界贸易组织目标的实现,确保发展中国家成员在国际贸易中获得更多的利益。通过协议要求各成员将各自国内有关立法与该协议协调一致,进而确保这些规则在实际操作中的统一性,使进口商在进口前就可以有把握地判断应缴纳多少关税。

海关估价规则由《关于履行1994年关贸总协定第七条的协议》《关于海关有理由怀疑申报价格真实性与准确性情况的决定》和《关于与最低限价和独家代理人、独家经销人和独家受让人进口有关的文本的决定》三个文件构成。协议规定了一个中性、统一、公平、准确的海关估价制度,消除在海关估价方面的随意性、不可预见性,便利海关结关工作,减少进口商与海关当局之间的争议。

一、《关于履行1994年关贸总协定第七条的协议》

《关于履行1994年关贸总协定第七条的协议》(Agreement on Implementation of Article VII of GATT 1994)又称为《海关估价协议》,是在东京回合的《海关估价守则》的基础上修订的。它由一般介绍性说明和正文四部分(海关估价规则,管理、磋商和争端解决,特殊和差别待遇,最后条款)共24条及3个附件组成。主要内容有:

(一)完税价格

进口货物的完税价格是指海关通过估价确定的价格,它是海关征收关税的依据。协议规定完税价格应为成交价格,即进口商在该货物销售出口至进口国时实付或应付的价格。完税价格通常就是发票上表明的成交价格。但进口商申报的价格不是进口货物的完税价格,只有当该价格被海关接受才能成为完税价格。

(二)海关估价方法

协议确立了海关估价的6种方法,按先后次序实施:

1. 货物本身的成交价格

协议规定,成员海关应在最大限度内以进口货物的成交价格作为货物的完税价格。这是海关估价时应首先使用的方法。

协议规定,需要对成交价格进行一些调整后方能成为完税价格。估价可以增加买方需要支付而不包含在发票价格中的费用,如佣金或经纪费、与货物构成一体的容器的成本和包装费用;未包括在产品价格中,由买方提供并用于产品生产的原料、材料、零部件、工具、模具等的价值;未包括在产品价格中,买方必须作为销售条件而支付的专利权、特许权使用费和许可费;在进口国境外进行的工程和设计工作的价值;确实存在的卖方再销售、处置或使用进口货物后支付给卖方的收入。

货物的运费、保险费和港口装卸费等费用,成员海关可根据本国的有关法规,计入或不计入完税价格(此规定适用于以下各种估价方法)。但货物进口后进行基建、安装、组装、维修产生的费用或技术援助费用,货物进口后发生的境内运输费,不得计入完税价格。

要成为计算完税价格的基础,成交价格必须同时满足下列条件:商品已实际销售,买方对货物具有完全的处置权;交易中卖方不应对产品的转售或使用有任何限制,使货物因为类似条件或因素而不能到达消费者手中;买方不得将有关部分转售收入返还原销售商的安排;价格不受买方与卖方之间连带关系的影响。

若成交价格不能成为计算完税价格的基础,按规定可以有下面5种替代方法来确定完税价格。

2. 相同货物的成交价格

相同货物指与被估价的货物在物理特性、质量和声誉、生产国或地区上都相同的货物。

3. 类似货物的成交价格

类似货物不需要与被估价货物在各方面都相同,但它们具有相同的特点和组成材料,具有相同的功能,在商业上可以互换,与被估价的货物产自同一国家,而且通常是由同一生产者生产的。

海关采用相同或类似货物的成交价格(第2种和第3种方法)确定完税价格时,应注意三个问题:第一,相同或类似货物必须与进口货物同时或大约同时进口;第二,相同或类似货物的成交价格必须已被海关接受;第三,两个以上相同或类似货物的成交价格,应选用其中最低的一个作为完税价格。海关应与进口商协商,以获得相同或类似货物的成交价格。

4. 扣除法价格

根据进口货物(相同或类似的货物)在进口国出售给无连带关系的购买者的价格,扣除货物进口及销售时产生的某些特定费用。具体的调整包括扣除构成售给无连带关系的购买者价格中的佣金、利润、推销或销售货物直接或间接产生的一般费用,运输、保险费用、关税及其他费用、增值税等国内税。从这种方法派生出的方法是,以进口国经过进一步加工货物的销售价格为基础,扣除加工增值部分。

5. 计算价格

计算价格是将各种规定的额外费用(包括利润、销售费用和运输等)与生产成本(如材料、制造和加工费用)加在一起得出的。这种方法通常只在买卖双方有连带关系,而且生产商愿意提供上述必要的数据资料的情况下才能适用。

第4种和第5种方法都是根据组合而形成货物的合理价格。第4种和第5种方法的次序在一定情况下可以颠倒使用。

6. 符合关贸总协定有关规定的其他合理方法

其他合理方法是指在上述5种方法都不能使用时,海关当局可采用其他合理的方法来估价,包括对上述估价方法做出灵活处理或综合考虑,以其中最容易计算的方法确定完税价格,所以又称为"回顾"方法。协议第7条要求成员使用符合协议和关贸总协定第7条的合理方法,根据进口成员可获得的数据确定完税价格,并规定了不得使用的7种价格或方法。

(三)对海关估价决定的司法复议

进口商对海关估价决定有申诉的权利,并且不应为此受到处罚(如罚款或威胁罚款)。进口商可以向上一级海关或海关外部的某个独立机构提出申诉,要求行政复议,如对行政复议不服,进口商可向司法机关提出申诉,要求司法审议。进口商也可直接要求司法审议。关于对申诉决定的通知应送达申诉人,做出该决定的理由应以书面形式提供,并应将进一步上诉的任何权利通知上诉人。

(四)给予发展中国家成员的特殊和差别待遇

对发展中国家成员给予特殊和差别待遇包括:推迟实施《海关估价协议》、推迟采用计算价格估价方法、对最低限价的保留、对扣除法价格和计算价格适用顺序的保留、对经进一步加工货物适用扣除法价格的保留、要求提供技术援助。

(五)其他规定

(1)争端解决。《关于争端解决的规则与程序的谅解》适用于本协议的磋商和争端解决。为审查与海关估价有关的争端而设立的评审组,可在一方请求下或自行请求海关估价技术委员会对需要做技术性审议的任何问题进行审查。应请求,海关估价技术委员会应向进行磋商的成员提供建议和协助。

(2)货币的折算。确定完税价格需要进行货币换算时,应使用进口成员主管机关正式公布的进出口时使用的汇率。

(3) 机密信息。对涉及海关估价的机密信息,未经提供信息的个人或政府的特别允许,不得披露,除非在进行司法程序时要求披露。

(4) 交纳关税保证金后提取货物。如在确定进口货物完税价格的过程中,因故需要推迟确定的,进口商应能在交纳关税保证金后先从海关提取货物。

(5) 设立海关估价委员会和海关估价技术委员会。协议规定世界贸易组织设立海关估价委员会,监督、审议协议的实施,解决政策问题;同时设立海关估价技术委员会,在世界海关组织主持下开展工作,解决具体技术问题,从技术角度确保协议适用和解释的统一,为解决世界贸易组织成员或争端解决机构评审组提出的技术问题提供建议。

(6) 协议要求各成员有关海关估价的国内法律、法规和行政程序符合本协议,并应公布和通知海关估价委员会。

此外,协议对海关估价的名词术语做了定义,并规定附件1《解释性说明》是协议的组成部分。

(六) 附件

附件1《解释性说明》是对协议有关条款的解释,包括总体说明,如估价方法的适用顺序、公认会计原则的使用,对有关条款的逐项注释。

附件2《海关估价技术委员会》,规定技术委员会的总则、代表组成、技术委员会会议、议程、议事规则和工作程序等。

附件3 为对发展中国家成员的特别和差别待遇说明,是对协议有关条款的重要补充。

二、有关海关估价的两个决定

有关海关估价的两个决定的内容是:

1.《关于海关有理由怀疑申报价格真实性与准确性的情况的决定》

该《决定》授予海关当局在他们有理由对进口申报价值的准确性表示怀疑时,有要求进口商解释并提供进一步资料的权力。尽管收到补充资料,海关当局如果仍有理由保持怀疑,他们可以确定进口商品的完税价值不能以申报的价值为依据,海关将考虑按协议规定的办法确定价值。

2.《关于与最低限价及独家代理人、独家经销人和独家受让人进口有关的文本的决定》

该《决定》是对《海关估价协议》附件3的补充规定。一些发展中国家成员担心在对独家代理人、独家经销人和独家受让人的进口货物进行估价时会产生问题,此项部长级会议决定保证为此作出努力以找到解决办法,希望发展中国家成员对独家代理人、独家经销人及独家受让人进口估价可能存在的问题进行研究,世界贸易组织有关机构和发达国家成员将应请求向发展中国家成员提供技术援助,帮助制订和实施研究计划。

第二节 装运前检验协议

装运前检验是指进口商或进口方政府通过专业检验机构对出口货物在装运前进行检验,以确信货物的数量、质量、价格符合合同中规定的条件,或符合进口方对产品的安全要求。

装运前检验制度是发展中国家的一种习惯做法。进行检验的机构可以是进口商品国的商检机构及其国外的分支机构,也可以委托或授权外国的专门私人公司。实行这个制度的目的是防止套汇、虚报商品价格、数量和质量、偷漏税等欺骗行为,目的是保护国家财政利益,并弥补管理设施的不足。

越来越多的发展中国家在进口贸易中使用私营的专业公司在货物装运前进行检验,由指定的检验公司提供装运前"检验结果清洁报告书"作为进口货物海关估价或发放支付进口产品所需外汇的条件,以确信合同规定的条件得到满足。其主要目的是检查产品的实际价格与申报价格是否相符,防止欺诈和加强海关管理,保证申报的价格不被抬高或压低从而造成税收损失。出口方政府认为,进口方将检验机构出具的检验报告作为海关估价依据的做法,违反关贸总协定有关海关估价应以进口货物的成交价格为基础的规定。出口商则担心装运前检验会增加他们的成本并导致迟延,从而阻碍贸易,还担心强行改变估价数量会干涉买卖双方的合同关系。因此,装运前检验问题与海关估价密切相关。此外,政府敏感的是装运前检验是代表进口成员在出口成员境内进行的。因此,乌拉圭回合多边贸易谈判达成了《装运前检验协议》。

《装运前检验协议》(Agreement on Preshipment Inspection)是乌拉圭回合多边贸易谈判达成的新协议。它由前言和9条组成,它的主要内容有适用范围和定义、用户成员的义务、出口成员的义务、独立审议程序、通知、审议、协商、争端解决、最后条款等。

协议确立了出口成员和用户成员的权利和义务的国际框架,协议的宗旨是确保装运前检验是非歧视和透明的,避免给国际贸易造成不必要的障碍。协议承认1994年关贸总协定的原则和义务适用于经世界贸易组织成员政府授权的装运前检验实体的活动,并划定了一个政府授权的装运前检验机构可以在其他成员领土内开展活动的范围。

一、适用范围

协议适用于由成员方政府通过政府授权或政府合同的方式,指定检验机构对进口产品的数量、质量、价格,包括汇率与融资条件,以及货物的海关分类等,在出口方境内进行的所有装运前检验活动。

二、进口成员的义务

协议对进口成员政府及其授权的装运前检验机构规定了详细的要求和义务。

(一)非歧视地进行装运前检验活动

进口成员应保证装运前检验活动以非歧视的方式实施,实施这些活动中使用的程序和标准是客观的,对有关的所有出口商平等对待。

(二)法律、法规符合关贸总协定

进口成员应保证在进行与其法律、法规和要求相关的装运前检验活动中,遵守1994年关贸总协定的有关规定。

(三)检验活动在出口成员境内进行

装运前的所有检验活动,包括签发检验结果清洁报告书或不予签发的通知书都应在货物出口成员的境内进行。除非货物的性质复杂无法在出口成员境内进行,或出口商与检验机构均同意,才可在货物的制造地进行。

(四)检验标准应是进出口合同规定的标准

检验货物的数量和质量的标准应是买卖双方签订的购销合同中规定的标准,如合同中未作规定,则应采用相关的国际标准。

（五）保证装运前检验的透明度

公布所有有关装运前检验的法律、法规及其变化,及时通知世界贸易组织货物贸易理事会,使其他成员和贸易商了解有关装运前检验的规定,装运前检验活动以透明的方式实施。

（六）保证协议规定的价格审核原则的遵守

进口成员政府应保证,为防止高报价、低报价和欺诈,保证装运前检验机构与海关估价有关的服务方面应承担1994年关贸总协定及其他多边贸易协议中规定的义务,保证装运前检验机构按协议规定的准则实施价格审核。

（七）保证装运前检验机构履行下列义务

下列义务既是装运前检验机构的义务也是进口成员的义务：

(1)实施装运前检验机构的活动应对所有出口商一视同仁;保证所有检验人员按统一的标准和程序从事检验。

(2)数量和质量检验必须符合购货协议或国际标准。

(3)检验活动应具有透明度。应把为获得一份合格的检验报告所需的所有程序、要求立即通知出口商;装运前检验机构设立的检验办公室应作为信息点,在此可获得有关信息。

(4)机密商业信息的保护。装运前检验机构应将在实施装运前检验过程中收到的所有未经公布、第三方或在公共领域不能普遍获得的信息视为商业秘密,给予保护。装运前检验机构不能要求出口商提供协议规定不应提供的信息,如与专利有关或未披露的制造数据、技术数据,内部定价、利润水平,出口商与其供应商的合同条款等。

(5)应制定排除装运前检验机构和其他实体之间的利益冲突关系的程序。

(6)应避免毫无道理的拖延做法。装运前检验应在检验机构与出口商约定的日期进行,除非出口商妨碍检验机构按期检验或由于不可抗力而不能按期检验。检验机构应在结束装运前检验的5天内出具一份"清洁检验结果报告",或对不予签发的原因做出详细的解释。应出口商的要求,检验机构应根据有关文件对价格或汇率进行初步核实,如果检验机构接受了经初步核实的价格或汇率,则进口方应接受此价格或汇率。

(7)价格审核活动应按规定的指导原则进行。以合同价格为准,除非根据协议规定的标准审核了价格后,证明进口商与出口商的合同价格不能令人满意时,装运前检验机构才可拒绝接受合同价格。装运前检验机构审核价格时应合理确定比较价格,并应考虑其他因素;按合同双方约定的运输方式审核运费。

(8)装运前检验机构应制定一个上诉程序,以便对出口商提出的不满做出裁决。检验机构应在设有检验办公室的每个城市或港口安排专门人员,在办公时间受理和处理出口商的投诉。

三、出口成员的义务

出口成员政府应确保本国有关法律和规章按非歧视原则实施;应迅速公布所有与装运前检验有关的适用法律、法规和规章;根据进口成员方的要求,出口商应按双方同意的条件向进口成员提供为实现本协议目标的技术援助。

四、独立审查程序

协议鼓励装运前检验机构与出口商共同解决双方的争议。但若出口商提出投诉两天后争议仍不能解决,任何一方均可将争议提交独立实体来解决。

协议第4条规定了"独立审查程序",由分别代表检验机构和出口商的组织联合建立一个独立实体,负责独立审议程序的运作与管理。代表检验机构的是国际检验机构联合会,代表出口商的是国际商会。为此,世界贸易组织建立了一个解决检验机构与出口商之间争议的独立实体,作为货物贸易理事会的附属机构,由世界贸易组织秘书处人员担任工作人员。独立实体设立了一个专家组名单,分为三个组,第一组为国际检验机构联合会提名的专家,第二组为是国际商会提名的专家,第三组为独立实体提名的中立的贸易专家。

争议双方可以将有关争议提交独立实体审议。独立实体成立由三人组成的专家组审议争议。这三人分别由上述三个组的专家中选出,并由中立的贸易专家担任主席。如争议各方同意,独立实体也可选定一名中立的贸易专家审议争议,以保证迅速解决争议。专家组应在争议提出独立审议请求后的8个工作日做出决定,该决定对双方都具有约束力,有关费用根据争议解决结果的具体情况由当事方承担。

五、磋商与争端解决

协议建立了三层争端解决制度。第一,由装运前检验机构按其内部上诉程序审议出口商提出的申诉;第二,独立实体选定的专家组按独立审议程序解决检验机构与出口商之间的争议;第三,通过世界贸易组织争端解决程序来解决政府之间在装运前检验协议实施方面的争端。协议规定,各成员应就影响本协议实施的任何事项与其他成员进行磋商,磋商和任何争端按《关于争端解决规则与程序的谅解》规定进行。

协议没有规定设立专门委员会监督《装运前检验协议》的执行,该协议由货物贸易理事会直接实施监督。协议规定由部长级会议每3年审议一次,部长级会议可根据实施情况,对协议进行修正。

第三节 进口许可程序协议

进口许可证制度是各国普遍实行的一种进口管理制度。它要求商品的进口事先须由进口商向进口国有关机构领取进口许可证方可办理进关手续。其具有双重作用,一是维护进口国家正当的贸易权益,同时也会构成使出口国家难以适应的非关税壁垒,妨碍国际贸易的正常发展。进口许可程序是指为实施许可证制度而采用的行政管理程序,它包括许可证本身的程序,也包括作为进口前提条件的其他类似的行政管理手续。

《进口许可程序协议》(Agreement on Import Licensing Procedures)由前言和8条组成。包括总则、自动进口许可、非自动进口许可、机构、通知、磋商和争端解决、审议、最后条款等。它是对关贸总协定第8条和第13条的具体化与对东京回合《进口许可程序守则》的修改和完善。协议规定了适用于各类进口许可制度的总则和适用于自动和非自动许可程序的具体要求。协议旨在保证进口许可程序的实施管理的简化、透明、公平与公正,减少进口许可制度程序方面的歧视性和行政管理的随意性。

一、实施进口许可制度的基本原则

协议规定了实施进口许可制度的基本原则。要求做到：

1. 制定客观公正的许可程序

各成员制定和实施的进口许可程序应符合本协议解释的1994年关贸总协定的有关规定，规则的实施应保持中性、不偏不倚，在管理上应公平、公正。

2. 及时公布必要的信息

在实施方式上，要及时公布申领许可证的规定和所需的资料，包括提出申请的资格、许可证管理机关以及受许可制度限制的货物清单，在生效前21天（无论如何不得迟于生效日）公布，并通知进口许可程序委员会。

3. 简化申请和展期手续

在行政管理上，许可制度管理机关不得超过三个；许可证申请表格和展期表格应尽可能简单，手续应尽量简化，但许可制度主管机关可以要求申请者提供必要的文件与信息。至少给予申请者21天的合理时间，如在规定的期限内未收到足够的申请，则该期限可以延长。

4. 不得在外汇供应上实行歧视

在获得外汇上，许可证商品进口者应与非许可证商品进口者一视同仁。

5. 不得因小错而拒绝批准

主管机关不得因申请文件存在微小差错但并未改变文件的基本数据等内容而拒绝批准该申请。对于在文件中或程序中出现的显然不是由于欺骗意图或重大过失而造成的任何遗漏或差错，不应给予超过警告程度的处罚。

货物在装运过程中发生的数量差异而导致货物的价值、数量或重量与许可证上标明的数额有微小出入，只要符合正常商业惯例，就不得以此为由而被拒绝进口。

6. 允许安全例外和保密例外

协议允许进口成员根据1994年关贸总协定第21条安全例外的规定采取措施。成员可以不提供会妨碍执法或违背公共利益或损害特定公私企业商业利益的机密信息。

二、自动进口许可制的规定

自动进口许可制是指在任何情况下对申请进口商品一律予以批准签发的进口许可证制度，它通常用于统计和监督。

1. 实施自动进口许可制的前提

成员只有在没有其他更合适的措施实现其管理目的，且已具备采取自动进口许可制条件的情形下，才可以实施这种许可制度。

2. 实施自动进口许可制的要求

实施自动进口许可制，不得以对进口货物产生限制作用的方式加以实施。主管部门不得歧视许可证申请者，任何符合从事自动进口许可产品进口业务规定的个人、企业和机构只要满足进口成员有关从事受自动进口许可管理货物的进口经营法律要求，均有资格申请和获得进口许可证；在货物结关前任一工作日内都可呈交许可证申请；主管部门在收到自动许可申请后应迅速批准，审批时间最长不应超过10个工作日。

三、非自动进口许可制的规定

非自动进口许可制是指未列入自动进口许可制管理商品的其他商品进口许可制度。它适用于对配额或其他限制性措施进行管理。成员许可证主管机关审批许可证时,可以行使是否签发的处置权。协议规定,除了进口限制本身的影响外,其实施不得对进口产生额外的贸易限制或扭曲的作用。非自动进口许可程序在适用范围和期限上应与其被用来执行的措施相符而且不得超出实施措施所必需的限度而成为一种更大的行政负担。它要求:保证许可证管理的透明度,及时、公正地实施许可程序,合理分配许可证,对误差采取补偿措施。非自动进口许可制的规定主要有10个方面:

(1)应有利益成员的要求,必须提供有关信息,包括贸易限制的管理、近期签发的进口许可证、许可证在供应成员之间的分配情况以及进口许可证管理货物的进口数量或金额的统计。

(2)进口许可证管理的配额,应在规定的时限内,按照各成员政府和贸易商熟悉的方式公布以数量或金额方式实施的配额总量、配额发放始末日期及其任何变化。如果提前开放配额日期,必须按规定事先公布。

(3)如果配额是在供应成员之间进行分配则应将分配情况立即通知所有与该产品有利害关系的成员,并以政府和贸易商熟悉的方式公布此信息。

(4)凡符合进口成员法律和行政管理要求的任何个人、企业或机构具有同等资格申请许可证。若未获得批准,申请者可以要求告知理由,并有权按国内立法或诉讼程序上诉或要求复查。

(5)如果申请是按先来后到的原则处理,审批的期限不应超过30天;若是同时处理所有申请,审批期限不应超过60天。

(6)许可证有效期应合理,不应短至阻碍货物的进口。

(7)在管理配额时,不得阻止依照已发放许可证的货物的进口,也不应影响配额的充分使用。

(8)在分配许可证时,应考虑申请者的进口实绩,也要考虑向新的进口商合理分配许可证,特别是进口来自最不发达国家和发展中国家成员。

(9)如果许可证管理不在产品供应成员之间分配配额,许可证持有者可自行选择进口来源;若配额是在供应成员间进行分配,许可证上应列明哪些国家。

(10)对因符合正常商业惯例的微小误差而造成进口货物的数量超过前一许可证上规定的水平,可在以后分配许可证时做出补偿性调整。

四、通知和审议

协议规定设立进口许可程序委员会,由各成员的代表组成。该委员会至少每两年审查一次协议运作情况,以保证协议的各项规定得到遵守。

协议规定,各成员在加入时应确保本国的法律、规章和行政管理程序符合协议的各项规定。成员如果要制定颁发进口许可证的新程序或改变现行程序,必须在60天内通知货物贸易理事会进口许可程序委员会。通知必须包括下列有关内容:

(1)需要发放许可证的产品清单。

(2)有关资格信息的联络点。

(3)提交申请的一个或多个行政管理机构。
(4)公布许可证制度程序的出版物及日期。
(5)许可程序是自动的还是非自动的。如果是自动许可证制度的,应说明其行政管理的目的,如果是非自动许可证制度的,应说明通过许可程序所实施的措施。
(6)许可证制度程序的预计时限。如果不能提供预计期限,要说明原因。

成员可以向进口许可程序委员会主动通报另一成员未作通知的进口许可制度情况。

第四节 原产地规则协议

在国际贸易中货物的原产地具有重要地位,它是指与货物的生产地有关的某一产品的"经济国籍"。在国际贸易实践中,货物的原产地通常为完整生产某项货物的国家或地区;当货物的生产涉及多个国家或地区时,货物的原产地是产品最后发生"实质性改变"的国家或地区。"实质性改变"一般是指原产品经改变形成了一种完全不同的"新"产品。签发出口货物原产地证书是各国实行进出口贸易管理和配额管理的一种手段,也是海关凭以核定减免进口关税的证件,确保应享受的待遇。

一、《原产地规则协议》的主要内容

《原产地规则协议》(Agreement on Rules of Origin)是乌拉圭回合多边贸易谈判达成的新协议。它由前言、四部分9条和2个附件组成。包括:定义与范围,实施原产地规则的纪律,通知、审议、磋商和争端解决的程序安排,原产地规则的协调等内容。

《原产地规则协议》是第一个把统一的原产地规则与关贸总协定挂钩的多边协议。协议的中心内容是协调各成员现行的非优惠原产地规则,制定国际统一的非优惠原产地规则。协议对"协调规则"的适用范围、制定原则、标准、程序、协调工作期限、管理机构等均有明确规定。"协调规则"出台后将作为《原产地规则协议》的组成部分,对各成员具有法律效力。《原产地规则协议》规定"协调规则"将适用于世界贸易组织各成员所有的非优惠性贸易政策措施,包括最惠国待遇、反倾销和反补贴、原产地标记和任何歧视性数量限制或关税配额等措施,以及政府采购和贸易统计所采用的原产地规则。

二、《原产地规则协议》的定义、范围与宗旨

1. 定义

原产地规则是指各成员为了确定货物原产地而采取的普遍适用的法律、行政法规和规章。其核心是判定货物原产地的具体标准,即原产地标准。原产地规则包括原产地标准、直接运输规则和书面证明。

2. 适用范围

协议适用于所有用于非优惠性商业政策措施的原产地规则,包括实行关贸总协定有关条款规定的最惠国待遇、反倾销和反补贴税、保障措施、原产地标记要求,任何歧视性数量限制或关税配额,以及政府采购其他成员的货物和贸易统计等使用的原产地规则。

协议不适用于优惠性原产地规则,优惠性原产地规则是指成员为确定货物是否有资格享受优于最惠国待遇的关税而实施的原产地规则,如自由贸易区和普惠制(GSP)下所实施的货物原产地规则。

3. 宗旨

协议旨在进行除关税优惠之外的原产地规则的长期协调,保证这些规则本身不构成不必要的贸易壁垒,使原产地规则以一种公正的、透明的、可预见的、一致的和无歧视的方式制定并实施,避免原产地规则成为阻碍国际贸易的一种壁垒。

三、实施原产地规则的纪律

协议规定了实施原产地规则的纪律,包括在原产地规则协调计划完成之前的过渡期间的纪律和过渡期后的纪律。在过渡期间成员暂不实行《原产地规则协议》中有关同一原产地规则适用于所有非优惠性贸易政策的规定。

(一)过渡期的纪律

协议规定,原产地规则应为中性。此外,尽管存在与其原产地规则相联系的商业政策措施或工具,但是其原产地规则不得用作直接或间接实现贸易目标的工具。

1. 应采用明确、中性的原产地规则

目前,各国和地区对货物的"实质性改变"原则采取不同的标准,如税则号改变、增值百分比、制造或加工工序的标准。因此,协议规定了采用此三个标准时的纪律。

(1)税则号改变标准,或称为税则分类变化标准。它是指货物经某地加工制造成最终产品出口后,其海关税则号与所用原材料的税号不同,此加工制造地即为该产品的原产地。协议要求在适用此标准的情况下,此原产地规则及其任何例外必须明确列明税则目录中该规则所针对的子目录或品目。

(2)增值百分比标准。它是指根据构成产品的进口原材料或国内原材料与产品本身的价值比例来确定产品的原产地。协议要求在适用此标准的情况下,此原产地规则应标明计算百分比的方法。

(3)制造或加工工序标准。它是指依据产品的制造或加工工序来确定产品的原产地。这种制造或加工工序必须足以赋予产品某些本质特征。产品只有在制造或加工地经过其规定的制造或加工工序后才能取得该国或地区的原产地资格。协议要求在适用此标准的情况下,此原产地规则应准确列明授予有关货物原产地制造或加工的工序。

2. 应使用肯定性原产地标准

肯定性原产地标准是指规定只要产品符合进口成员的原产地标准,就可以授予产品原产地资格。否定性原产地标准是指规定在什么情况下不能授予产品原产地资格。协议要求各成员的原产地规则应以肯定性标准为基础,只有在作为对肯定性标准的部分澄清或在不需要使用肯定性标准原产地的个别情况下,才允许使用否定性标准。

3. 尽快进行原产地的评定

协议规定,应根据有关当事人的要求,成员主管机构应在接到原产地评定要求之日起的 150 天内进行原产地的评定,并公布评定结果;评定结果的有效期一般为 3 年。

4. 行政行为可复议

任何与确定原产地有关的行政行为可以由独立的司法、仲裁、行政机构或程序进行迅速复议。行政行为复议可以修改或撤销该确定。

5. 原产地规则的最惠国待遇与国民待遇

对进口商品实施的原产地规则不得比对国内产品实施的原产地规则更严格;并且不得在其他成员之间造成歧视。

6. 原产地规则应一致

原产地规则应以一致的、统一的、公正的和合理的方式加以管理。

7. 公布与原产地规则有关的法规

公布与原产地规则有关的普遍适用的法律、法规、司法判决和行政裁决,并严格遵守。

8. 原产地规则不追溯既往

对原产地规则的修改或采用新的原产地规则不得用来追溯既往。

9. 信息的保密

为适用原产地规则而秘密提供的任何信息,有关当局都应严格保密。

(二)过渡期后的纪律

过渡期结束后,成员除应继续遵守过渡期的纪律外,还须遵守同一原产地规则适用于所有非优惠性贸易政策的纪律。协议还要求,成员的原产地规则应规定,确定为某一特定产品原产地的应是完整生产该项产品的国家或地区,或当该产品的生产过程涉及一个以上国家或地区时,则对产品最后实施实质性改变的国家或地区为原产地。

四、原产地规则的协调

协议要求对各成员的原产地规则进行协调,并规定了协调原产地规则的原则和目标,主要是:

(1)原产地规则应按最惠国待遇和国民待遇原则同等地实施,同一原产地规则适用于所有非优惠性贸易政策。

(2)原产地规则应规定,确定为某一特定产品原产国的应是完整生产该项产品的国家,或当该产品的生产过程涉及一个以上国家时,则对产品最后实施实质性改变的国家为原产国。

(3)原产地规则应是客观的、可理解的和可预见的。

(4)不论采用何种措施与手段,原产地规则不得直接或间接地用于实现贸易目标。

(5)原产地规则应以一致的、统一的、公正的和合理的方式加以管理。

(6)原产地规则应具有连贯性。

(7)原产地规则应以肯定性标准为基础,否定性标准可用以澄清肯定标准。

协议授权世界海关组织原产地规则技术委员会负责协调世界贸易组织成员非优惠性原产地规则的工作,并为此制订了原产地规则协调的工作计划,同时规定了原产地规则委员会在协调过程中的作用。协调工作按协调编码制度税则目录中的类、章所代表的商品类别进行,对成员原产地规则中使用的"完全制造""实质性改变"和"最低程度的制造或加工"提出协调一致的定义;对"实质性改变"原则的税则号改变标准,制定如何使用税号变化的规则,如阐明税号的最低变化;对采用协调编码制度税号仍不能描述"实质性改变"的产品,制定如何以补充或专用的形式借助其他标准(如增值百分比、制造或加工工序标准)来确定产品的原产地的规定。

原产地规则技术委员会协调工作的结果,将由世界贸易组织部长级会议采纳后,列入《原产地规则协议》的附件,成为协议的组成部分,并约定生效日期。

按照《原产地规则协议》的规定,世界海关组织(WCO)于1995年初成立了原产地规则技术委员会,组织拟定国际协调非优惠原产地规则。至1999年底,世界海关组织技术层面的工作基本完成,拟定出《协调非优惠原产地规则暂定文本》对协调编码制分类目录5 000

多个编号的商品逐一提出原产地认定标准;数百项未能达成一致意见的争议问题已提交世界贸易组织裁决,但由于各成员利益各异,至今仍未达成一致意见。

五、通知、审议、磋商和争端解决

1. 机构设置

协议规定,世界贸易组织设立原产地规则委员会,由各成员代表组成。同时,在世界海关组织设立原产地规则技术委员会,具体承担原产地规则方面的技术性工作,包括原产地规则的协调,世界海关组织秘书处行使原产地规则技术委员会秘书处的职责。

2. 通知

协议要求各成员将已实施的或新修改后的原产地规则有关的法律、行政法规、规章通知原产地规则委员会。

3. 审议

原产地规则委员会每年至少召开一次会议,审议协议第二、三部分的执行情况;审议协议的第一、二、三部分的规定,并根据原产地规则协调工作的结果提出必要的修改意见;规则委员会应与技术委员会合作,建立适当机制,以审议协调计划的结果,并提出修正意见,如使原产地规则更具有操作性,或需要进行更新以考虑任何技术变化所影响新的工序。

4. 磋商与争端解决

成员在实施《原产地规则协议》的有关争端事项,适用《关于争端解决规则与程序的谅解》。

六、协议的附件

协议的附件1为《原产地规则技术委员会》,规定了技术委员会的职责、代表、会议、程序等。

附件2为《关于优惠性原产地规则的共同宣言》,用于处理符合优惠关税待遇要求产品的原产地规则的运作。其内容与非优惠原产地过渡期的纪律基本相同,除了不要求不能将原产地规则作为实现贸易目标的工具,不要求以最惠国待遇和无歧视地实施原产地规则。

第五节 技术性贸易壁垒协议

技术性贸易壁垒是指由于各个不同国家的产品标准、法规及合格评定程序对国际贸易造成的阻碍,或一国有针对性地制定某些标准和法规,将国外竞争者置于成本劣势。

产品标准在生产中具有重要作用,它可以减少各种生产投入和生产机械的应用从而降低成本,也节省设计、生产、运输和仓储的开支。标准在国际贸易中是必不可少的,因此它确保了货物质量的一致性。标准还可以减少由进出口货物的规格、质量和服务引发的争端。商业交易中使用的许多标准是自愿的。实际上,出口企业也会发现其中的一些标准带有强制性的效果。各成员政府通常制定各种产品的质量、技术、安全和健康标准,并通过有关法律来保护消费者。由于各国经济技术水平不同,技术法规和标准差别很大,给生产者和出口商造成困难。当各成员政府采用了不同的产品标准后,制造商就不得不调整其生产工艺,以满足不同出口市场的技术规格要求,因而增加了技术改造和安装设备的成本,也使企业无法从规模经济中获益。此外,有些国家为了保护国内市场,故意设置技术性贸易壁垒,严重影响国际贸易的正常发展。

随着世界经济全球化程度的加深,发达国家越来越多地利用技术性贸易壁垒作为贸易保护主义的工具。技术性贸易壁垒影响到农产品、机电产品、纺织品、化工产品和医药产品的贸易。技术性贸易壁垒作为非关税壁垒具有隐蔽性、可操作性和针对性的特点,并显现出从商品贸易流通领域扩大到生产、加工领域。为了发展国际贸易,减少因技术性要求、产品标准的过分差异而造成的障碍,在乌拉圭回合中,各谈判方修改达成了《技术性贸易壁垒协议》。

技术性贸易壁垒协议,包括《技术性贸易壁垒协议》和与技术性贸易壁垒有关的决定——《就世界贸易组织——国际标准化组织信息系统所提出的谅解的决定》和《关于审议国际标准化组织/国际电工技术委员会信息中心出版物的决定》。两项决定主要是关于在技术标准方面与此两个国际组织相互合作的事宜。

《技术性贸易壁垒协议》(Agreement on Technical Barriers to Trade,简称 TBT 协议)是对东京回合同名协议的修改和补充。它由前言和15条及3个附件组成。主要内容有:总则、技术法规和标准、符合技术法规和标准、信息和援助、机构、磋商和争端解决、最后条款。

一、技术性贸易壁垒协议的适用范围和宗旨

协议适用于所有产品,包括工业品和农产品,但涉及卫生与植物卫生措施,由《实施卫生与植物卫生措施协议》进行规范,政府采购实体制定的采购规则不受本协议的约束,按《政府采购协议》处理。协议对成员中央政府机构、地方政府机构、非政府机构在制定、采用和实施技术法规、标准或合格评定程序分别做出了规定和不同的要求。

《技术性贸易壁垒协议》为实现国际贸易的自由化和便利化,在技术性壁垒方面为各成员的贸易行为以及必须履行的义务进行了规范。采取的措施是技术协调。协调的方法一是采取国际标准作为本国技术法规、标准和合格评定程序的基础;二是如果没有相应的国际标准或虽然有国际标准但是不适用,因而必须制定自己的技术法规、标准或合格评定程序,这些文件可能会对其他成员的贸易产生重大影响时,要在文件公布前,执行通报咨询制度,并规定了制定、实施技术法规、标准或合格评定程序应遵循的原则。

协议的宗旨是,指导成员制定、采用和实施合理的技术性措施,鼓励采用国际标准和合格评定程序,保证包括包装、标记和标签在内的各项技术法规、标准和是否符合技术法规和标准的评定程序不会对国际贸易造成不必要的障碍,减少和消除贸易中的技术性壁垒。合法目标主要包括维护国家基本安全,保护人类生命、健康或安全,保护动植物生命或健康,保护环境,保证出口产品质量,防止欺诈行为等。技术性措施是指为实现合法目标而采取的技术法规、标准、合格评定程序等。

二、技术法规、标准和合格评定程序的含义

协议规定了有关技术性措施——技术法规、标准、合格评定程序的含义。

(1)技术法规。它是指强制性执行的有关产品特性或相关工艺和生产方法的规定,主要是国家制定的有关技术措施的法律、行政法规、规章,以及包括或专门适用于产品、工艺或生产方法的有关技术规范、指南、准则、专门术语、符号、包装、标志或标签要求。

(2)标准。它是指经公认机构批准的、规定的供通用或重复使用的、非强制性执行的关于产品特性或相关工艺和生产方法的规则或指南,以及包括或专门适用于产品、工艺或生

产方法的专门术语、符号、包装、标志或标签要求。

(3) 合格评定程序。它是指任何直接或间接用以确定产品是否满足技术法规或标准中相关要求的程序。主要包括:抽样、检验和检查;评估、验证和合格保证;注册、认可和批准;以及上述各项程序的综合。合格评定程序可分为认证、认可和相互承认三种形式。认证指由授权机构出具的证明。认可指权威机构依据程序确认某一机构或个人从事特定任务或工作的能力。相互承认指认证或认可机构之间通过签署相互承认协议,彼此承认认证或认可结果。

协议确保每个成员都有权出于国家安全要求,防止欺诈行为,保护人类健康或安全,保护动物和植物的生命及健康,保护环境,制定并维护其认为合适的技术法规和标准,并采取必要措施来保证这些保护水平的实现。

三、制定、采用和实施技术法规、标准和合格评定程序的原则

《技术性贸易壁垒协议》对世界贸易组织成员在技术法规、标准或合格评定程序的制定、采用、批准和实施的各项行为提出了七项原则。它们与世界贸易组织的基本原则是一致的。

(一) 必要性规则

协议积极鼓励成员制定技术法规和标准并推行合格评定程序,以推动技术进步和产品质量的提高,从而出现在国际贸易中商品的进出口由现在的价格、关税调节变成由技术指标、参数或技术法规和标准来调节的趋向。但成员只能采取为实现合法目标所必需的技术性措施。

(二) 贸易影响最小规则

贸易中的技术性壁垒往往是由于各国制定和使用不同的技术法规、标准或合格评定程序造成的。这些不同有些是基于合理的因素,例如口味、经济技术发展水平、地理环境和气候等。因此,《技术性贸易壁垒协议》允许各成员在合理和正当目标的前提下制定本国的技术法规,并且可以有极大的灵活性。但这种灵活性也是有限制的,即"各成员必须保证技术法规的制定、采用和实施不能在目的和效果上给国际贸易造成不必要的障碍"。成员应尽可能采取对贸易影响最小的技术性措施,即在考虑由于合法目标不能实现可能导致的风险后,采取的技术性措施对贸易的限制,不应超过为实现合法目标所必需的限制。

(三) 非歧视性原则

协议要求各成员必须保证在技术法规、标准和合格评定程序方面给予外国进入本国的产品给予同等的优惠待遇。这种平等既体现在外国同类产品之间也体现在外国产品与本国同类产品之间。协议规定用来确定是否与技术法规或标准相符的合格评定程序应实行非歧视的国民待遇原则,不应对国际贸易造成不必要的障碍。

(四) 协调原则

协议鼓励成员为协调技术法规、标准和合格评定程序而作出努力,以减少成员间的技术性措施差异对贸易造成的障碍。一是指各成员在制定本国技术法规、标准、合格评定程序时应与世界贸易组织协调,二是指所制定的技术法规、标准、合格评定程序与有关国际组织协调,如国际标准化组织(ISO)、国际电工委员会(IEC)和国际电信联盟(ITU)等;三是地方政府及非政府的技术标准机构在制定、实施技术法规、标准、合格评定程序上应当与中央

政府协调一致。在一个技术法规、标准协调的环境里,可以降低生产成本,竞争可以保证消费者对产品有广泛的经济实惠的选择。协议鼓励各成员应尽力、充分地参与有关国际标准化机构制定国际标准、国际指南、国际建议或国际合格评定程序指南的工作,使用国际标准或它们的部分作为制定本国技术法规、标准的基础,但不要求他们因标准而改变保护水平。

(五)等效和相互承认原则

为弥补国际标准的不足,协议提供了一种称为等效技术法规的补充措施。如果另一成员的技术法规可以满足本国的政策目标,成员采用别国的有关法规为等效技术法规。这也是消除技术性贸易壁垒的有效措施。在合格评定程序方面,协议鼓励成员之间相互接受原产国的测试结果、检查结果、认证证书和认证标志,以避免重复检验,减少出口商的负担。协议鼓励各成员通过谈判达成双边承认各自合格评定程序结果的协议。各成员应制定和采纳国际合格评定体系,并成为该体系的成员或参加该体系。

(六)透明度原则

技术性措施具有透明度可以使各成员对多边贸易体系建立充分的信心,从而加强这个体系的稳定性,使各成员的贸易政策具有可预见性。协议要求各成员迅速公布已采用的所有技术措施,并在公布与生效之间给予宽限期,以便有关生产者和贸易商熟悉和适应其要求,调整自己的产品标准,采取有关措施,事先达到进口方的要求,减少贸易障碍和争端。协议通过要求提前通知和给予评论的机会来保证产品标准的制定及有关程序的透明度。协议规定,当成员拟采取的技术措施与国际标准有实质性不一致,并可能对其他成员的贸易产生重大影响时,应通过世界贸易组织秘书处告之其他成员,为他们留出准备书面意见的合理时间。该成员应考虑其他成员提出的意见,如成员有要求,则应与其讨论,并考虑讨论结果。

(七)特殊和差别待遇规则

各成员应采取措施,确保国际标准化机构制定对发展中国家成员有特殊利益的产品的国际标准。发展中国家成员可按照特定的技术和社会经济条件,采用某些技术性措施,以保护与其发展需要相适应的本国技术、生产方法和工艺,即使存在国际标准、指南或建议。成员不应期望发展中国家成员采用不适合其发展、财政和贸易需要的国际标准作为发展中国家成员制定技术性措施的依据。

四、信息和援助

协议要求每个成员设立技术性贸易壁垒咨询点,回答其他成员或利害关系人提出的所有合理询问,提供有关中央政府机构、地方政府机构、非政府机构采用或拟采用的任何技术法规、标准或合格评定程序等资料,加入或参与国际或区域标准化机构和合格评定体系等方面的情况。通过设立国别咨询点加强技术情报交流,并通过成立工作小组和咨询小组等机构促进技术法规和标准的制定与实施工作。各成员在接到其他成员,特别是发展中国家成员的请求时,应尽可能采取合理措施,提出建议,并根据双方达成的条件,给予技术援助。

协议为发展中国家成员提供了一定的优惠待遇,除了获得技术援助外,发展中国家成员可以经过技术性贸易壁垒委员会的授权,在特定时限内全部或部分免除其应履行的协议义务。

五、机构、磋商和争端解决

（一）机构

协议规定建立关于技术性贸易壁垒委员会，由全体成员代表参加，负责管理、监督、审议《技术性贸易壁垒协议》的执行情况，可建议对该协议进行修改，包括调整协议项下的权利和义务。

（二）磋商与争端解决

协议规定有关技术性贸易壁垒事项的磋商与争端解决适用世界贸易组织《关于争端解决规则与程序的谅解》。争端解决评审组可自行或应任何当事方的请求，设立技术专家小组，就技术性问题提供协助。

六、协议的附件

《技术性贸易壁垒协议》有3个附件。

附件1《本协议下的术语及其定义》。它对技术法规、标准、合格评定程序、国际机构或体系、区域机构或体系、中央政府机构、地方政府机构、非政府机构等8个术语作了定义，其中特别是对技术法规、标准和合格评定程序的概念作了定位。这是各成员在技术性贸易壁垒范围内进行交流的共同语言。

附件2《技术专家小组》。考虑到涉及本协议的争端具有较强的技术性，协议规定在争端解决机构解决争端时，评审组可自行或应争端一方的要求，设立技术专家小组协助工作。本附件规定了技术专家的资格、工作程序、职权等。

附件3《关于制定、采用和实施标准的良好行为规范》。它实际上是《技术性贸易壁垒协议》的附属协议。协议要求世界贸易组织成员的中央政府、地方政府和非政府机构的标准化机构以及区域性标准化机构接受该《规范》，并使其行为符合该规范。该《规范》对标准化机构在制定、采用、实施标准规定了具体要求，如规定所有标准化机构应尽量采用国际标准，并充分参与国际标准化机构的工作。

为实施《技术性贸易壁垒协议》，并使《关于制定、采用和实施标准的良好行为规范》具体化，世界贸易组织部长级会议做出了两个决定，即《关于世界贸易组织、国际标准化组织就标准信息系统拟议谅解的决定》，设立了世界贸易组织标准信息服务机构，负责收集、公布和出版《规范》签署方通知的信息；《关于审议国际标准化组织、国际电工委员会信息中心出版物的决定》，规定技术性贸易壁垒委员会对上述出版物进行定期审议。

第六节 实施卫生与植物卫生措施协议

对进口食品和动植物及其产品实施卫生和植物卫生检疫措施是国际贸易中的通常做法，关贸总协定允许缔约方采取此类措施，但不应造成对国际贸易的变相限制，并应确保非歧视地实施。但一些缔约方借口保护人类和动植物的安全或健康，滥用卫生和植物卫生检疫措施，严重地影响了国际贸易的正常发展，成为一种非关税壁垒。为此，乌拉圭回合谈判达成了《实施卫生与植物卫生措施协议》，对世界贸易组织成员实施卫生和植物卫生检疫措施需要遵循的原则和规则作了规定，以防止形成非关税壁垒。

一、《实施卫生与植物卫生措施协议》的主要内容

《实施卫生与植物卫生措施协议》(Agreement on the Application of Sanitary and Phytosanitary Measures,简称 SPS 协议)是乌拉圭回合多边贸易谈判达成的新协议,是根据《农业协议》第八部分而制定的,是从《技术性贸易壁垒协议》发展并细分出来的,也是对关贸总协定第 20 条第 2 款的具体化。它既是单独的协议,又是《农业协议》的第八部分。它由前言和正文 14 条及 3 个附件组成。主要内容有:总则、基本权利和义务,协商,等效,风险评估和适当的卫生与植物卫生保护水平的确定,适应地区条件,包括适应病虫害非疫区和低度流行区的条件,透明度,控制、检查和批准程序,技术援助,特殊和差别待遇,磋商和争端解决,管理,实施和最后条款。其涉及动植物、动植物产品和食品的进出口规则。

协议适用范围包括食品安全、动物卫生和植物卫生三个领域有关实施卫生与植物卫生检疫措施。制定协议的目的是支持各成员实施保护人类、动物、植物的生命或健康所采取的必要措施,规范卫生与植物卫生检疫的国际运行规则,实现把对贸易的不利影响减少到最小程度。

二、基本权利和义务

《实施卫生与植物卫生措施协议》明确承认每个成员制定保护人类生命与健康所必需的法律、规定和要求的主权,但是保证这种主权不得滥用于保护主义,不能成为贸易壁垒和惩罚措施。协议规定各成员政府有权采用卫生与植物卫生措施,但只能在一个必要范围内实施以保护人类及动植物的生命及健康,而不能在两个成员之间完全一致或相似的情况下,采取不公正的差别待遇。

协议鼓励各成员根据国标标准、指导原则和规范来建立自己的卫生与植物卫生措施。每个成员政府可以采取比有关国际标准更严格的卫生与植物检验检疫措施,但要陈述其科学证明的理由或证明有关国际标准达不到该成员认为合适的健康保护水平。各成员政府应在经济和技术上符合要求的情况下选用那些贸易限制性最小的卫生与植物检疫措施。这样可以保证在健康保护水平合适的同时为消费者提供最多数量和种类的食品,为生产者提供最佳的安全投入并促进合理的经济竞争。

协议规定各成员应确保其卫生与植物卫生措施是依据适应环境对人类、动植物的生命或健康的保护,并考虑到由有关国际组织制定的风险分析结论。在进行风险分析时,应考虑现有的科学依据,有关的工序和生产方法,有关检疫、抽样和测试方法,某些病害或虫害的流行,病虫害非疫区的存在,有关的生态和环境条件,以及检疫或其他处理方法。许多政府已经在其食品安全和动植物卫生管理方面使用了风险分析。各成员应向其他成员通报其限制贸易的卫生与植物卫生检疫要求,并设立咨询点提供更多的信息。上述措施将为制定国别标准提供一个良好的基础,有利于保护消费者以及贸易伙伴的利益,防止通过不必要的技术要求来实行隐蔽的保护主义。

三、卫生与植物卫生措施的基本概念

(一)卫生与植物卫生措施的概念

根据《实施卫生与植物卫生措施协议》规定,卫生与植物卫生措施是指成员政府为保护境内人类和动物、植物的生命或健康,为实现下列目的而采取的任何措施:

(1)保护境内动物或植物的生命或健康免受虫害、病害、带病有机体或致病有机体的传入、定居或传播所产生的风险。

(2)保护境内人类或动物的生命或健康免受食品、饮料或饲料中的添加剂、污染物、毒素或有机体所产生的风险。

(3)保护境内人类或动物的生命或健康免受动物、植物或动植物产品携带的病害或虫害的传入、定居或传播所产生的风险。

(4)防止或控制境内因病虫害传入定居或传播所产生的其他危害。

卫生与植物卫生措施包括：为此目的而制定的所有有关法律、行政法规、规章、要求和程序；最终产品标准；工序和生产方法；检验、检查、认证和批准程序；各种检疫处理，包括与动物或植物运输有关的或与在运输过程中为维持动植物生存所需物质有关的要求；有关统计方法、抽样程序和风险评估方法的规定；与食品安全直接有关的包装和标签要求等。

卫生与植物卫生措施作为非关税措施的有力工具，直接维护成员本身的进出口利益；通过检疫审批，保护本国的安全，防止外来危险性病虫害、有害生物的传入；制定适当的动植物卫生检疫保护水平，能为出口减少阻力，扫清障碍。

(二)卫生与植物卫生措施的科学依据

协议规定卫生与植物卫生措施的科学依据包括：有害生物的非疫区；有害生物的风险分析；检验、抽样和测试方法；有关工序和生产方法；有关生态和环境条件；有害生物传入、定居或传播条件。

(三)卫生与植物卫生措施的国际标准

该协议规定的国际标准包括下列国际组织制定的有关标准：

(1)食品法典委员会(CAC)制定的食品安全标准，包括：食品添加剂、兽药、杀虫剂残留、污染物等。

(2)国际兽疫组织(OIE)制定的有关动物健康标准。

(3)联合国粮农组织制定的国际植物保护公约(IPPC)有关植物健康的标准。

(四)卫生与植物卫生措施的"等效"

协议第4条规定的"等效"是指如果出口成员对产品所采取的卫生与植物卫生措施，客观上达到了进口成员适当的卫生与植物卫生检疫保护水平，进口成员就应当接受这种卫生与植物卫生措施，即使这种措施不同于本国所采取的措施，或不同于从事同一产品的其他成员所采取的措施。

(五)有害生物风险分析

根据协议规定，有害生物风险分析是进口成员的专家对进口产品可能带来的有害生物的定居、繁殖、传播、危害和经济影响，进行调查或者对进口食品、饮料、饲料中可能存在添加剂、污染物、毒素或病虫害可能产生的潜在不利影响，进行调查、研究、分析，做出科学理论分析报告。该报告是一个成员决定是否进口该产品的理论基础，或叫决策依据。有害生物风险分析强调适当的卫生与植物卫生检疫保护水平，并应考虑对贸易的不利影响减少到最低程度这一目标。有害生物风险分析要考虑有关国际组织制定的风险评估技术。有害生物风险分析还要考虑有害生物的传入途径、定居、传播、控制和根除的经济成本等因素。

(六)卫生与植物卫生措施的"非疫区"

根据协议规定，病虫害"非疫区"是指，政府检疫机关经检疫某种病虫害在一个地区没有发生,该地区即为非疫区。例如地中海实蝇或口蹄疫在韩国某时期没有发生,则该时期韩国为非疫区。病虫害"低度流行区"是指检疫性病虫害发生水平低,已采取有效监测、控制或根除措施,并经有关国家主管机关确认的地区。确定一个病虫害"非疫区"和病虫害"低度流行区"的大小,要考虑地理、生态系统、流行病监察以及卫生与植物卫生措施的效果等因素。协议将"非疫区"定义为一经主管当局认定,某种有害生物没有发生的地区,这可以是一个国家的全部或部分,或几个国家的全部或部分。出口成员声明其境内某些地区是病虫害"非疫区"和病虫害"低度流行区"时,应提供必要的证据等。

病虫害"非疫区"和病虫害"低度流行区"的概念对农产品贸易至关重要。一个国家非疫区里生产的产品不会受进口检疫的限制;反之,一个国家疫区生产的产品将不能出口。

四、成员制定、实施卫生与植物卫生措施的原则规定

协议规定,各成员在制定、采用和实施卫生与植物卫生措施时,应遵循以下原则:

(1)非歧视地实施卫生与植物卫生措施。成员在实施卫生与植物卫生措施时,不能在情形相同或相似的成员间以及其他成员之间造成任意或不合理的歧视,尤其是在有关控制、检验和批准程序方面,应给予其他成员的产品国民待遇。

(2)以科学为依据实施卫生和植物卫生措施。成员应确保其采用的任何卫生与植物卫生措施以科学为依据,不得实施或停止实施没有充分科学依据的卫生和植物卫生措施,在科学依据不充分的情况下,可临时采取某种卫生与植物卫生措施,但应在合理的期限内做出科学评估。

(3)以国际标准为基础制定卫生与植物卫生措施。为广泛协调成员所实施的卫生与植物卫生措施,各成员应根据现行的国际标准制定本国的卫生与植物卫生措施。在没有相关国际标准的情况下,成员采取卫生与植物卫生措施必须根据有害生物风险分析的结果。

协议认为,符合国际标准、准则和建议的卫生与植物卫生措施是保护人类、动物、植物的生命和健康所必需的。协议规定,各成员可以实施和维持比现有国际标准、准则和建议更高的标准,但要有科学依据。实施没有国际标准、准则和建议的卫生与植物卫生措施时,或实施的卫生与植物卫生措施与国际标准、准则和建议的内容实质上不一致时,如果限制或潜在地限制了出口方的产品进口,进口方则要向出口方做出理由解析,并及早发出通知。

(4)等同对待出口成员达到要求的卫生与植物卫生措施。由于气候的不同、原产地的不同以及有害生物和食品状况的不同,进口成员总是采取同一种卫生与植物卫生措施显然是不适当的,这样将直接影响动植物和食品在洲与洲、国与国之间的移动。协议规定成员可根据等同性的原则进行成员间的磋商并达成双边和多边协议。

(5)根据有害生物风险分析确定适当的保护水平。协议规定,成员在制定卫生与植物卫生措施时应以有害生物风险分析为基础。

(6)接受病虫害"非疫区"和病虫害"低度流行区"的概念。协议规定各成员应承认病虫害"非疫区"或病虫害"低度流行区"的概念。

(7)保持卫生与植物卫生措施有关法规的透明度。协议规定成员应确保及时公布有关卫生与植物卫生措施的法律、法规,成员要通知卫生与植物卫生措施的改变,提供其卫生与植物卫生措施的信息。

五、发展中国家成员的特殊和差别待遇

协议规定,成员在制定和实施卫生与植物卫生措施时,应考虑发展中国家成员的特殊需要。成员同意以双边的形式或通过适当的国际组织向发展中国家成员提供技术援助。发展中国家成员可经过卫生与植物卫生措施委员会的授权有时限地全部或部分地免除履行本协议的义务。协议鼓励发展中国家成员更多地参与有关卫生及动植物国际组织及机构。

六、机构与争端解决

协议规定成立一个卫生与植物卫生措施委员会,为各方提供一个磋商场所,讨论潜在的贸易影响问题,负责交换成员间执行协议的情况,保持同有关技术组织的密切合作。

协议规定,有关卫生与植物卫生措施的磋商和争端解决适用《关于争端解决规则与程序的谅解》,涉及科学或技术问题的争端时评审组可征求专家的意见,评审组可主动或应任何一方的要求设立技术专家咨询小组或咨询有关国际组织。

七、附件

附件1为《定义》,它对卫生与植物卫生措施,协调,国际标准、指南和建议,风险评估,适当的卫生与植物卫生保护水平,病虫害非疫区和病虫害低度流行区等做出定义。

附件2为《卫生与植物卫生措施的透明度》,它包括法规的公布、咨询点、通知程序、一般保留等规定。

附件3为《控制、检查和批准程序》,它是关于检疫机构在实施卫生与植物卫生措施时应遵循的程序和要求。

第六章 规范保护国内产业措施的多边货物贸易规则

世界贸易组织主张贸易自由化,逐步开放货物贸易和服务贸易市场,促进国际贸易和世界经济的发展。但对自由化与开放市场后对成员国内产业产生的冲击与风险也给予关注,允许成员在符合一定条件下采用反倾销、反补贴和保障措施三种贸易救济措施。并制定了规范这些保护国内产业措施的反倾销协议、补贴与反补贴措施协议、保障措施协议,即保护国内产业的措施应该如何实施。这些规则既允许成员对本国产业实行合理与适度的保护,又防止滥用这些措施实行贸易保护主义。

第一节 反倾销协议

《关贸总协定》第6条规定了反补贴与反倾销的原则。在20世纪60年代的肯尼迪回合谈判中,达成了一个解释反倾销条款的规则,该规则在1979年东京回合谈判中得到了进一步的发展,形成《反倾销守则》。《关于执行1994年关贸总协定第六条的协议》是对《关贸总协定》第6条的具体化,是在《关贸总协定》1979年《反倾销守则》的基础上作重大调整修订的。

一、反倾销规则的主要内容

世界贸易组织的反倾销规则包括《1994年关贸总协定》第6条、《关于执行1994年关贸总协定第六条的协议》《关于反规避的决定》《关于审议〈执行1994年关贸总协定第六条的协议〉第十七条第6款的决定》《关于按照〈执行1994年关贸总协定第六条的协议〉或〈补贴与反补贴措施协议〉第五部分处理争端的宣言》等规范性文件。

倾销被视为国际贸易中的不公平竞争行为。关贸总协定和世界贸易组织有关反倾销规则的目的在于平衡两种潜在的利益冲突:进口成员要求采取反倾销措施防止国内产业受到损害,而出口成员要求反倾销措施本身不应成为对公平贸易的阻碍;反倾销规则不在于要求各成员对倾销行为进行严厉制裁,而在于约束各成员滥用反倾销措施,要求各成员谨慎掌握反倾销尺度。此外,也是为了协调各成员的反倾销立法,为各成员反倾销实体法的制定与实施提供一个基本模式、一般标准和依据,以便为国际贸易清除这方面的障碍。

《关于执行1994年关贸总协定第六条的协议》(Agreement on Implementation of Article VI of GATT 1994)通常称为《反倾销协议》,由三个部分18个条款和2个附件组成。

第一部分包括原则、倾销的确定、损害的确定、国内产业的定义、发起和随后进行调查、证据、临时措施、价格承诺、反倾销税的征收、追溯效力、反倾销税和价格承诺的期限及复审、公告和裁定的说明、司法审查、代表第三成员的反倾销行动、发展中国家成员,共15条,是该协议的实质性条款。

第二部分包括反倾销措施委员会、协商、争端解决。

第三部分为最后条款。

协议的关键条款主要是关于规定如何在实践中实施关贸总协定第6条的核心原则。这些条款按顺序处理以下问题:如何认定进口产品存在倾销;如何认定倾销的进口产品正在对国内产业造成损害或造成损害威胁;在发起和进行调查、收集信息、征收反倾销税或价格承诺、审议认定以及终止征收反倾销税方面应遵循的程序。协议比较明确详细地规定了倾销和损害的定义,确定产品倾销的方法和反倾销调查申请人的资格及国内产业的界定,确定国内产业受损害时考虑的标准,反倾销调查的机制和程序,反倾销措施的实施与时限(包括价格承诺、临时反倾销措施、反倾销税的征收),行政复审与司法审议。此外,协议还规定了反倾销措施委员会的职能和争端解决机构评审组在涉及反倾销行动方面的作用。

二、反倾销的条件规定

(一)倾销的确定

1. 倾销的定义

根据《关贸总协定》第6条的规定,倾销是指一成员产品以低于其正常价值出口到另一成员。如果这种倾销对进口成员的相关产业造成实质损害,或构成实质损害威胁,或实质阻碍进口成员建立相关产业,进口成员为抵制这种倾销,可以对倾销产品征收数额不超过该产品倾销幅度的反倾销税。

根据这一原则,对一项进口产品采取反倾销措施,必须同时满足三个条件:第一,必须证明进口产品存在倾销,即出口价格低于正常价值;第二,必须证明这种倾销对进口国的相关产业造成实质损害或实质损害威胁或实质阻碍了该国内某一相关产业的建立;第三,必须证明倾销与损害之间存在因果关系。

2. 倾销的确定

协议规定,如果一项产品从一成员出口到另一成员境内,该产品的出口价格在正常的贸易过程中低于出口成员旨在用于本国消费的同类产品的可比价格,即以低于其正常价值进入另一成员的商业,则该产品即被认为是倾销。确定一项进口产品是否存在倾销要经过三个步骤:第一,确定出口价格;第二,确定正常价值;第三,把被指控倾销产品的出口价格与该产品的"正常价值"作比较,如果前者低于后者,即存在倾销。

(1)出口价格的确定。

出口价格是进口商在正常贸易条件下实际支付或应支付给出口商的价格。如果没有出口价格,或者因出口商与进口商或第三者之间有总分公司、母子公司或控股等关系或其他原因而出口价格不可靠时,主管当局将采用被指控倾销产品在首次进口成员国内向独立商人转售的价格计算出口价格,即进口商向另一个与其无任何关系的商人出售的价格。

(2)正常价值的确定。

正常价值通常是指在一般贸易条件下出口成员国内同类产品的可比销售价格。《反倾销协议》中规定可以采取三种办法来确定"正常价值",即国内的销售价格、向第三国的出口价格或结构价格。

①内销售价格。

国内销售价格是指被指控倾销的产品于调查期间在出口成员国内市场上的销售价格。这种价格应在正常商业做法中形成,并具有一定的销售数量,即要有代表性。

②向第三国的出口价格。

向第三国的出口价格是指被指控倾销的同类产品在调查期间出口到合适的第三国的可比价格。当被指控倾销的产品在出口成员无销售或销售很少,不具有代表性而不能以国内销售价格作为正常价值时,则采用该产品向第三国出口的可比价格。但该价格也要有代表性。

③结构价格。

当国内销售价格和向第三国的出口价格都没有代表性而无法作为正常价值时,就得采用结构价格。结构价格是指将被指控倾销产品在原产地国的生产成本的基础上,加上合理数额的管理费、销售费和其他成本以及利润等得出的估算价格。

确定正常价值的三种方法,都要对价格作一番必要的调整,特别是结构价格,计算方法极为繁杂。

3.倾销及其幅度的确定

在确定正常价值和出口价格之后,对这两种价格作必要的调整,在某一调查期内,把两种市场上的相同或同类产品的价格放在同一商业环节上去比较,将涉诉产品出口价格逐笔计算,用加权平均的方法,以得出公平合理的结论,最终确定是否存在倾销。

在比较出口价格和正常价值时,必须遵循以下准则:

(1)必须在同一贸易水平上进行比较,如均为出厂价、批发价或零售价等。

(2)比较的价格必须是几乎同时发生的销售价格。

(3)必须考虑销售当日的汇率。

(4)在正常情况下,比较的是加权平均后的正常价值和出口价格,或者是在逐笔交易的基础上对两者进行的比较。

倾销幅度的计算方法是将用正常价值减出口价格除以出口价格,再乘以100%,计算公式如下:

$$倾销幅度 = \frac{正常价值 - 出口价格}{出口价格} \times 100\%$$

倾销幅度一般就是征收反倾销税的税率。

(二)损害的确定

对一项倾销产品是否采取反倾销措施,进口成员主管当局还要确定该项产品的倾销是否对进口成员的产业造成损害。这就是确定受损害的国内产业是什么,造成哪一种损害,以及倾销与这种损害的因果关系。

1.国内产业的定义

国内产业是指国内同类产品的全部生产商,或者是它们之中的那些生产商,其合计总产量构成全部国内产品的大部分;除非有特殊因素,如在进口国一独立地区市场内的生产者,实际上在很大程度上与其他国内生产者是分隔的,他们可以单独处理。但与倾销产品的出口商或进口商有联系的国内生产者可以排除在外。

2.同类产品的确定

确定什么是受到损害的进口成员的产业,首先要确定哪些产品是被指控倾销产品的同类产品。同类产品是指同样的产品,即在所有方面都与该产品相似,或指虽然在所有或某些方面与其不尽相同,但具有与该产品非常类似的特征的其他产品,即与被调查的进口产品在物理性能与功能上一样或最接近的产品,包括产品使用的原材料、加工过程、外观、用途、销售渠道等因素。

3.产业损害的分类

产业损害分为三种情况:对进口成员生产同类产品的相关产业造成实质损害,或对进口成员生产同类产品的产业构成实质损害威胁,或进口成员建立生产同类产品的相关产业受到实质阻碍。

(1)实质损害。

实质损害一般有3个要素:

①被调查的进口产品的数量与进口成员的生产或消费数量上是否绝对地或相对地大量增长。

②该进口产品的价格同进口成员相同或相似产品的价格相比是否大幅度地低价销售,或是否大幅度地压低了进口成员同类或相似产品的价格或严重地阻碍其提价。

③该进口产品对进口成员有关产业的冲击,包括影响产业状况的所有有关的经济因素和指数、影响国内价格的因素、倾销幅度、影响有关产业生存和发展的实际或潜在的副作用。

(2)实质损害威胁。

它是指进口成员的有关产业虽尚未处于被实质损害的境地,然而事实上将会导致这种境地。但该事实必须是真实的、迫切的、可预见的。如有大量的被指控产品已在发运途中,出口成员拥有生产被指控产品的巨大能力,并计划扩大对进口成员的出口等。

(3)实质阻碍产业建立。

它是指有关的一个新产业的实际建立过程受阻,如工厂已建造、设备已购置,但由于被指控倾销的产品的大量进口,使该新产业无法开工投产。

4.损害的累积评估

协议规定,在一定的条件下,进口方可以累积评估从不同来源的倾销进口产品对本国产业的影响。这些条件主要是:

(1)来自每个成员的产品的倾销幅度超过了2%,即超过了"最低倾销幅度"。

(2)来自每个成员的倾销产品的进口量并非可忽略不计,一般是指高于进口方对该类倾销产品进口总量的3%;或者几个出口成员各自所占份额虽低于3%,但他们的总和超过进口成员进口该倾销产品总量的7%。

(3)根据进口产品之间的竞争条件及进口产品与国内同类产品之间的竞争条件,对进口产品所做的累积评估是适当的。

(三)倾销与损害的因果关系

《反倾销协议》规定,损害确定应根据确实的证据做出,并包括对倾销的进口产品的数量和倾销的结果对国内市场同类产品价格造成的影响,以及这些进口产品对国内该同类产品生产商造成的后续影响。也就是说,必须提供充分的证据证明进口产品的倾销与进口成员产业所受损害之间存在因果关系,即损害是因进口产品的倾销造成的,否则不得征收反倾销税。

审查因果关系的因素是:

(1)被指控倾销产品的进口数量在进口成员产业遭受实质损害时是否大量增加。

(2)倾销的进口产品是否压低了进口成员同类产品的价格。

(3)倾销产品对进口成员国内生产者的冲击程度。

(四)例外

造成出口价格低于正常价值的原因很多,不能笼统地将所有出口价格低于正常价值的现象指责为倾销。如1994年关贸总协定第6条第4款规定：一成员领土的产品进口到另一成员领土,不得因其(1)免征相同产品在原产国或出口成员用于消费时所需要交纳的国内税,或(2)因这种税已退税,即对它征收反倾销税。

三、反倾销措施

（一）反倾销措施

反倾销措施包括临时性反倾销措施和最终反倾销措施,以及价格承诺。

（1）临时性反倾销措施是指进口成员主管机构经过调查,初步认定被指控产品存在倾销,并对国内同类产业造成损害,在全部调查结束之前,采取临时性反倾销措施,以防止在调查期间国内产业继续受到损害。临时性反倾销措施有两种形式:征收临时性反倾销税；要求进口商自初裁之日起,提供与临时性反倾销税数额相等的现金保证金或保函。

（2）最终反倾销措施是指在全部调查结束后,对有充分证据证明被调查的产品存在倾销,国内生产同类产品的产业受到损害,且倾销与损害之间有因果关系,进口成员主管机构采取的征收反倾销税的措施。

（3）价格承诺是指被指控倾销产品的生产商和出口商在初裁后,与进口成员主管机构达成协议,出口商提高价格以消除产业损害,进口成员相应地中止或终止案件调查。

（二）反倾销税的征收

反倾销税是指在正常关税以外,进口成员海关对倾销产品征收的一种附加税。反倾销税的税率不得高于所裁定的倾销幅度。反倾销税的纳税人是倾销产品的进口商,出口商不得直接或间接替进口商承担反倾销税。初裁的反倾销税率与终裁的不同的,其不足部分不再补交,而多交部分则应退还。除达成价格承诺的产品,进口成员海关应在非歧视的基础上,对所有造成损害的倾销产品征收反倾销税。除非进口成员主管机构以复审方式决定继续维持反倾销税,反倾销税的征收应自决定征收之日起一般不超过5年。

四、反倾销程序

协议详细地规定了调查机构在进行反倾销调查时可以使用的一整套方法。这些方法规定使各成员的反倾销做法具备了宝贵的可预测性。反倾销调查一般由各国主管国际贸易的行政部门负责。

（一）申请人申请

一般情况下,反倾销调查由国内产业提出申请,但在特殊情况下,也可由主管机构提出。

申请人应能代表进口成员某产业的大部分或全部生产者,或产量占进口成员产量的大部分的生产者代表或生产者协会、工会等。协议要求只有在提出的调查申请得到产业支持的情况下,才能发起调查。在表明支持或反对申请的企业中,支持者的集体产量占支持或反对申请的生产者总产量的50%以上,而且支持者的集体产量占该产品的国内生产总量的至少25%。发起者应以书面提出申请,并符合规定的要求,内容包括:倾销、损害以及两者的因果关系的证据。此外,还应包括申请人的身份及其对国内同类产品生产价值和数量的陈述、被认为倾销产品的一套完整的陈述,包括价格资料、进口数量变化、对国内同类产品的价格和产业的影响等。

（二）主管机构审查立案

主管机构接到申请书后,对申请材料的准确性和充分性以及申请企业的代表性进行审查,并就是否立案做出决定。

（三）调查

进口成员主管机构经审查认为可以而且必须进行反倾销调查时,通知与案件有利害关系的出口商、进口商以及申请方,并向出口商和生产者等发出调查问卷。被调查者应在规定时间内填写交回。在调查过程中,有利害关系的当事人都要提供充分的书面证据;一般还要举行听证会,所有有利害关系的当事人有机会为其利益辩护。

如果主管机构确定倾销幅度被视为最小（倾销幅度按正常价值来说要小于其额度的2%）或倾销进口的数量微不足道（指一成员的倾销产品进口量在该产品总进口量中的比例低于3%）,则应立即停止反倾销调查。虽然每个成员不足3%,但如果几个成员的进口量之和达到总进口量的7%或以上时,仍可进行调查。

进口成员主管机构开展调查时,应从以下几方面入手：

(1) 应考虑该产品的进口是否有绝对数量的大量增长。

(2) 倾销产品对进口成员国内市场价格的影响如何。

(3) 倾销货物对国内生产部门在产量、销售额、市场拥有量、利润、生产率、投资利润率等方面的抑制程度如何。

(4) 倾销货物对现金流通量、库存、就业、薪水、增长率等方面的实际潜在影响如何。

(5) 调查要基于直接的证据,而非由于其他因素所导致,如国内消费需求下降、经济危机等。

（四）初裁

对反倾销案的裁决一般分为两个阶段,即初裁和终裁。如果初裁确定存在倾销和损害,便要对被指控的进口产品采取临时反倾销措施,如要求进口商在清关时按初裁确定的倾销幅度征收临时反倾销税,或采取担保形式,即交纳现金或保证金。在此情况下调查程序继续进行,直到做出最终裁决。

如果出口商主动做出承诺修改其价格或停止以倾销价格向该地区出口,从而使进口成员主管机构对倾销有害影响的消除感到满意时,调查程序可以中止或终止而不采取临时反倾销措施或征收反倾销税。

（五）终裁

终裁是指主管机构做出初裁之后,经过进一步对证据的收集与核实而对倾销和损害做出的最终裁决。如果裁决是肯定的,则要确定一个最终应予征收的反倾销税率,由海关按此税率对进口倾销产品征收反倾销税。

（六）行政复审

复审是指裁定征收反倾销税一段合理期限以后（一般为1年）,应任何利害关系当事人提出的要求,对倾销案进行复审,以降低甚至取消或者提高征收反倾销税;或者征税5年期满时,应原申诉方的要求进行复审,以决定是否继续征税。

如果终裁后5年内利害关系当事人均不提出复议,则在征反倾销税5年后,进口成员应自动撤销对此产品的反倾销措施,此规定又称为"日落条款"。除非经过重新审议确定反倾销税的终止有可能导致倾销和损害的继续或再次发生。

(七)司法审议

对于反倾销主管机构的裁决及复议,有利害关系的当事人如果不服可以上诉至该国法院,寻求司法审议。

五、证据要求及对利害关系方信息的处理

协议第 6 条规定,进口成员主管机构有权要求各利害关系方提供与调查有关的证据材料,并应给予其提供信息的充分机会。有关证据方面的要求如下:

(1)给予利害关系方提供证据的机会。

(2)利害关系方应有充分的辩护机会。

(3)进口成员主管机构为利害关系方的陈述提供帮助和方便。

(4)对任何机密信息,进口成员主管机构应按机密信息处理。

(5)进口成员主管机构应核实信息。

(6)如果利害关系方不合作,进口成员主管机构有权利用在事实基础上获得的其他信息资料进行裁决。

(7)在终裁前,主管机关应将裁决基本事实披露。

(8)抽样调查。在出口商、生产者、进口商的数量或所涉产品种类多的情况下,可采取抽样方法调查。

(9)进口成员主管机构应给予被调查的工业用户及有代表性的消费者提供机会,以便其了解有关倾销、损害及因果关系的信息。

(10)应适当考虑利害关系方、特别是小公司在提供所要求的信息方面遇到的任何困难,提供适当可行的帮助。

六、发展中国家成员的特别规定

协议规定,发达国家成员应对发展中国家成员的特殊情况给予特别注意,在实施会影响发展中国家成员根本利益的反倾销措施之前,发达国家成员应探讨采用该协议规定的其他建设性救济措施的可能性。但没有明确规定对发展中国家成员的特殊优惠待遇。只是象征性地规定发达国家成员应注意发展中国家成员的根本利益及建设性救济的可能性。

七、机构、协商与争端解决

(一)反倾销措施委员会

协议规定设立反倾销措施委员会,并可酌情设立附属机构。反倾销措施委员会负责监督执行《反倾销协议》,向成员就协议的实施以及促进协议目标的实现的任何事项提供磋商机会。反倾销措施委员会及其附属机构在履行职责时,经有关成员和有关企业的同意,可向其认为适当的任何信息来源进行咨询和寻求信息。

各成员应将负责反倾销的机构、立案和调查的国内程序通知反倾销措施委员会;应迅速向反倾销措施委员会报告其采取的临时反倾销措施和最终反倾销措施,并每半年报告 1 次前 6 个月采取的反倾销行动的情况。

(二)协商与争端解决

倾销本身不能成为争端解决起诉的对象,因为争端解决只能涉及成员政府,而倾销是

出口商的行为。但当一成员认为另一成员采取有重大影响的临时反倾销措施或对其最终征收反倾销税的行为或对要求其接受价格承诺等,其利益受到损害时,可以向争端解决机构提出起诉。这种起诉可通过磋商和争端解决机制解决,《反倾销协议》第16条和17条规定了争端解决的特殊规则。

1. 磋商

如果某一成员认为其他成员采取的反倾销行动正在使其丧失或损害了从该协议中直接或间接获得的利益,或者正在妨碍该协议目标的实现,为对该事项有个相互满意的结果,该成员可书面提出与其他成员进行磋商的要求。

2. 争端解决机制

如果磋商不成或进口成员已采取最终措施,则该成员可将此事提交世界贸易组织争端解决机构处理,通过有约束力的争端解决机制加以解决。争端解决机构在审查倾销的决定时将运用该协议规定的"审议标准"。

涉及反倾销问题的争端解决与正常的争端解决不太相同。根据该协议第17条第6款规定的"审议标准",在反倾销案件中,专家组的作用很有限,他们不能评判进口成员的某种措施是否违反了其应承担的世界贸易组织的义务。其作用仅限于确定进口成员有关主管机构是否合理地确定了有关事实,是否没有偏见地、客观地对事实做出了评估。如果答案是肯定的,即使专家组有不同的评估结论,也不能推翻进口成员的结论。进一步说,若有不止一个可行的解释而进口成员已按其中之一行事,也应该认为进口成员的结论是合理的。

协议关于确定产品倾销价格方法的规定,有利于保证出口价格与正常价值进行公正的比较,以防止任意增加或扩大倾销幅度。协议强化了进口成员确立倾销进口与损害国内产业之间因果关系的要求,审议倾销进口对有关产业的影响时必须包括对该产业状况有关的一切经济因素进行评估。协议规定了反倾销案件的发起和进行调查的具体步骤,保证各有关利害关系当事人有机会陈述理由和看法。并要求世界贸易组织成员向反倾销委员会迅速详细地通报一切初步的或最终的反倾销行动,给予成员机会就协议的运作情况进行磋商以及成立专家组审议出现的纠纷。《反倾销协议》经过几年的实践,已反映出一些问题,如反倾销逐步成为贸易保护的工具,对滥用反倾销措施没有制裁规定;对发展中国家成员没有规定特殊和差别待遇;有些条款不合理等等,许多成员要求在新一轮多边贸易谈判中进行修改。

八、《反倾销协议》的附件

协议的两个附件,是规范反倾销实地核查和采用最佳信息行为的,是对协议内容的补充,使进口成员主管机构反倾销调查公正、透明。

附件1为《根据第六条第7款进行实地调查的程序》。它对进口成员主管机构到有关涉案企业进行核查的程序作了具体规定。第一,核查应在立案并在收到有关涉案企业对调查问卷的答复后进行。第二,要将实施核查的意向通知该企业所在国家的主管机构和已知的有关公司,并征得同意。

附件2为《按照第六条第8款关于可获得的最佳信息》。可获得最佳信息是指,进口成员主管机构在调查过程中对有利害关系方信息处理的一种方式,即不采用或部分不采用不配合调查或阻碍调查的利害关系方提供的信息,而使用认为适当的其他信息。该附件对不采用利害关系方提供的证据或信息的处理原则的主要规定是:利害关系方应按进口成员主管机构提出的要求提供信息,如果进口成员主管机构认为提供的信息不可用或不符合要求,有权以获得的事实为基础做出裁定,包括申请书中提出的事实。在裁定时,进口成员主管机构应考虑使用可接受的、所有可核实的、以适当方式提供的信息。当不接受该信息或证据时,应说明理由,并给对方在合理时间进一步说明的机会,在以后的任何裁决公告中,应载明不接受该证据或信息的理由。对二手信息要特别慎重处理,要用独立的信息来源核实其准确性。

第二节 补贴与反补贴措施协议

《补贴与反补贴措施协议》(Agreement on Subsidies and Countervailing Measures,缩写SCM协议)简称《反补贴协议》,是对《关贸总协定》第6条、第16条规定的具体化,是在1979年同名协议的基础上作重大修改而成的。它由十一部分32条和7个附件构成。其主要内容包括:总则、禁止性补贴、可诉的补贴、不可诉的补贴、反补贴措施、机构、通知和监督、发展中国家成员、过渡性安排、争端解决和最后条款等。

该协议的目的也是平衡潜在的利益冲突:对于补贴来说,一种利益是国内产业不应该在与享受政府补贴产品的竞争中处于不利地位,另一种利益是用于抵消补贴的反补贴措施本身不应阻碍公平贸易。

一、补贴的定义与范围

(一)补贴的定义

补贴是指政府或任何公共机构对企业提供的财政资助以及政府对出口产品的任何形式的收入或价格支持,使企业或产业得到了利益。也就是说,补贴要符合三个条件才能成立:提供了财政资助;资助是世界贸易组织成员领土内的公共机构提供的;资助授予了某项利益。

(二)补贴的范围

补贴的范围包括:

(1)政府直接转移资金的行为,指赠款、贷款、注入股权;潜在的资金或债务直接转移,如贷款担保等。

(2)本应征收的财政税收的豁免或不予征收,如通过减税、免税、退税以及税收抵免之类的财政鼓励。

(3)政府提供货物或服务,如原材料、工厂场地、无偿信息服务等;或由政府购买产品。

(4)政府通过基金机构支付,或向私人机构担保或指示私人机构履行前述(1)至(3)的一种或多种通常应由政府执行的功能。

(5)构成1994年《关贸总协定》第16条补贴含义的任何形式的收入或价格支持,并由此而给予的某种优惠。

(三)补贴的损害

根据协议第5条规定,定义补贴可以引起三种损害:

(1)一成员的补贴损害进口成员的某一国内产业,如对进口成员国内已建立的相关产业造成实质损害或者产生实质损害的威胁,或者对国内建立相关产业造成实质阻碍。

(2)另一成员的出口商与给予补贴成员的出口商在第三成员境内竞争时,前者会受到损害。

(3)一成员的国内补贴会损害在该成员国内市场竞争的其他成员的出口商。

(四)补贴的专向性

补贴专向性是指前述补贴由授予当局只给予管辖范围内的一部分特定企业、产业、地区。专向性包括4种类型:企业专向性(政府挑选一个或几个特定企业进行补贴)、产业专向性(政府针对某个或几个特定产业进行补贴)、地区专向性(政府针对其领土内特定地区的某些企业进行补贴)、被禁止的补贴(与出口实绩或进口替代相联系的补贴)。也就是说,专向性补贴属于一国政府实施有选择的、有差别的或带有歧视性的补贴。专向性补贴不符合世界贸易组织的公平、自由贸易的原则,《补贴与反补贴措施协议》只约束具有专向性的补贴。世界贸易组织的成员发现其他成员实施了专向性补贴,可依据协议规定和其相应的国内法对实施补贴的成员采取相应的措施。换言之,普遍性的补贴不在此类。

判断补贴是否属于专向性的原则是:如果立法明确规定某种补贴限于特定企业,是专向性补贴;如果立法对获得补贴的资格和数额在法律、法规上规定了客观标准或条件,只要遵守这些标准和条件,就能自动获得,则不属于专向性补贴;但对表面上没有专向性而实际上具有专向性的补贴作出判断时,则应考虑以下其他因素:由数量有限的特定企业使用的补贴计划,由特定企业为主支配使用的补贴,向特定企业提供比例不当的大量补贴,补贴授予当局以任意的方式做出授予补贴的决定。补贴只要在法律上或事实上具有专向性,便可被认为具有专向性。

二、补贴的分类

世界贸易组织的成员对补贴不一定都能采取反补贴措施,还要根据补贴的性质进行分类,以采取不同的措施。协议采取了有人称为"交通信号"式的分类方法:将某种不太可能对贸易造成损害的补贴称为"绿灯补贴";那些有明显的损害作用,因而不能使用的补贴称为"红灯补贴";那些只有在被认为造成了严重损害时才受到质疑的补贴称为"黄灯补贴",在"黄灯补贴"中某些补贴具有严重损害的假定。

(一)禁止性的补贴

禁止性的补贴又称为"红灯补贴",是指世界贸易组织禁止成员使用的补贴。这些补贴事实上非常明确地专门用来影响贸易的,因此,最有可能对其他世界贸易组织成员的利益造成不利影响。根据协议规定,除《农业协议》中另有规定的以外,下列两类补贴属于被禁止之列:

(1)在法律或事实上,与出口实绩作为唯一或多种条件之一而提供的补贴,即出口补贴。

(2)将进口替代作为唯一或多种条件之一而提供的补贴。即指前项补贴只与使用国产品相联系,而对进口产品不给予补贴。

禁止的补贴项目在反补贴协议附件1《出口补贴清单》中列了12项,政府或其代理机构或间接通过政府授权的方案规定或提供:(1)根据出口实绩对产业或企业提供的直接补贴;(2)涉及出口奖励的货币留成方案或类似做法;(3)装运出口货物的国内费用优惠条件;

(4)对生产出口的货物或服务的条款或条件优于对内销的条款或条件;(5)全部或部分减免或缓征工商企业已付或应付的与出口有关的直接税或社会福利;(6)在计算直接税税基时,与出口或出口实绩直接相关的、超过对供国内消费生产的特殊扣除;(7)对出口生产和销售的间接税减免超过对供国内消费的同类产品的生产和销售所征收的间接税;(8)对用于出口产品生产的货物或服务减免或缓征所征收的前阶段累积间接税,超过对给予国内消费的同类产品生产的待遇;(9)进口费用的减免或退还超过对出口产品生产中消耗的进口投入物所收取的进口费用;(10)出口信贷担保或保险的利率或保险费不足以弥补担保或保险机构的长期营业成本或亏损;(11)出口信贷利率低于使用该资金所实际应支付的利率,或低于国际市场同类利率;(12)从公共账户中所支取的任何其他费用,并构成了《1994年关贸总协定》第16条规定的出口补贴。

(二)可诉的补贴

可诉的补贴又称为"黄灯补贴",指政府直接转让资金或潜在的资金或债务的直接转移;本应征收的政府税收的豁免或不予征收;提供货物或服务或收购产品;通过基金会或私人机构实施补贴,以及对收入或价格的支持。即那些既不被一律禁止,又不能自动免于质疑的补贴,要根据其客观效果才能判定是否符合世界贸易组织规则,只有在被认为造成了严重损害时才可以起诉。因此,这种补贴潜在地容易被起诉,或被征收反补贴税。换言之,可起诉的补贴是指受到补贴损害的成员可向世界贸易组织提出起诉,或根据国内立法可以采取反补贴措施的补贴。但要起诉或征收反补贴税必须满足必要的条件。除上述条件外,可起诉的补贴还必须具备下述两个条件:

(1)属于专向性的补贴。

(2)补贴对其他成员造成不利影响或严重损害。

任何成员通过使用补贴而对其他成员的利益造成不利影响,即损害了另一成员的国内工业,削弱了其他成员在世界贸易组织中的直接或间接利益尤其是约束关税减让的利益,"严重侵害"其他成员的利益,受损害成员可对其起诉,但要证明"严重侵害"是由于下述补贴之一而造成的:产品的从价补贴超过5%,补贴是为了弥补产业经营的损失,补贴是为了弥补一企业的损失,补贴是直接的债务免除。

(三)不可诉的补贴

不可起诉的补贴又称为"绿灯补贴",是指一成员实施了某些世界贸易组织允许的补贴,受损害成员5年内不能向世界贸易组织起诉且不能采取反补贴措施的补贴,但这种补贴必须符合严格的条件。根据协议规定,不可起诉的补贴包括:

1. 不属于专向性补贴的补贴,即那些普遍性的补贴。

2. 虽属专向性补贴,但下列情形的补贴仍为不可起诉的补贴:

(1)研究和开发补贴。政府对企业或高等院校、科研机构在与合同基础上进行研究的资助,条件是:资助不超过工业研究费用的75%,或应用研究费用的50%。并且这些资助仅限于:人员费用;专门并长期用于科研活动的器具、设备、土地和建筑费用;仅用于研究活动的咨询及类似服务的费用,包括购买研究成果、技术知识、专利等费用;由研究活动直接产生的额外附加费用;由研究活动直接产生的其他启动费用。

(2)贫困地区补贴。政府根据地区发展总体规划并不具有专向性地在适当区域内对落后地区提供的资助。条件是援助不限在该地区的特定企业或产业,对落后地区要有明确的界定和公正客观的标准。

(3)环保补贴。政府为改造现有设施使之适应由法律或法规所提出的新的环境保护要求。这些环境保护上的要求会对企业构成更大的限制和更重的负担。这些资助要符合有关规定,如这种资助不应超过调整或改造费用的20%等。

适用于上述(2)的补贴计划,应在执行之前通知补贴与反补贴措施委员会。

三、反补贴的救济措施

反补贴措施既适用于工业品,也适用于农产品,但符合《农业协议》要求的补贴除外。补贴是政府决定的结果,《补贴与反补贴措施协议》不仅管理可能针对补贴进口的产品采取的单边措施(即反补贴税),而且规定了控制使用补贴本身的多边纪律。因此,协议对补贴的救济措施,采用了双轨制的救济制度:第一是直接通过世界贸易组织争端解决机制得到救济;第二是通过本国反补贴措施的程序,采取征收反补贴税的办法得到救济。协议规定,争端解决程序与反补贴措施可以平行引用,即在程序上可以同时进行,但救济措施只能采取一种形式。

(一)通过世界贸易组织争端解决程序

不同类别的补贴会导致不同的贸易后果,因而协议规定通过世界贸易组织争端解决机制的救济措施也不同。

1. 对禁止性的补贴的救济方法和程序

一成员如果有理由认为另一成员正在实施禁止性的补贴,即可请求与实施补贴的成员进行磋商。若磋商不能达成双方同意的解决办法,则提交争端解决机构。争端解决机构可以迅速采取行动,如果发现补贴属于禁止范围,则被诉成员须立即取消此类补贴;若未在规定的期限内予以取消,起诉成员可以得到授权实行反措施。

对禁止的补贴的救济方法和程序包括:

(1)磋商。

(2)成立评审组。

(3)上诉。

(4)授权采取反措施。

(5)仲裁。

具体做法与世界贸易组织的争端解决规则与程序(详见本书第十二章"世界贸易组织的争端解决规则")相似,但时间限制为其规定时间的一半,除非本协议有专门规定的期限情况。

2. 对可诉的补贴的救济方法和程序

对可起诉的补贴的救济方法和程序包括:

(1)磋商。

(2)成立评审组。

(3)上诉。

(4)要求被诉成员消除不利影响或撤销补贴,如果被诉成员没有采取适当措施消除不利影响或撤销补贴,则授权采取反措施。

(5)仲裁。

可起诉的补贴的争端解决与禁止性的补贴的争端解决的方法和程序基本相似,但可起诉补贴的争端解决程序时间要长一些。

3. 对不可诉的补贴的救济措施

按照协议规定,成员实施不可起诉的补贴不违反世界贸易组织的原则,但为防止滥用,以致造成危害,协议也规定了通知、磋商、裁决和建议。若成员认为,一种不可起诉的补贴导致对其国内产业的严重不利影响,可以向反补贴措施委员会寻求对此问题的裁决和建议。反补贴措施委员会可建议实施补贴的成员修改补贴计划、消除影响,如果建议没有得到执行,可授权受损害的成员采取相应的反措施的救济方法。

协议规定,不可起诉补贴临时适用5年,实施期结束后未延长,意味着只要这些补贴存在专向性,并造成对另一成员的损害、利益丧失或减损或严重侵害,则其他成员就有权就此类措施通过反补贴措施或多边争端解决程序获得救济。

(二)通过反补贴税的程序

世界贸易组织成员除了通过世界贸易组织争端解决机制解决有关补贴争端外,也可以采取本国反补贴措施程序获得救济。反补贴措施是指进口成员主管机构根据国内相关产业的申请,对受补贴的进口产品进行反补贴调查,并采取征收反补贴税或承诺等方式,抵消进口产品所享受的补贴,恢复公平竞争,保护受到损害的国内产业。

协议规定了使用反补贴措施的规则和程序,它确立了反补贴案件的发起和政府当局调查的纪律,制定了证据规则以确保一切有关利害关系方都能提供信息和陈述理由。它与反倾销措施的有关规则和程序大体相似,只有一些不同,如发起反补贴调查必须邀请磋商,对微量的标准、忽略不计的标准规定不同,承诺的方式不同。程序如下:

当反补贴指控提出之后,进口成员主管机构即应通知出口成员立即举行磋商,以澄清事实、解决问题。而且在整个调查期间,出口成员主管机构亦有权与对方进行磋商,通过协议解决问题。

1. 申诉

申诉方要能代表国内有关产业(其产量总和占国内此产业生产总量的50%以上),并提供存在补贴和损害以及两者之间因果关系的充分证据。

2. 调查

进口成员主管机构对申诉书进行审查,认为可以或必须立案调查时,向所有利害关系的成员政府及其他有关方面做出通知,以使其提供书面证据。各方将有充分的机会表达自己的意见。

一旦主管机构证实没有充分证据表明补贴与损害之间存在联系,或补贴数额很少(不足从价的1%,发展中国家成员为2%)可以忽略不计,或补贴进口量(占进口总量不足3%;发展中国家成员为4%,合计不足9%)及损害很小,则应立即终止调查。在通常情况下,反补贴调查应在发起后12个月内结束,特殊情况下不得超过18个月。

若出现下列情况之一,可暂停或终止反补贴程序:(1)出口成员政府同意取消或限制补贴,或就补贴产生的影响采取其他相应措施;(2)出口商同意将价格调整至进口成员政府满意的水平。

3. 产业损害的确定

产业损害包括实质损害、实质损害威胁和实质阻碍相关产业的建立。确定是否存在实质损害时应考虑的因素是:补贴进口产品的数量、价格、对国内产业的影响,以及其他因素。协议要求在评估国内产业状况时考虑到一切有关的经济因素,并证实补贴进口与声称损害之间的因果关系。

4. 救济措施

进口成员主管机构经过立案调查,如最终确定了补贴的存在、补贴的金额、损害的存在以及受补贴产品的进口与损害之间存在因果关系,则可单方面决定对申诉产业提供救济。具体分为以下几种:临时措施、承诺、征收反补贴税(金额可相当于全额或部分补贴)、司法审议、追溯征税。除非有关当局根据审查情况认为取消反补贴税将会导致补贴和损害的继续或再现,一切反补贴措施必须在其实施后 5 年内终止。

对一项专向性补贴,尽管一个成员可同时通过争端解决程序和反补贴措施两个渠道寻求救济,但最终获得的救济措施只能是一个,即或通过世界贸易组织采取反措施,或通过国内反补贴措施,以加征反补贴税,此二者不可兼用。

四、发展中国家的特殊待遇

补贴可以在发展中国家成员的经济发展计划中发挥重要作用,因此,协议对发展中国家成员在补贴方面提供了特殊和差别待遇。此外,多哈部长级会议授权反补贴措施委员会根据本协议第 27 条第 4 款延长部分发展中国家成员的出口补贴。

(1)协议第 3 条第 1 款规定的禁止的补贴,即在法律上或事实上,以出口实绩作为补贴的唯一或多个条件之一,不适用于最不发达国家成员;8 年内(即 2003 年 1 月 1 日前)不适用于人均国民生产总值低于 1000 美元的发展中国家成员,但应循序渐进地逐步取消。

(2)协议第 3 条第 2 款规定的禁止的补贴,即将进口替代作为唯一或多种条件之一而提供的补贴,在 2000 年前不适用于发展中国家成员,在 2002 年前不适用于从中央计划经济向市场经济转型的国家成员,在 2003 年前不适用于最不发达国家成员。

(3)在任何特定产品上获得出口竞争能力的发展中国家成员应在世界贸易组织协议生效后两年内取消其给予该产品的补贴,但对附件 7 中提及的发展中国家成员则在 2003 年前逐步取消。某产品具有出口竞争力的标准是该国这类产品连续 2 年在世界贸易中取得 3.25% 的市场份额。

(4)对原产于发展中国家成员的产品进行反补贴调查,如果属于下列两种情况,应终止这种调查:对所涉产品的总体补贴未超过其单位价值的 2%;受补贴的进口产品占进口成员同类产品总进口量不足 4%,除非由多个进口比重少于 4% 的发展中国家成员构成的进口总量超过了进口成员该类产品进口总量的 9%。

五、机构与监督

协议规定,设立补贴与反补贴措施委员会监督协议的实施,并设立常设专家小组,根据争端解决机构评审组的要求,依据争端解决程序确定某一补贴是否属于被禁止的补贴。

六、《补贴与反补贴措施协议》的附件

本协议的 7 个附件,是协议不可分割部分。

附件 1 是《出口补贴清单》,列举了 12 项被禁止的补贴。

附件 2《关于生产过程投入物消耗的准则》,是关于投入(能源、燃料、生产用油等)是否消耗在出口产品生产过程的反补贴调查规则。

附件 3《关于确定替代退税制度为出口补贴的准则》,是关于替代退税制度的反补贴调查规则。

附件 4 是《从价补贴总额的计算》(第 6 条第 1 款 1 项)。
附件 5 是《搜集严重侵害的信息的程序》。
附件 6 是《根据第 12 条第 6 款进行实地调查的程序》。
附件 7 是《第 27 条第 2 款 1 项的发展中国家成员》。

七、反倾销与反补贴的区别

倾销和补贴既有许多相同之处,又有根本的区别。

(1)倾销是公司行为,补贴则是政府行为或政府机构的行为,政府或是直接支付补贴,或是要求公司补贴某些消费者。

(2)反倾销规则只规范政府针对倾销采取的行动;对于补贴,政府可在两方面采取行动,他们既提供补贴,又针对其他成员的补贴采取行动。因此,《补贴与反补贴措施协议》既规范补贴,又规范对补贴做出的反应。

(3)在调查程序上,开始反补贴调查前,进口成员应与出口成员进行磋商;而开始反倾销调查前没有进行磋商的义务。

(4)价格承诺的方式有所不同。反补贴中的价格承诺有两种形式:一是出口成员政府同意取消或限制补贴,或采取其他措施消除补贴的影响;二是出口商同意修改其出口价格,以消除补贴的有害影响。而在反倾销中的价格承诺不存在政府承诺的问题。

此外,对微量的标准规定不同,对忽略不计的标准规定不同。

第三节 保障措施协议

世界贸易组织的保障措施规则,应包括三大部分:一是《关贸总协定》第 19 条和《保障措施协议》,二是《关贸总协定》第 12 条与第 18 条,三是《农业协议》《纺织品和服装协议》中的特殊和过渡性保障措施条款。

世界贸易组织的《保障措施协议》(Agreement on Safeguards)是《关贸总协定》第 19 条及第 12 条的具体化,是乌拉圭回合谈判达成的新协议。它由前言和 14 条及 1 个附件(现已过时,失去意义)组成。主要内容有:总则、条件、调查、严重损害或严重损害威胁的确定、保障措施的实施、临时保障措施、保障措施的期限和审议、减让和其他义务的水平、发展中国家成员、先前存在的第 19 条措施、某些措施的禁止和取消、通知和磋商、监督、争端解决等条款。

《关贸总协定》第 12 条和第 18 条是有关"为保障国际收支而实施的限制"的保障措施条款。该条款规定:成员为保障本国国际收支平衡,保护国内市场可采取保护措施,但实施的进口限制不得超过:(1)为预防货币储备严重下降的威胁或制止货币储备严重下降所必需的程度;(2)对货币储备很低的国家,为了使储备合理增长所必需的程度。允许实施的保护措施有采用进口附加税或类似的价格机制措施。

《关贸总协定》第 19 条与第 12 条及第 18 条比较。第 19 条规定的行业性保护措施的目的是为了保护某一特定行业,而第 12 条及第 18 条规定的稳定国际收支平衡措施的目的是从整体上保护国民经济的发展。

《农业协议》有关于特殊保障措施的条款见第五章第一节,《纺织品和服装协议》有过渡性保障措施的条款见第五章第二节。

一、保障措施的定义

保障措施全称应为免受进口损害的保障措施,它是指某一成员因意外情况或承担《关税总协定》的关税减让义务,某一产品进口到该成员的数量(绝对或相对于该国内生产)不断大量增加,并对生产相似或直接竞争的产品的国内产业造成严重损害或严重损害威胁,该成员可在适当的时间和程度内对此产品全部或部分地暂停实施其所承担的义务,或者撤销或修改减让,以消除或者减轻这种损害或者损害的威胁。这是《关贸总协定》所允许的保护国内产业的重要措施,俗称"安全阀"。因此,出于某种特殊原因和正当理由,一成员可以经过世界贸易组织总理事会的准许,全部或部分暂时中止关贸总协定规定的某项义务。这种保障措施应是非歧视的,不分国别地适用于所有同类进口产品。保障措施的基本特性是:

(1)保障措施是对其他成员正当贸易行为而实施的。保障条款下的进口增加是其他成员享受关贸总协定规定的权利所致,是正当的。

(2)保障措施的非歧视性。保障措施是对造成国内同行业损害的所有进口产品而实施的,而不是针对特定的出口成员实施的。

(3)保障措施的实施须经必要的程序,并有产品范围、实施时间和实施程序的限制。

保障条款的作用主要是暂时免除一成员已承诺的关贸总协定义务,允许其对某产品的进口提高关税,实行配额等,以限制或减少进口,保护国内同类产品的生产。这种临时性保护最终为国内工业提供结构调整的时间和机会以重新参与竞争。

二、实施保障措施的条件

协议规定了成员实施保障措施必须满足3个条件:(1)某项产品的进口激增(包括绝对增长和相对增长);(2)进口激增是由于不可预见的情况和进口成员履行关贸总协定义务的结果;(3)进口激增对国内生产同类产品或直接竞争产品的产业造成了严重损害或严重损害威胁。

(一)进口数量不断大量增加

因不可预见的变化和履行关贸总协定义务而使某产品"进口数量不断大量增加"。采用保障措施最重要的前提就是进口数量激增,而不用考虑出口商的产品价格及成本这类反倾销措施中所必须考虑的要素。在判断增加的进口是否已经导致某一国内产业的严重损害或严重损害威胁时,成员的主管机构应评估所有有关该产业的那些客观及具有数量性质的因素,尤其是要从相对于过去进口量的实际增长和绝对增长,以及相对于国内生产的增长等方面评估该进口产品增加的速度与数量、增加的进口在国内市场所占的份额,评估销售水平、生产量、生产率、利润与亏损、生产力的利用以及就业的变化。

(二)严重损害与严重损害威胁

因进口增加而使国内同类产品或直接竞争性产品的生产者遭受严重损害或严重损害之威胁。协议明确规定了确定损害行为的标准。所谓"严重损害"是指对国内产业总体上的重大损害。保障条款的产业损害标准高于反倾销法与反补贴法中的产业损害标准——实质损害。这种"严重损害"使进口成员的产业处于非临时性的、极为困难或濒临破产的境地。"严重损害威胁"是指严重损害威胁显而易见,即将发生。对严重损害威胁的判定应基于事实,而不能凭指控、推测或极小的可能性,不是十分遥远的可能性及假设。

(三)进口与损害有因果关系

根据《保障措施协议》第7条规定,有关产品的进口增长与严重损害或其威胁之间应存在因果关系,当在同一时期,国内产业所受损害系由进口增长以外的其他因素所致,此类损害不得归咎于进口增长。与反倾销法或反补贴法相比,保障措施对进口增长同进口成员产业损害之间的因果关系要求更紧密。进口增长必须是产生严重损害的直接的重要原因。

三、保障措施的救济形式和实施

(一)保障措施的救济形式

《关贸总协定》第19条和《保障措施协议》都未明确规定增加关税为保障措施的方式,但根据《关贸总协定》的基本原则,增加关税或征收类似的额外费用应为保障措施首选方式。另外,在采取临时性保障措施时,则明确提出采取临时性保障措施的方式应为增加关税。保障措施还可采用数量限制和关税配额等方式。如果采用数量限制的方式,则该数量不应低于依统计最近3年平均进口的数量,除非有明确的正当理由认为有必要给予不同的数量,以防止或补救严重损害。如果对所有供应国的产品采用数量限制或进口配额分配的方式,采用该措施的成员必须就配额分配的份额与所有有重大利益的成员协商达成协议。在这种方式不可行的情况下,可以根据有重大利害关系的供应成员在过去有代表性阶段出口的比例来进行分配。

协议重申保障措施不能以歧视方式实施,禁止使用逃避多边控制的"灰色措施"。但是,作为非歧视原则的例外,协议第5条第2款第2项规定允许以某种歧视性方式分配配额,即在国内工业出现严重损害(而不仅是威胁)的情况下,在某些产品进口总额中,对占有进口额比例不相称的成员进行适当控制,通常称为"配额调整"。但进口成员应事先已在保障措施委员会的主持下,与有重大供应利益的成员进行磋商。配额调整必须满足下列条件:(1)在有代表性的时期内,来自某些成员的进口增长在该产品总进口增长中占有不相称的比例;(2)不按过去的进口情况分配配额的理由是正当的;(3)这种做法公平地适用于该产品的所有供应者。

(二)临时保障措施

保障措施不仅存在着一般情况,有时还存在临时保障措施的情况,依照初步裁定有清楚的证据表明增加的进口已经或正在导致严重损害或严重损害威胁,而且任何延迟都将导致难以弥补的损失的紧急情况下,就可以采取临时保障措施。临时保障措施应采取增加关税形式。若随后的详细调查不能证明存在严重损害或严重损害的威胁,则应立即返还加征的关税。临时保障措施的期限不应超过200天,并且期限应算作保障措施总的期限的一部分。临时保障措施不是每一保障措施的必经阶段,它只是一种特殊情况下才予采用的方式。

(三)补偿与报复

采取保障措施的成员应对受该措施影响的成员给予适当的贸易补偿,补偿的一般形式是降低一些对其他有关成员具有出口利益的产品关税。为此,进口成员必须与出口该产品具有重大利益的成员进行磋商。同时,受该措施损害的出口成员在30天内不能与采取措施的成员达成满意的解决办法的情况下,可以在该保障措施实施后90天内采取一定的报复措施,对其贸易中止实施货物贸易理事会不反对的、与1994年关贸总协定项下实质相等的减让和其他义务。然而,只要进口成员满足了下列条件,出口成员就不应在实施保障措施的头3年行使中止权:采取保障措施是进口绝对增长的结果;该保障措施符合《保障措施协议》的规定。

(四)保障措施的无歧视性

保障措施应适用于某一进口产品,而不管其来源。实施保障措施应无歧视性。即一成员如果采取保障措施,应依照最惠国待遇原则,在非歧视基础上适用于所有出口成员的同类产品,而不能带有选择性。

四、实施保障措施的期限

根据协议,实施保障措施的期限的原则是为达到下列目的所必须:防止或弥补进口增长而造成的严重损害;便利本国产业部门的调整。

(一)实施保障措施期限的一般规定

根据《关贸总协定》第19条的规定,应"在防止或纠正这种损害所必需的程度和时间内"采取相应措施,因此,实施保障措施不是永久性的,而是有期限的。如保障措施的形式为数量限制,并援用配额调整条款,则最长期限为4年;一般说来,实施保障措施的最初期限为4年。如果仍需继续救济受损害的产业或该产业正处在调整之中,也允许将期限继续延长,不过实施保障措施总的期限(包括临时措施)不应超过8年。

这个期限是针对一般国家而言,发展中国家具有一定的优惠,它可以将整个保障措施的期限再延长2年,即可以有10年的期限。

(二)保障措施限制的逐步放宽

保障措施虽有上述期限,但在其适用期间内应每隔一段时间放宽限制,倘若采取措施的期限超过3年,采取措施的成员应在中期阶段之前对此情形进行审议,并应在适当的情况下,撤销限制或加快放宽的步伐。对于被延长期限的措施,同首次限制期间的末期相比也应是比较放宽的限制措施,即递减性。协议规定无论采取何种措施,都应当在生效期内逐步减轻。

(三)保障措施的再次适用

同一进口产品一般不得被两次适用于保障措施,而且期限相同,除非第一次的保障措施与第二次的保障措施之间的不适用期限超过了两年。此外,如果保障措施的适用期只有180天或少于180天,则自实施保障措施之日起1年后可再次对同一产品适用保障措施,或者自保障措施实施之日起5年之内,未使用过两次保障措施,则亦可对同一进口产品再次实施保障措施。

五、实施保障措施的程序

实施保障措施前,要通知世界贸易组织、所有成员,并与有利害关系的成员协商。保障条款允许成员对某产品的进口提高关税、实行配额等,以限制或减少进口,保护国内同类产品的生产。受该措施影响的成员可对实施者对等地暂停实施减让及其他义务,以弥补损失。协议规定在确定损害程度时要有一套透明的、公开的程序。

(一)调查

保障措施协议规定了根据国内产业提出的采取保障措施的要求而开展调查的程序。成员只有经过公开调查后,方可采取保障措施。

(1)主管机构将调查下列情况:是否存在进口大量增长;是否存在严重损害或严重损害的威胁;进口增长和损害之间是否存在因果关系。

(2)在调查中,主管机构应向所有利害关系方给予合理的通知,举行公开听证会或是提供类似机会,使进口商、出口商以及有关利益方能够陈述证据、观点和看法,或批驳其观点。

(3)主管机构发表一份报告,详细分析做出此项决定的理由,公布调查结果和一切有关事实及法律问题的结论。

(二)通知

成员负有将对有关严重损害或其威胁及其产生原因发起调查、对进口增加引起的严重损害或其威胁进行裁决、对采取或延长保障措施做出决定等情况立即通知保障措施委员会的义务。

(三)磋商

拟采取或延长保障措施的成员应提供适当机会,与受该措施影响的成员进行事先磋商,对拟采取的措施交换意见并达成谅解。

六、禁止和取消"灰色区域"措施

"灰色区域"(简称"灰区")措施是指某些在《关贸总协定》基本法律原则的规定边缘以外的某些歧视性的贸易政策措施。这些"灰区"措施实际上是《关贸总协定》实施过程中因为监督措施不力造成的一些漏洞,即这些措施既不是合法的也不是非法的,而是绕过了《关贸总协定》的纪律和保障条款的约束。如进出口国家达成的"自动出口限制""有秩序的销售安排"或任何其他类似的措施(如某些发达国家成员绕开《关贸总协定》第19条的保障条款中"对某些产品进口的紧急限制措施"的规定)等,随意采用对某些产品的进口限制,而受害者往往是发展中国家成员。

协议规定采取保障措施应取消与禁止"灰色区域"措施,成员应按照《关贸总协定》第19条的规定对特定产品的进口采取紧急限制措施,成员不应采取或保持任何"自动出口限制"(VERS)"有秩序的销售安排"(OMAS)或其他任何对出口或进口成员所采取的类似措施。这些措施不仅包括单一成员所实行的,也包括两个或更多的成员按照协议、市场安排、谅解所实行的措施。任何正在生效的这种措施在《建立世界贸易组织的协议》生效之时,都应与《保障措施协议》相一致,或者依照《保障措施协议》的规定予以逐步取消。取消"灰色区域"措施的时间表分别为:对于所有上述措施的一般取消期限不应超过在《建立世界贸易组织的协议》生效后的4年;但允许每个国家在特殊情况下可享有一项"特殊照顾"的例外规定(如欧洲联盟与日本之间的汽车自限协议)。这种例外规定可最迟延续到1999年12月31日。所有"灰色区域"措施予以逐步取消的期限都应按照所涉成员向保障措施委员会递交的时间表予以执行。该时间表应在《建立世界贸易组织的协议》生效后180天内递交。

另外,成员不应鼓励或支持私营与公营企业所采取的非政府间的"灰色区域"措施。

七、对发展中国家成员的优惠措施

在适用保障措施方面,发展中国家成员有一定的优惠。如果来自某一发展中国家成员的产品在该进口成员对这类产品的进口总量中所占份额不超过3%,则进口成员不得对该发展中国家成员的产品适用保障措施。但是,如果来自不同的发展中国家成员的进口产品(每个成员的份额都低于3%)的总额超过进口成员进口总量的9%,则进口成员可以采取保障措施。

八、监督与争端的解决

协议规定建立一个货物贸易理事会下属的保障措施委员会。保障措施委员会主要有以下职责:应将《保障措施协议》执行情况每年向货物贸易理事会进行报告,对执行情况进行监督并提出建议;根据受影响成员的请求,调查某一保障措施的实施是否遵守协议的程序性要求,并向货物贸易理事会报告调查结果;应成员的请求,对成员进行的磋商提供协助;应采取保障措施成员的请求,审查中止减让或其他义务的提议是否实质上相当,并向货物贸易理事会报告;监督"灰色区域措施"的取消程序,并向货物贸易理事会报告;接收并审查协议规定的所有通知。

对因采取保障措施所引起的争端,应依《保障措施协议》规定由争端解决机构按《关于争端解决规则与程序的谅解》予以解决。

反倾销、反补贴措施是针对不公平贸易条件下(价格歧视)进口的产品采取的措施,而保障措施是针对在公平贸易条件下(进口激增)的进口产品采取的措施。虽然都是保护国内产业的措施,但性质是不同的。反倾销、反补贴和保障措施过去只适用于《关贸总协定》,即货物贸易,现在反补贴和保障措施已开始运用到服务贸易,今后可能会逐步运用到知识产权贸易。它们是世界贸易组织允许的保护国内产业的重要救济措施,是世界贸易组织的例外条款。世界贸易组织的成员将按上述三项协议制定或修改本国的相关法律。这三项协议将是各成员采取反倾销、反补贴和保障措施的指导原则。

第七章 规范特定货物的贸易规则

由于历史和主要发达国家成员的原因,农产品一直未作为关贸总协定谈判的主要议题,而关贸总协定达成的《国际纺织品贸易协定》是诸边贸易协定,并且违背关贸总协定基本原则。为此,乌拉圭回合就这两个特定贸易领域进行谈判,达成了《农业协议》和《纺织品与服装协议》。《农业协议》修正了《关贸总协定》的有关条款,《纺织品与服装协议》则使纺织品与服装贸易逐步回归到关贸总协定体制,而世界贸易组织成立后达成的《信息技术产品协议》却把与信息技术有关的产品贸易推向自由化的前沿。

此外,有些贸易领域世界贸易组织成员尚未达成共识,未列入多边贸易谈判的范围,仅一些成员经过谈判达成了诸边贸易协议(Plurilateral Trade Agreements)。诸边贸易协议与多边贸易协议不同,世界贸易组织成员并无强制性义务加入这些协议,只在接受并签字的成员方之间生效,故称为"诸边贸易协议"或"次多边贸易协议",以区别于多边贸易协议。这种协议不构成世界贸易组织的整体权利与义务框架的组成部分,具有相对独立性。但在条件成熟时,诸边贸易协议将转变为多边贸易协议,或纳入多边贸易框架。

第一节 农业协议

1947年关贸总协定生效后的几十年中,允许关贸总协定缔约方针对农产品进口维持更多的保护,可以对农产品出口提供范围广泛的补贴,数量限制被广泛采用,世界农产品贸易受到限制和扭曲。各缔约方对影响农产品贸易规则的确切含义不能达成一致,导致争端频繁发生。在乌拉圭回合谈判中,农产品贸易问题首次被列入关贸总协定谈判中。由于农产品对发展中国家的出口利益关系重大,在关贸总协定的多边贸易谈判中,取消农产品的贸易壁垒受到关注,谈判困难重重。乌拉圭回合达成《农业协议》,所有世界贸易组织成员都承诺进行长期的农业改革,使农产品贸易更加公平和逐步自由化。

乌拉圭回合谈判达成的《农业协议》树立了一个长期目标,即建立有关公平的、以市场为导向的农产品贸易体制以便最终纠正和防止世界农产品市场中存在的种种限制和扭曲现象。

一、农业规则概述

与农业有关的规则由《农业协议》《马拉喀什议定书》所附国别减让表关于农产品的承诺、《关于改革计划对最不发达国家成员和粮食净进口发展中国家成员可能产生的消极影响的措施的决定》和《实施卫生和植物卫生措施协议》等文件组成。它把农产品贸易逐步纳入世界贸易组织多边贸易体制中。农业协议的主要内容如下:

(一)《农业协议》的主要条款

《农业协议》(Agreement on Agriculture)由前言和十三部分共21条及5个附件组成。它包括产品范围、减让及承诺的并入、市场准入、特殊保障条款、国内支持承诺、国内支持的一般纪律、出口竞争承诺、出口补贴承诺、防止规避出口补贴承诺、加工产品、出口禁止和限制的纪律、适当的克制、卫生与植物卫生措施、特殊和差别待遇、最不发达国家成员和粮食净进口发展中国家成员、农业委员会、对承诺执行情况的审议、磋商和争端解决、改革进程的继续、术语定义以及最后条款。其中,第八部分"卫生与植物卫生措施"有单独的协议——《实施卫生与植物卫生措施协议》,第十部分"最不发达国家成员和粮食净进口发展中国家成员"有《关于改革计划对最不发达国家成员和粮食净进口发展中国家成员可能产生消极影响的措施的决定》,将专门介绍。协议的主要内容为对农产品政策三个领域的规定:市场准入、国内支持和出口补贴。

《农业协议》允许各成员政府对农业给予支持,但最好是采取那些对农产品贸易扭曲程度小的政策。协议还允许在实施承诺的方式上可以有一些灵活性。发展中国家成员削减补贴和降低关税的程度不必等同于发达国家成员,发展中国家成员被给予更多的时间完成义务。针对粮食供应依赖进口的国家和最不发达国家成员的利益,协议作了特殊规定。

《农业协议》为农产品贸易和国内政策的改革提供了规则框架,这标志着世界农产品贸易朝着更大的市场导向迈出了决定性的一步。协议规定在市场准入方面非关税保护将由关税取代,其实质保护和程序相同,它强化了农产品贸易规则,为农产品进出口及农业发展带来更大的可预见性和稳定性。协议还处理了对许多成员具有重要政治和经济意义的问题,包括在农业保护方面使用贸易扭曲性最小的国内支持政策;允许采取旨在减缓调整负担的行动;允许在执行承诺方面拥有一定的灵活性。

(二)《农业协议》的基本目标与原则

《农业协议》的基本目标与原则是:(1)建立一个公正的以市场导向为目标的农产品贸易体系,并涉及应当通过在国内支持和保护方面的承诺谈判来建立起强有力的、在操作上更为有效的规则来推动农产品贸易体系改革工作。(2)农产品贸易体系改革的长期目标是从根本上逐步实现减少现存的农业补贴额和保护,最终纠正和防止世界农产品市场中存在的种种限制和扭曲现象。(3)在实施市场准入承诺时,发达国家成员应考虑到发展中国家成员的特殊需要和条件,特别是对发展中国家成员具有特殊利益的农产品的准入条件和机会(如热带农产品等)。(4)在承诺中考虑到非贸易关注问题(包括粮食的安全和环保需要、给予发展中国家成员的特殊待遇和差别待遇),并考虑对最不发达国家与粮食净进口国实行改革计划可能产生的负面效应。

(三)《农业协议》包括的产品范围

《农业协议》涉及的农产品范围在该协议的附件1规定为:

(1) 协调制度编码(HS)第1章至第24章除去鱼及鱼产品

(2) 协调制度编码(HS)2905.43(甘露糖醇)

协调制度品目　2905.44(山梨醇)

协调制度品目　33.01(精油)

协调制度品目　35.01—35.05(蛋白类物质、改性淀粉、胶)

协调制度品目　3809.10(整理剂)

协调制度品目　3823.06(2905.44以外的山梨醇)

协调制度品目　41.01—41.03(生皮)

协调制度品目　43.01(生毛皮)

协调制度品目　50.01—50.03(生丝和废丝)

协调制度品目　51.01—51.03（羊毛和动物毛）
协调制度品目　52.01—52.03（原棉、废棉和已梳棉）
协调制度品目　53.01（生亚麻）
协调制度品目　53.02（生大麻）

二、市场准入承诺

《农业协议》规定通过将非关税措施关税化并禁止使用新的非关税壁垒、关税减让承诺、最低市场准入以及建立特殊保障机制等措施促进农产品贸易自由化的实现。

协议规定，以1986年至1988年的平均关税水平为减让基期，从1995年开始分年度实施，发达国家成员实施期6年，发展中国家成员为10年。具体规定主要是：

（一）非关税措施的关税化

《农业协议》最重要的方面是建立了一套新规则。这些规则要求各成员取消非关税措施，即通过关税化取消原有的非关税措施。方式为：无论发达国家成员还是发展中国家成员，先将非关税壁垒按规定计算出这些措施的"等值关税"，将非关税转化为关税，然后再将计算出的等值关税加到现行普通关税税率上，构成混合关税。关税等值用来制定进口的从量税或从价税（即建立相应的关税）。协议仅在某种条件（包括扩大市场准入及承诺）下，允许推迟关税化进程。

关税化政策范围应包括所有正常关税以外的措施，如进口数量限制、差价税、最低进口价格、国有贸易企业实行的非关税措施、进口许可证、自动出口配额制等。

关税等值的计算方法是：某种农产品的关税等值（使用了非关税措施）＝该产品的国内市场平均价格－该产品或相近产品的国际市场平均价格；农产品加工品的关税等值一般＝农产品原料的关税等值×农产品原料占农产品加工品的比重。

（二）约束关税并进行减让

（1）约束全部关税。协议规定对农产品的普通关税和关税化后的关税全部进行约束。

（2）减让承诺。协议规定，现行关税和关税化后征收的新关税，在约束的基础上按一定的百分比进行进一步减让，并在10年内（2004年）逐步降低到零关税或低关税水平。最不发达国家成员不承担任何义务。协议规定：按简单算术平均计算以1986～1988年的平均水平为基础，发达国家成员在1995～2000年内削减36％，发展中国家成员在1995～2004年内削减24％的普通关税及关税化后的关税；对每一单项产品的减让幅度，发达国家成员至少削减15％，发展中国家成员削减10％。

（三）以关税配额的方式承诺现行准入和最低准入量

由于关税化使农产品的关税高达100％以上，有的达到200％～300％，为了确保这些产品的进口不受关税化之后形成的更高关税的影响，进口成员通过建立"关税配额"，承担现行准入承诺，以保障现行农产品进口仍以较低的关税进口。根据这一承诺，配额准入量内的进口缴纳低税率，超过配额准入量的进口则需缴纳较高的税率。关税化形成的高关税适用于配额外的进口。同时规定配额准入量不应低于最近三年的平均进口量。

最低市场准入量指对那些过去因高度限制没有进口或很少进口的农产品，各成员必需作出最低市场准入机会承诺，以扩大农产品的进口量，促进农产品贸易自由化。实施最低市场准入条件是以1986～1988年为基期，在该时期内，（1）属于必须进行关税化的农产品，当基期的进口不足国内消费量的5%时,则该成员应承诺建立最低进口准入机会。在协议实施期间的第1年为3%,到结束时应扩大到5%,作为关税配额,以便各成员必须进口一小部分其限制最严的产品。(2)最低市场准入的实施通过关税配额来进行,亦即为确保能满足最低准入机会,最低准入承诺的进口数量应享受较低的或最低的关税,而超过该进口量的任何进口则应征收关税化后的关税。(3)如果某成员的某种农产品(须进行关税化的产品)在基期的进口已超过其国内消费量的5%时,该成员应维持已经存在的市场准入机会。最低市场准入,保证了所有农产品都有贸易机会。

(四)特殊保障条款

协议对需要进行关税化的农产品建立了一个特殊保障机制,允许该成员对进口的突然增加或价格下跌做出相应的反应。特殊保障通过价格与数量"触发器"来实施。

(1)进口数量触发:当农产品某年的进口数量超过前3年进口量的平均水平(即触发水平根据该进口成员的进口量占消费量的比例确定),则该成员可动用此特殊保障条款;

(2)价格触发:当进口产品价格下降且低于1986~1988年进口参考价格平均水平的10%时可动用特殊保障条款。

在"关税化"商品情况下,如进口价格(以本币表示)或进口数量触发,可以根据"特殊保障"的条款征收附加税。为了处理特别敏感产品的关税问题,协议规定了"特别待遇",允许成员在某些严格限定的条件下将进口限制保留到执行期结束。总的来说,要使用关税配额来完成这些义务。必须关税化的产品可以根据数量和价格而得到特殊保护。

三、国内支持减让承诺

《农业协议》的国内支持是指有利于农产品生产者的国内支持措施。为消除许多国家的国内农产品支持政策对农产品市场产生不利影响,《农业协议》把国内支持措施分成两类,对不同的国内支持措施进行分类处理,区别对待。一类是会对贸易产生扭曲作用的政策,叫"黄箱措施"(Amber Box Measures)。"黄箱措施"被谈判各方用综合支持量来进行数量表示,协议规定必须加以限制。另一类是不会引起贸易扭曲作用的政策,称为"绿箱措施"(Green Box Measwres)。"绿箱措施"则免于减让承诺。

(一)综合支持量

综合支持量(Aggregate Measurement of Support,简称 AMS)按《农业协议》的定义,是用来衡量为支持国内农产品生产者而提供给某种农产品,或为支持广大农业生产者而提供给非特定农产品的年支持水平(即"黄箱"补贴的大小)的技术指标,一般用货币单位表示。换句话说,即包括以具体产品或非具体产品为基础的不享受免责待遇的一切支持。

(二)需要减让承诺的国内支持措施

《农业协议》规定,对那些对生产和贸易产生扭曲作用的国内支持措施,又称为"黄箱措施",需要减让承诺。国内支持减让承诺的政策范围包括:(1)价格支持;(2)营销贷款;(3)种植面积补贴;(4)牲畜数量补贴;(5)种子、肥料、灌溉等投入补贴;(6)某些有补贴的贷款计划。协议要求各成员用综合支持量来计算其措施的货币价值,并以此为尺度,逐步予以削减。综合支持量必须涵盖1986~1988年平均水平,并从1995年开始,在6年内发达国家成员逐步削减20%,发展中国家成员10年内削减13%,最不发达国家不需要削减。

(三)免除减让但需要约束的国内支持措施

在"黄箱"措施中,如果某些条件得到满足,也不需要削减,但要约束:

1."蓝箱措施"

农业协议第6条第5款规定,一些与生产限制计划相联系的直接支付的"黄箱措施"支持,被称为"蓝箱"的特殊措施,可得到免除减让。其条件是必须满足下列要求之一:(1)按固定面积或者产量提供的补贴;(2)根据基期生产水平85%以下所提供的补贴;(3)按牲口的固定头数所提供的补贴。

2.微量(De Minimis)支持措施

农业协议第6条第4款规定,在计算某一特定农产品综合支持量时,如果计算结果不超过该产品生产总值的5%(发展中国家成员为10%),则计算结果不必计入综合支持总量中;或者,在计算非特定农产品的综合支持量时,如果其计算结果不超过全部农业生产总值的5%(发展中国家成员为10%),也不必将其计入综合支持总量中,符合这些标准的国内支持计划不受削减承诺的约束。因此,这种微量支持又称为最低减让标准。最低减让标准构成了"黄箱"措施中对特定农产品或非特定农产品支持的"上限",超过5%或10%"上限"的"黄箱"措施支持必须进行削减,低于这个"上限"的黄箱政策支持可免除削减,并可以提高到这一水平。

3."特殊和差别待遇条款"(Special and Differential Treatment Provisions,简称S&D)

农业协议第6条第2款规定:在政府为鼓励农业和农村发展所提供的直接或间接的援助措施中,将发展中国家成员的一些发展计划也列入免予减让的范围:如(1)发展中国家成员可以普遍获得的投资补贴;(2)发展中国家成员中低收入或资源贫乏的生产者可以普遍获得的农业投入补贴;(3)鼓励发展中国家成员生产者不生产违禁麻醉作物而提供的支持。

(四)不需要减让承诺的国内支持措施

《农业协议》规定的对贸易影响最小的措施,被称为"绿箱措施",是指政府执行某些农业计划时,其费用由纳税人负担而不是从消费者中转移而来,且对生产者没有影响的农业支持措施。这些措施主要包括:(1)政府一般性服务,如研究、病虫害防治、培训、推广与咨询服务、检验、市场促销、基础设施服务等;(2)由于粮食安全原因的公共存储所需费用;(3)与生产不挂钩的直接收入支持;(4)国内粮食援助;(5)农业结构调整援助,如生产者退休计划,资源休作项目及投资援助;(6)作物保险与收入安全计划;(7)自然灾害救济;(8)环境或储备计划;(9)区域援助计划下的直接支付。"绿箱政策"不在削减范围。

四、出口竞争承诺

在出口竞争承诺方面,协议规定,在数量上和金额上对农产品出口补贴进行削减和约束。

(一)出口补贴的范围

农业协议第9条的规定不禁止原有的农产品的出口补贴,但要进行削减,应控制补贴的扩大,如果在基期没有对某种农产品进行出口补贴,则禁止该成员将来对这种农产品出口进行补贴。农产品出口补贴包括:

(1)对出口商及生产者按出口实绩给予的直接补贴。

(2)政府以低于国内市场同类产品的价格出口或处理库存,即非商业储备的出口补贴。

(3) 政府通过公共账户等措施(包括用农产品税收等方式)来资助出口。

(4) 为降低出口产品营销和国际运输成本而提供的补贴(此条不适用于发展中国家成员)。

(5) 政府提供或授权的出口装运货物的国内运费,其条件优于国内货物的装运(此条不适用于发展中国家成员)。

(6) 视出口产品所含农产品比例而对农产品提供补贴。

符合下列条件的补贴,可免除削减义务:

(1) 需要进行削减的补贴,有关承诺列在各成员减让表第四部分第2节中。

(2) 发展中国家成员实施补贴,符合该协议规定的优惠发展中国家的特殊和差别待遇。

(3) 超出各成员减让表规定限度的出口补贴的支出或补贴出口产品的数量,但超出的量需要符合该协议"后阶段灵活性"规定。

(4) 不进行削减的出口补贴,条件是符合该协议规定的反规避规定。

(二) 出口补贴减让承诺

《农业协议》规定,出口补贴减让以具体产品为基础的数量及价值削减为减让承诺方式。

(1) 数量减让:以1986~1990年的平均水平为基准,发达国家成员在6年内享有补贴的出口产品数量减少21%,发展中国家成员10年内减少14%。

(2) 价值减让:出口补贴的预算支出必须在1986~1990年的基础上,发达国家成员在6年内减少36%,发展中国家成员在10年内削减24%。

(3) 最不发达国家成员不需要进行任何削减。

(4) 协议要求数量与预算支出减让以1986~1990年平均水平为基础每年等量减让,或者在某些出口补贴已经增加的条件下,以1991~1992年的平均水平为基础。

(三) 防止规避出口补贴承诺

(1) 未列入削减的出口补贴承诺不得以产生或导致规避出口补贴承诺的方式实施;也不得使用非商业性交易方式以规避此类承诺。

(2) 成员应根据国际议定的纪律管理提供出口信贷、出口信贷担保或保险计划,防止规避出口补贴承诺。

(3) 国际粮食援助应与对受援国的农产品商业交易无直接或间接的联系。

(四) 出口禁止和限制的纪律

成员禁止或限制粮食出口,应考虑该措施对进口成员粮食安全的影响,并应通知农业委员会,但不得适用于发展中国家成员。

归纳起来,根据《农业协议》,农产品的关税、国内支持、出口补贴等保护的削减如表7.1:

表7.1　农产品关税、国内支持和出口补贴削减比例一览表

	发达国家成员 (6年:1995~2000年)	发展中国家成员 (10年:1995~2004年)
关税		
——全部农产品平均削减	36%	24%
——每项产品最低削减	15%	10%
国内支持		
——部门综合支持总量削减	20%	13%
(基期:1986~1988年)		
出口补贴		
——补贴额削减	36%	24%
——补贴量削减	21%	14%
(基期:1986~1990年)		

五、农业协议的"和平条款"

《农业协议》有一个特别的条款,即第七部分(第13条)"适当的克制",又称为"和平条款"。该条规定,不能对被允许的措施("绿箱政策"以及"微量"支持措施等)采取反补贴措施;对于需要削减的国内支持和符合协议规定而保持的出口补贴,只能在被认定正在造成或威胁造成损害后才能采取反补贴措施;在行使关贸总协定反补贴权利时采取适当的克制;"损害或丧失利益行动"在一定的限度内适用。所谓"和平条款"是针对符合该协议要求的国内支持措施和出口补贴采取行动的权利,即在协议实施期(9年期间)内不以诸如在第三国市场上造成严重损害,或非违章丧失和损失为由,对完全符合削减义务其他标准的国内支持措施和出口补贴提出质疑。它是对《补贴与反补贴措施协议》部分规则的有时限的例外。

六、其他规定

(一)机构与审议

协议规定成立一个农业委员会负责监督、审议协议的执行、各成员承诺的进展情况,以及《关于改革计划对最不发达国家成员和粮食净进口发展中国家成员可能产生消极影响的措施的决定》的后续工作。

(二)关于农产品贸易继续改革的规定

考虑到实现农业改革的长期目标——实质性逐步削减支持和保护,是一个持续的过程,协议规定,在承诺实施期结束前1年,世界贸易组织成员应开始新的谈判,以继续农产品国际贸易改革进程。

(三)磋商与争端解决

农业协议项下的磋商与争端解决适用《关于争端解决规则与程序的谅解》。

七、《农业协议》的附件

《农业协议》有 5 个附件：

附件 1 为产品范围。

附件 2、附件 3、附件 4 为国内支持的具体规定（免除削减承诺的基础、综合支持量的计算、支持等量的计算）。

附件 5《在第四条第 2 款的特别处理》是对《农业协议》在市场准入、国内支持和出口补贴方面做出的具体规定。

八、《关于改革计划对最不发达国家成员和粮食净进口发展中国家成员可能产生消极影响的措施的决定》

《关于改革计划对最不发达国家和粮食净进口发展中国家成员可能产生消极影响的措施的决定》共 6 项，它是《农业协议》第十部分的具体化。它对《农业协议》中因将农产品贸易纳入关贸总协定体制的改革而给最不发达国家成员和粮食净进口发展中国家成员带来的不利影响而采取具体措施的规定。严重依赖来自主要工业化国家的廉价和补贴的农产品进口的发展中国家成员担心，供应成员减少对农业生产和出口补贴，可能会导致世界粮食价格的上涨，从而恶化其经济环境，需要暂时的援助来进行必要的调整，以应付高价格的进口食品。《决定》涉及处理粮食援助、提供技术与资金援助、农产品出口信贷等农业发展援助问题。《决定》保证基本粮食援助比例的增加部分是以赠予的形式或优惠的条件提供的；在援助计划中，充分考虑技术和财政援助，以帮助最不发达国家成员和粮食净进口发展中国家成员发展农业生产力和基础设施；在农产品出口信贷中给予差别优惠待遇，并利用国际金融机构的资源，以解决他们在商业进口融资方面可能遇到的短期困难。

此项决定由农业委员会负责监督其后续工作，并将由部长级会议进行审议。

第二节 纺织品与服装协议

长期以来，纺织品贸易作为一种特殊的贸易体制，游离于关贸总协定体制之外，背离《关贸总协定》的基本原则。1974 年，进口纺织品的发达国家缔约方利用关贸总协定主持制定了《多种纤维协定》（又称为《国际纺织品贸易协定》），为期 4 年，后 3 次延长，第 4 个协定于 1986 年 8 月签订，为期 5 年，应于 1991 年 7 月到期，有 54 个纺织品进出口国家和地区参加。主要涉及棉织品、毛麻、丝、化纤织物等。《多种纤维协定》作为国际纺织品贸易管理的一种补救措施，进出口国在《多种纤维协定》下，谈判达成纺织品贸易配额和年度增长率协议。根据《多种纤维协定》的规定，其目标是为了扩大纺织品贸易，减少贸易障碍，逐步实现世界纺织品贸易自由化，并防止对进口国市场的破坏，但实际上，该协定是对来自发展中国家的纺织品实行歧视性的进口数量限制。乌拉圭回合谈判达成的《纺织品与服装协议》在 1995 年取代该协定，作为过渡，过渡期自世界贸易组织成立之日开始，在 10 年内分 4 个阶段进行。《纺织品与服装协议》在 2005 年 1 月 1 日废止，世界纺织品和服装贸易全部回归到关贸总协定规则内。

《纺织品与服装协议》（Agreement on Textiles and Clothing，缩写 ATC）由序言和 9 条及 1 个附件（《本协议适用的产品清单》）组成，主要包括适用产品范围、分阶段取消配额限制、过渡性保障措施,非法转口处理、设立纺织品监督机构等。此外,为分阶段实施《纺织品与服装协议》,部长级会议做出了《关于根据〈纺织品与服装协议〉第二条第6款通知第一阶段一体化的决定》。本协议旨在根据强化了的关贸总协定规则和纪律,制定能使这一部门最终纳入关贸总协定的方式,从而有助于实现贸易进一步自由化的目标。协议规定了整个纺织品部门逐步回归到关贸总协定原则上来的一体化措施、方式、程序、期限等,最终消除与《关贸总协定》原则不一致的《多种纤维协定》和其他对纺织品和服装贸易的限制。它是在关贸总协定的诸边贸易协议《多种纤维协定》的基础上制定的。

第三节 信息技术产品协议

《信息技术产品协议》是世界贸易组织成立后新达成的协议。它由世界贸易组织成员和申请加入国或单独关税区自愿参加,但参加方在《信息技术产品协议》承担的义务是在最惠国待遇基础上实施的,因此所有其他世界贸易组织成员均可获得好处。在参加主体上,它类似于诸边贸易协议,在适用对象上,则与多边贸易协议相同,可称为"次多边贸易协议"。到多哈回合谈判结束时该协议可能完全纳入多边贸易规则框架中去。

1996年12月9日至13日,世界贸易组织在新加坡召开第一次部长级会议。会议期间,29个国家和单独关税区签署了《关于信息技术产品贸易的部长级会议宣言》,即《信息技术产品协议》。宣布协议开放到1997年4月1日供各成员和申请加入世贸的观察员签署加入,必须达到有占世界信息技术产品贸易约90%的参加方接受才生效。1997年3月26日,在美国和欧盟的极力推动下,共有40个国家和地区宣布加入《信息技术产品协议》,他们的信息技术产品贸易额超过了全球信息技术产品贸易额的90%,因此该协议于1997年4月1日生效。由于《信息技术产品协议》无法获得世界贸易组织的全体成员的支持,不得不采用类似于诸边协议的方式,仅适用于签字方,未实现多边化实施该协议,并给签字方保留敏感项目及较长期减让时期的灵活性。协议生效后,世界贸易组织成立了"信息技术产品协议委员会"。

一、《信息技术产品协议》的主要内容

《信息技术产品协议》(Information Technology Agreement,简称ITA)包括序言、4个条款及1个附件组成。考虑到信息技术产品贸易在信息产业发展及全球经济强劲增长中的重要作用,序言阐明了协议的宗旨是:提高社会水平及扩大商品生产和贸易的目标,实现信息技术产品全球贸易的最大自由化,鼓励世界范围内信息技术产业的不断技术进步。4个条款规定了信息技术产品的范围、关税及其他税费削减、实施期以及扩大产品范围的进一步谈判等内容。附件是模式及产品范围,包括附表A:协调制度税则号清单和附表B:产品清单。

二、《信息技术产品协议》的基本原则

《信息技术产品协议》只是一个关税削减机制。虽然协议也规定要审议非关税壁垒,但不需要做出约束承诺。成为《信息技术产品协议》参加方,必须遵守四条原则:第一,承诺必须涵盖协议所列全部产品,对于产品范围不存在例外,但对于敏感产品,可以延长降税实施期,但必须削减至零关税;第二,所有产品必须削减至零关税;第三,其他税费必须约束在零;第四,参加方削减关税及其他税费的措施并入《1994年关贸总协定》所附各自减让表中,

在《信息技术产品协议》承担的义务在最惠国待遇基础上实施,参加方削减信息技术产品进口关税的措施也适用于世界贸易组织其他所有成员。换言之,尚未参加该协议的世界贸易组织其他成员只享受权利(免费搭车者的好处)不承担义务。这是与诸边贸易协议不同之处。

三、适用产品范围

协议的附件包含2个附表,附表A列出所涉协调编码制度税则号或部分分税号,分为两节:第1节:计算机等产品;第2节:半导体生产和测试设备及零部件。附表B为无法按协调制度分类的新产品清单,只对具体产品进行了描述,各参加方根据产品描述确定这些产品各自的编码,无论在协调制度中如何归类。信息技术产品协议涉及的产品很广泛,约300多个税号,主要集中在协调编码制第84章、第85章和第90章,个别产品在第38章、第68章和第70章。主要包括以下几类:

(1)计算机及软件:计算机系统、笔记本电脑、中央处理器、键盘、打印机、显示器、扫描仪、硬盘驱动器、电源等部件;以磁盘、磁带或只读光盘等为介质。

(2)电讯产品:电话机、可视电话、传真机、电话交换机、调制解调器、送受话器、应答机、广播电视传输接收设备、寻呼机等。

(3)半导体、半导体生产设备:各种型号和容量的芯片及晶片;包括多种生产半导体的设备和测试仪器,如蒸汽析出装置、旋转式甩干机、激光切割机、锯床及切片机、离心机、注射机、烘箱及加热炉、离子注入机、显微镜、检测仪器,以及上述产品的零部件和附件。

(4)科学仪器:测量和检测仪器、分色仪、分光仪光学射线设备及电泳设备等。

(5)其他产品:文字处理机、计算器、现金出纳机、自动提款机、静止式变压器、显示板、电容器、电阻器、印刷电路、电子开关、连接装置、电导体、光缆、复印设备、计算机网络(局域网、广域网设备)、液晶显示屏、绘图仪、多媒体开发工具等。

四、实施期

协议规定从1997年开始到2000年,分四个阶段,每个阶段下调进口关税25%,最终将信息技术产品进口关税降为零。

2000年发达国家参加方的信息技术产品已实行零关税,发展中国家参加方可以延长关税减让实施期,最长至2005年1月1日,但按四个阶段均等削减至零。目前,全球97%以上的信息技术产品实现自由贸易。

对信息技术产品的关税减让,由于各参加方的发展情况不同,因此他们选择的产品在数量上和部门范围上也不相同,有的参加方在其他税费与非关税措施未作承诺,都想通过更长的实施期,为各自目前一些相对落后的产业部门提供较为充裕的发展时间。

第四节 诸边贸易协议

乌拉圭回合多边贸易谈判在货物贸易领域除达成《1994年关贸总协定》及其各项配套协议外,还保留了《1947年关贸总协定》东京回合多边贸易谈判时达成的4个诸边贸易协议,即政府采购协议、国际奶制品协议、国际牛肉协议、民用航空器贸易协议,并且对这些协议作了修改补充。但《国际奶制品协议》和《国际牛肉协议》因参加方太少,协议无法履行而于1997年底废止,两协议的职能由世界贸易组织农业委员会和卫生与植物卫生措施委员会承担。今后可能还会达成一些此类协议,只要世界贸易组织部长级会议同意,如竞争协议等。

一、政府采购协议

政府采购是指政府或其代理人作为消费者为其本身消费而不是为商业转售所进行的采购行为。当前世界市场上,大多数国家政府和代理人成为各种货物的最大买主。其采购额每年已达数千亿美元,约占世界贸易额的10%以上。许多国家政府或代理人在采购中,通过优先、优惠价格和采购条件,给本国的供应商以优惠待遇,通过法律和行政命令对其他国家的低价产品进口进行限制。采购活动在本国与外国商品及供应商之间实施差别待遇。这已成为一种非关税壁垒,阻碍了国际贸易的发展。

为了解决政府采购对贸易的限制性和破坏性影响,乌拉圭回合对政府采购协议进行谈判。政府采购规则由修改后的东京回合《政府采购协议》和《关于加入政府采购协议的决定》两个文件构成。

《政府采购协议》(Agreement on Government Procurement,缩写 GPA)由前言和24条及4个附录组成,是各参加方对外开放政府采购市场,以实现政府采购国际化和自由化的法律文件。主要内容包括:范围、合同估价、国民待遇和非歧视、原产地规则、发展中国家的特殊与差别待遇、技术规格、招标程序、供应商资格、透明度、实体与参加方义务的信息和审议、异议程序、机构、磋商与争端解决、例外及最后条款等。

协议包括两部分:一般规则和义务,以及根据本协议各参加方中央政府采购实体的承诺表。一般规则和义务的大部分内容是关于招标程序的。协议对投标程序及时限、招标技术规格的采用、合格供应者的条件、中标及后续情况等作了比较详细的规定。

《政府采购协议》的特点主要有两个:一是建立了完全而又充分的竞争机制,保证公开、公平和公正的原则在整个采购过程中得到体现;二是强调对其他参加方的供应商给予一视同仁的国民待遇和非歧视待遇。第二点主要体现在对市场开放的规定上,第一点则贯穿于它所建立的整个体系之中。

(一)基本原则与规定

《政府采购协议》的目的是在世界范围内消除政府采购贸易壁垒,为政府采购市场的全球化和政府采购贸易的自由化提供法律基础和制度建议。

1. 基本原则

协议的基本原则是非歧视、透明度和公平竞争原则。在政府采购中,其他参加方的供应者和货物及服务所享受的待遇不得低于本国的供应者和货物及服务的待遇;参加方建立公平、透明的政府采购程序,公布政府采购的法律法规、程序和做法;采购实体要为供应商提供公平竞争的机会,即实行招标;并对招标方式和招标程序,有关可能限制竞争的做法作出了规定。

2. 异议程序

协议规定,参加方应提供一套非歧视、透明和及时、有效的异议程序,以便供应商对采购过程中违反该协议的情形提出异议、申诉。参加方采购实体有义务对与采购过程有关的文件保留3年,供应商应在知道或理应知道该申诉依据时起的规定时限内(不得少于10天)开始异议程序,异议应由法院或对采购无利害关系的独立审查机构审理。审理程序应是快速的。

（二）适用范围

1. 采购实体

协议只适用于参加方在各自承诺清单中列明的中央政府采购实体、地方政府采购实体、其他采购实体。未列入清单的采购实体不受约束。

2. 采购对象

协议规定的采购对象包括政府采购的所有货物和在清单中列明的服务项目（包括工程服务和非工程服务）。

3. 采购合同

协议规定的采购合同包括购买、租赁、租购、有期权的购买和无期权的购买等方式。

4. 采购限额

协议要求各参加方的中央政府采购实体采购的货物与非工程服务合同价值最低限额为13万特别提款权（约合17.8万美元）以上；地方政府实体采购和其他采购实体的最低限额由各参加方根据自身的情况分别做出承诺，地方政府采购实体采购的货物与服务合同额一般在20万特别提款权左右，公用事业单位采购的货物和非工程服务合同额一般在40万特别提款权左右，工程服务合同额在500万特别提款权左右。在规定的最低限额和承诺的最低限额以上的采购应遵守非歧视性的国民待遇原则，对本国供应者、外国供应者一视同仁，可采取招标方式进行采购。

（三）发展中国家与例外规定

协议第3条特别规定了发展中国家的优惠待遇，即允许发展中国家在磋商的基础上，在政府采购时可不受该协议的约束。

政府采购协议规定了两种例外情况：一是政府采购协议不妨碍其成员在武器、弹药或军用物资、国家安全所需物资的采购方面，为保护其他利益而采取其认为必需的行动或不泄露任何资料。二是为保护公共道德、秩序和安全，保护人类、动植物生命及健康，保护知识产权等措施；或与残疾人、慈善机构或监狱囚犯产品或服务有关的措施。

（四）机构与争端解决

协议规定由参加方代表组成政府采购委员会，负责监督、审议协议的执行情况，为参加方就执行协议的任何事项进行磋商提供机会，并向世界贸易组织总理事会报告。

参加方之间的争端解决，原则上适用世界贸易组织的《关于争端解决规则与程序的谅解》，但《政府采购协议》另有一些具体规定。

（五）附件

附录一包括5个附件，详细列出各参加方适用本协议规定的3类政府采购实体名单和有关采购合同的最低金额。

《关于加入政府采购协议的决定》由两条组成，它提请世界贸易组织政府采购委员会澄清一些规定和加入该协议的要求。有兴趣加入的成员要与现有参加方之间进行磋商，然后将成立加入工作组，审议申请方提出的适用范围，以及申请方在现有参加方市场的出口机会等情况。

二、民用航空器贸易协议

民用航空器贸易发展迅速。发达国家是民用航空器贸易的主体,占据主要地位。发达国家在民用航空器贸易中竞争十分激烈,各国竞争中采取"奖出限入"措施,对民用航空器贸易产生不利影响。为了促进民用航空器贸易的自由化,乌拉圭回合对1947年关贸总协定的《民航设备贸易协议》进行修订,仍作为诸边贸易协议。

《民用航空器贸易协议》(Agreement on Trade in Civil Aircraft)由序言和9条及1个附件组成。主要条款包括:产品范围,关税和其他费用,技术性贸易壁垒,政府指导的采购、强制分包合同和利诱,贸易限制,政府支持、出口信贷和航空器营销,地区和地方政府,监督、审议、磋商和争端解决及最后条款等。截至2010年底,协议有31个签署方。

《民用航空器贸易协议》认为民用航空器部门是参加方经济和产业政策的一个特别重要的组成部分,具有不可忽视的经济和贸易利益。制定协议的目的在于通过取消关税和非关税壁垒来实现民用航空器、设备及其零部件贸易的最大限度的自由化。

(一)适用范围

《民用航空器贸易协议》的产品范围包括除军用航空器以外的一切民用航空器的发动机、零件、部件、组件、配件和地面飞行模拟机及其零部件,不论是用于制造,还是用于修理、维护、改造、改型或改装;也不论用作原装件还是替换件,都属于该协议的适用范围。

(二)贸易规则

(1)参加方应取消对上述产品进口所征收的一切关税和其他费用。此规定适用于所有世界贸易组织成员。

(2)《技术性贸易壁垒协议》和《补贴与反补贴措施协议》的各项规定适用于民用航空器贸易;政府对民用航空器部门提供财政支持的纪律。

(3)民用航空器购买者在考虑商业和技术因素、竞争性价格、质量和交货条件的基础上可以自由选择供应者;对政府指导下的民用航空器采购的纪律作出规定。

(4)各参加方不得用与《关贸总协定》相抵触的方式限制民用航空器的进口。

(三)机构与争端解决

该协议规定成立由各参加方代表组成的民用航空器贸易委员会,其任务是监督审议协议的执行,并向世界贸易组织总理事会报告审议结果。

协议规定,参加方认为其在该协议项下的贸易利益受到另一参加方的影响,应首先通过双边磋商,寻求双方都可接受的解决办法。如果磋商达不成解决办法,可请求民用航空器贸易委员会审议,做出裁决或建议。《关于争端解决规则与程序的谅解》做必要的修改后适用于该协议项下的争端解决。

第八章 与贸易有关的投资措施规则

第一节 国际投资与国际贸易的关系

一、国际投资与国际贸易的关系

20世纪80年代、特别是90年代以来,以跨国公司为主体的国际直接投资数额和直接投资累积存量不断扩大,与跨国公司投资相关的国际贸易占世界货物贸易的60%、服务贸易的70%和技术贸易的80%。跨国公司主要通过对外直接投资占领别国市场,控制着当代国际贸易的主要流向和基本内容,直接投资对各国经济和国际贸易产生重要影响。发展中国家需要利用外资发展本国民族经济,吸引外国直接投资。目前,世界上几乎所有国家都对外来投资采取程度不同的管制措施和鼓励措施,并制定了相应的法律和法规,目的是要使外来投资与东道国的经济发展目标相一致。因此,投资国与东道国之间以及投资者与东道国之间围绕着直接投资方面的矛盾与纠纷也不断增多。这使得发达国家的对外资本输出受到影响。为了减少和消除矛盾与纠纷,迫切需要加强国际投资的协调与合作,需要通过多边贸易规则来加强投资保护和规范。所以,在乌拉圭回合谈判发动时,以美国为首的发达国家极力主张将与贸易有关的投资措施列入谈判议题之内,以利于他们在全球的对外投资活动顺利地进行,并最终达成了《与贸易有关的投资措施协议》。该协议是片面地限制东道国政府通过政策法令直接或间接实施地对贸易产生限制和扭曲作用的投资措施,并未相应地对跨国公司采取的限制性商业惯例所造成的贸易壁垒进行规范。

二、投资措施的种类

投资措施一般是指为了促进外国投资者达到某种业绩标准而采取的政策。投资措施种类繁多,形式各异,但大体上分为鼓励措施和限制措施两类。一般而言,鼓励措施大多体现于优惠的税收上,如减免税收、贷款补贴,等等。限制措施往往对投资者有"最低出口额""外汇平衡""当地产品含量要求",这些投资措施会对贸易产生扭曲或限制影响。投资方面的限制措施和贸易上的关税保护有时会产生类似的效果。东道国政府在引进外资时采取的限制措施主要有:

(1)当地含量要求:在生产中使用一定价值的当地投入。
(2)贸易平衡要求:进口要与一定比例的出口相当。
(3)外汇平衡要求:规定进口需要的外汇应来自公司出口及其他来源的外汇收入的一定比例。
(4)进口限制:限制投资者对进口零部件的使用,或以当地产品替代进口产品的使用。
(5)外汇管制:限制使用外汇,从而限制进口。
(6)国内销售要求:要求公司在当地销售一定比例的产品,其价值相当于出口限制的水平。

(7) 生产要求:要求某些产品在当地生产。

(8) 出口实绩要求:规定应出口一定比例的产品。

(9) 产品授权要求:要求投资者用以规定的方式生产指定产品供应特定的市场。

(10) 生产限制:不允许公司在东道国生产特定产品或建立生产线。

(11) 技术转让要求:要求非商业性地转让规定的技术或在当地进行一定水平和类似的研究与开发活动。

(12) 许可要求:要求投资者取得与其在本国使用的类似或相关技术的许可证。

(13) 汇款限制:限制外国投资者将投资所得汇回本国的权利。

(14) 当地股份要求:规定公司股份的一定百分比由当地投资者持有。

(15) 激励措施:以投资者进出口实绩为条件的涉及直接支付、补贴、国内税的减免等增加投资者收入或减少其投资风险的规定。

上述措施中有13项是美国提出来谈判的,在乌拉圭回合谈判中,最终有5项作为附件被列入《与贸易有关的投资措施协议》。而发展中国家成员提出的限制跨国公司非正当竞争行为(如转移定价、市场垄断等)的要求未被列入该协议。

第二节 与贸易有关的投资措施协议

乌拉圭回合谈判达成的《与贸易有关的投资措施协议》只涉及对东道国政府通过政策法令直接或间接实施的对贸易产生限制和扭曲作用的投资措施,而没有相应针对外国投资者或跨国公司的投资行为内容。协议中所指的"投资措施"是指一国对投资实施管理的具体措施,而"与贸易有关的投资措施"是指对贸易产生扭曲或限制的投资措施,即能够对国际贸易产生影响的投资措施,包括直接用以影响贸易额和贸易结构的那些措施。"对贸易的扭曲"是指改变贸易的正常流向。"对贸易的限制"是指阻碍贸易活动的进行。

《与贸易有关的投资措施协议》(Agreement on Trade-Related Investment Measures,缩写TRIMs)由序言和9条及1个附件组成。其内容主要有:范围、国民待遇和数量限制、例外、发展中国家成员、通知和过渡安排、透明度、与贸易有关的投资措施委员会、磋商与争端解决、货物贸易理事会的审议等条款。

一、协议的宗旨与基本原则

本协议的宗旨是,制定为避免对贸易造成不利影响的规则,促进世界贸易的扩大和逐步自由化,并便利国际投资,以便在确保自由竞争的同时,提高所有贸易伙伴,尤其是发展中国家成员的经济增长水平。

协议的基本原则是各成员实施与贸易有关的投资措施,不得违背《关贸总协定》的国民待遇和取消数量限制原则。

二、禁止使用的与贸易有关的投资措施

任何成员不应采用与《1994年关贸总协定》第3条国民待遇或第11条取消数量限制规定不一致的与贸易有关的投资措施。但《关贸总协定》的所有例外条款都适用于本协议。协议《解释性清单》附录列举了关于被禁止的与贸易有关的5种投资措施的指示性清单,主要涉及那些要求购买或使用特定数额国产品的措施(即"当地含量要求")和把进口的数额

限制在与出口水平相应幅度上的措施(即"贸易平衡要求")。这些措施无论其是对投资的强制条件还是为了获得某种鼓励(优惠)所必须,都在被禁止的范围之内。这些措施包括成员的立法和行政法规规定强制执行的措施,也包括企业为获得政府给予的某项优待而自愿服从的措施;既包括普遍适用的措施,也包括只适用于特定部门的措施。

(一)不符合国民待遇原则的投资措施

不符合1994年关贸总协定第3条国民待遇原则的与贸易有关的投资措施,包括那些国内法律或行政条例规定的强制性实施的投资措施,或者为了获得一项利益必须与之相符合的投资措施。包括:

1. 当地成分(含量)要求

当地含量指在生产中使用一定价值的当地投入,要求企业购买或使用最低限度的国产品或任何国内来源的产品。

当地含量措施要求投资企业生产的最终产品中必须有一定比例的零部件是从东道国当地购买或者是当地生产的,而这种要求可以任何方式表达出来同国民待遇不符的与贸易有关的投资措施。即要求企业购买或使用当地生产的或来自于当地的产品,不论这种要求是以规定特定的产品、或产品数量或价值的形式提出的,还是以规定该企业在当地生产的一定比例的产品数量或价值的形式提出的。例如要求企业购买或使用国产品或原材料才能获得某种优惠待遇。

2. 外汇(贸易)平衡要求

外汇平衡指规定企业进口需要的外汇应来自公司出口及其他来源的外汇收入的一定比例。要求企业购买或使用的进口产品数量或金额以企业出口其在当地生产的产品数量或金额为限,即进口额不能大于出口额。它限制企业购买或使用进口产品数量,并把这一数量与该企业的出口当地产品的数量或价值相联系。

(二)不符合"数量限制一般取消"原则的投资措施

不符合《1994年关贸总协定》第11条"数量限制一般取消"原则的投资措施,包括国内法律或行政条例规定的强制性执行的措施,或者为了获得一项利益必须与之相符合的投资措施。具体包括:

1. 进口限制

进口限制是指普遍限制企业对用于当地生产或当地生产相关产品的进口,或将进口限制在与其出口的在当地生产的产品的数量或价值相关的水平。

2. 进口用汇限制

进口用汇限制指限制使用外汇,从而限制进口。进口用汇限制要求投资企业用于生产所需进口外汇额度限制在该企业外汇收入的一定比例内。即对企业进口用于当地生产或与当地生产相关的产品,通过将其可获得的外汇数量限于可归属于它的外汇收入而加以限制,以此限制该企业当地生产所需或与当地生产相关的产品的进口。但要求企业在一定时期内自行平衡外汇收入与外汇支出的措施并不违反协议的规定,只有对企业进口原料或中间产品实行具体限制的外汇平衡要求才被协议禁止。

3. 国内销售要求

国内销售要求是指限制企业出口或限制企业销售供出口的产品。

国内销售要求规定投资企业要有一定数量的产品在东道国销售。即限制企业出口产品或在国内销售产品,不管这种限制是以规定特定的产品、产品数量或价值形式提出的,还是以该企业在当地生产的产品数量或价值比例的形式提出的。具体表现是:(1)政府规定限制出口的产品的具体名称;(2)或者规定了限制企业出口产品的数量或金额;(3)或者规定了限制企业出口产品的数量或金额占该企业当地生产的产品数量或金额的比例。

二者合一,协议中属于禁止使用的与贸易有关的投资措施主要有四项,即当地成分要求、贸易平衡要求、进口用汇限制和国内销售要求。但协议并没有要求不得实施出口实绩、技术转让和外资比例等投资措施。

三、发展中国家成员的优惠待遇

发展中国家成员在执行《与贸易有关的投资措施协议》时,按《关贸总协定》第18条"政府对经济的援助"、《关于1994年关贸总协定国际收支条款的谅解》和1979年11月28日通过的《关于为国际收支目的而采取贸易措施的宣言》,可以暂时自由地背离投资措施协议中关于国民待遇和数量限制的规定。如由于为了平衡外汇收支和扶植国内幼稚产业的发展等目的,可以对外商投资实施限制;可以规定外国投资企业有出口义务,在规定时期内的外汇收入至少要与该企业在同期内的外汇支付持平。

四、例外条款

1994年关贸总协定中所有例外均适用于该协议。例外包括公共道德、环境保护、国家安全等。基于以上因素,对外商投资者可以施行限制投资的相关措施。

五、通知义务与透明度

协议规定,在《与贸易有关的投资措施协议》生效后的90天内,各成员应将它们所实施的与该协议不一致的与贸易有关的投资措施,包括一般或特别实施的与贸易有关的投资措施及其主要特征一并通知货物贸易理事会。

成员应遵守《关贸总协定》第10条关于透明度的义务,及时公布有关法律法规和规章制度。各成员,包括那些适用《关贸总协定》的区域性或地方政府,都应将其所实施的与贸易有关的投资措施通知世界贸易组织秘书处,但不要求成员提供会妨碍法律实施或违背公共利益或损害企业合法商业利益的信息。每个成员应对其他成员就本协议有关的任何事项提供信息的要求给予积极的考虑,并提供充分的磋商机会。

六、过渡期

协议规定发达国家成员应在协议生效两年内取消已采用的此类被禁止的与贸易有关的限制投资的措施;发展中国家成员有5年的过渡期,以便取消这些被禁止的与贸易有关的投资措施;最不发达国家成员的过渡期为7年,如货物贸易理事会认为有必要,还可以适当延长。在过渡期内,各成员可以继续实施已经通知的与贸易有关的投资措施,但不能修改,以避免增加对贸易的扭曲;成员在《建立世界贸易组织的协议》生效前6个月内已实施的与贸易有关的投资措施应予取消,没有过渡期。

协议允许成员如有必要在相应的过渡期内对新公司实施仍然有效的与贸易有关的投资措施,以避免形成对同类新、老企业或同类产品的差别待遇,导致不公平竞争。但条件是:这种投资的产品与已建立企业的产品相同。对新投资适用的任何与贸易有关的投资措施应通知货物贸易理事会,并与那些适用于已建企业的条款应当具有同等的竞争效果,而且应在同一时间终止。

七、磋商与争议解决

世界贸易组织的争端解决规则与程序适用于《与贸易有关的投资措施协议》项下的协商与争议解决。

八、与贸易有关的投资措施委员会

协议规定在货物贸易理事会下设立与贸易有关的投资措施委员会,监督本协议的运行,磋商与本协议的运行和执行相关的事宜。该委员会向世贸组织所有成员开放,委员会选举主席和副主席,每年至少召开一次会议。该委员会的职责是:负责监督《与贸易有关的投资措施协议》的运行和执行情况;同时,执行货物贸易理事会分配的任务,并向成员提供《与贸易有关的投资措施协议》有关问题的咨询服务,并每年向货物贸易理事会报告这方面的情况。货物贸易理事会在协议生效5年内对协议的实施情况进行检查评审,向部长会议报告,如果需要修改则提出修正案进行修改,并考虑此项协议是否应对成员投资政策和投资者的竞争政策做补充规定。

该协议仅对世界贸易组织成员实行的投资措施中直接影响货物进出口的部分作了规定,即协议仅适用于与货物(包括工业品和农产品)贸易有关的投资措施,与服务贸易有关的投资措施受《服务贸易总协定》管辖。因此,《与贸易有关的投资措施协议》被定性为货物领域的多边贸易协议之一,有关规则没有超出关贸总协定的范围,成员也没有承担新的额外义务。在国民待遇方面,协议处理的是进口货物享受国民待遇的问题,而不是外商投资企业享受的国民待遇问题,该协议既适用于对外商投资企业的措施,也适用于国内投资企业的措施。

应该指出,该协议离一个全面、系统和完备的多边投资协议尚有较大距离,因此,在新一轮多边贸易谈判中将会就这一领域继续进行谈判。此外,世界贸易组织多哈部长级会议宣言中提出,将与联合国贸易与发展会议一起酝酿并建立多边投资框架(MFI),核心内容包括:定义和范围、市场准入、投资保护、市场职能与企业行为、发展中国家、争端解决等。

第九章 服务贸易总协定

《服务贸易总协定》(General Agreement on Trade in Service,缩写 GATS)是关贸总协定乌拉圭回合多边贸易谈判达成的一项新的独立的多边贸易规则,它在世界贸易组织中与《关税与贸易总协定》和《知识产权协定》的地位是平等的。

《服务贸易总协定》由三大部分组成:一是协定条款本身,又称为框架协定,二是部门协议,三是各成员的市场准入承诺单,此外还有关于服务贸易的几项部长级会议决定。这个协定所包含的规定由于增加了关于处理影响自然人流动服务、金融服务、电信服务等部门协议而具体化。

第一节 国际服务贸易概述

当代国际贸易已呈现出货物贸易、服务贸易和知识产权贸易三位一体、共同发展的态势。国际服务贸易作为建立在新技术革命和产业升级基础上的新兴产业,它不仅在各国产业结构升级和支柱产业的战略替代方面发挥了巨大作用,而且在各国国际收支平衡中也发挥着重要的缓冲作用。服务贸易日益成为推动各国和世界经济增长的"引擎",它的强劲增长是现代科技发展和产业进步的标志,也是经济全球化和资本国际化的必然结果。服务贸易自由化已经成为当代世界经济全球化和区域经济一体化的重要内容。

随着科学技术革命的发展,促进了服务从"不可贸易服务"转化成"可贸易服务",从而使国际服务贸易的种类增加,内容扩大,许多服务行业由制造业分离出来形成独立的服务经营行业。一些传统服务如教育、健康一向被认为"不可贸易服务",现在被储存在录像带、VCD 磁盘中进行销售。

服务贸易已成为产品增值的主要来源之一,如产品的售后服务和维修,使服务与生产的界限日益模糊不清。服务已成为许多制成品生产和销售中一个不可缺少的因素。发达国家国民生产总值中的 60% 为服务贸易,发展中国家也达到 40%～50%。从发达国家与发展中国家输出的服务贸易项目看,发达国家主要输出资本、技术和知识密集型服务,如银行、保险、建筑、咨询、信息、航空、航天等。发展中国家则主要出口劳动密集型服务,如劳务输出是其主要的服务贸易方式。

一、国际服务贸易的基本概念

(一)服务的含义

服务贸易是一方(经济实体或个人)以活劳动的形式来满足另一方生产和生活需要,并通过某种方式提高劳动生产率和人们的生活水平的一切经济活动。它是人类生产力和科学技术水平发展到一定阶段的产物。服务包括三个方面的含义:第一,服务的对象,包括生产和生活。第二,服务的手段,根据对象的不同,有生产性服务手段(如金融、运输、保险、维修、计算机、数据处理等)和生活性服务手段(如旅游、旅馆服务、美容、理发等)。第三,服务的效果,即提高劳动生产率和人们的生活水平。

(二)国际服务贸易的概念

从理论上说,服务贸易可分为国内服务贸易(在我国通常称为第三产业)和国际服务贸易。但因服务的生产与消费是同时发生的,交换过程也是同时发生的,服务的生产领域与贸易领域合二为一,所以对于国内的服务交易来说,"服务贸易"的概念没有意义。国际服务贸易,即指国际服务的输入和输出的一种贸易方式。贸易一方向另一方提供服务并获得收入的过程称为服务出口或服务输出,与此相对应,购买他人提供服务的一方称为服务进口或服务输入。国际服务贸易有广义和狭义之分。狭义的是指传统的为国际货物贸易服务的运输、保险、金融以及旅游等无形贸易;而广义的还包括现代发展起来的除了与货物贸易有关的服务以外新的贸易活动,如通信、旅游、建筑、商业、教育、健康与环保服务,卫星传送和传播、专利和商标许可、版权贸易等等。而专利和商标许可、版权贸易等,现在又开始列为知识产权贸易。

二、《服务贸易总协定》涉及的服务范围

《服务贸易总协定》所涉及的是广义的国际服务贸易,主要包括下列部门:

(一)商务服务

1. 专业服务

(1)法律服务;(2)会计、审计和簿记服务;(3)税收服务;(4)建筑设计服务;(5)工程服务;(6)集中工程服务;(7)城市规划和园林建筑服务;(8)医疗和牙医服务;(9)兽医服务;(10)助产士、护士、理疗医生和护理员提供的服务;(11)其他。

2. 计算机及相关服务

(1)与计算机硬件安装相关的咨询服务;(2)软件实施服务;(3)数据处理服务;(4)数据库服务;(5)其他。

3. 研究和开发服务

(1)自然科学的研究和开发服务;(2)社会科学与人文科学的研究和开发服务;(3)跨学科的研究和开发服务。

4. 房地产服务

(1)自有或者租赁的房地产服务;(2)基于收费或者合同的房地产服务。

5. 无操作人员的租赁服务

(1)船舶租赁服务;(2)航空器租赁服务;(3)其他运输设备租赁服务;(4)其他机械和设备租赁服务,(5)其他。

6. 其他商务服务

(1)广告服务;(2)市场调研和民意测验服务;(3)管理咨询服务;(4)有关管理的咨询服务;(5)技术测试和分析服务;(6)与农业、狩猎、林业相关的服务;(7)与渔业有关的服务;(8)与采矿业相关的服务;(9)与制造业有关的服务;(10)与能源分配有关的服务;(11)安排和提供人员服务;(12)调查和保安服务;(13)相关的科学和技术咨询服务;(14)设备维修和保养服务(不包括船舶、航空器或者其他运输设备的维修保养);(15)建筑物清洁服务;(16)摄影服务;(17)包装服务;(18)印刷和出版服务;(19)会议服务;(20)其他。

(二)通信服务

1. 邮政服务

2. 速递服务

3. 电信服务

(1)语音电话服务;(2)分组交换数据传输服务;(3)线路交换数据传输服务;(4)电传服务;(5)电报服务;(6)传真服务;(7)私人租赁线路服务;(8)电子邮件服务;(9)语音邮件服务;(10)在线信息和数据库检索服务;(11)电子数据交换服务;(12)增值传真服务,包括储存和发送、储存和调用;(13)编码和协议转换服务;(14)在线信息和/或者数据处理服务(包括传输处理);(15)其他。

4. 视听服务

(1)电影和录像的制作与发行服务;(2)电影放映服务;(3)广播和电视服务;(4)广播和电视传输服务;(5)录音服务;(6)其他。

5. 其他电信服务

(三)建筑和相关工程服务

(1)建筑物的总体建筑工作。

(2)民用工程的总体建筑工作。

(3)安装和组装工作。

(4)建筑物竣工和修整工作

(5)其他。

(四)分销服务

(1)佣金代理服务。

(2)批发服务。

(3)零售服务。

(4)特许经营。

(5)其他。

(五)教育服务

(1)初等教育服务。

(2)中等教育服务。

(3)高等教育服务。

(4)成人教育服务。

(5)其他教育服务。

(六)环境服务

(1)污水处理服务。

(2)废物处理服务。

(3)环境卫生和类似服务。

(4)其他。

（七）金融服务

1. 所有保险和保险相关服务

（1）人寿险、意外险、健康险服务；（2）非寿险服务；（3）再保险与转分保服务；（4）保险辅助服务（包括保险经纪和保险代理）。

2. 银行和其他金融服务（保险除外）

（1）接受公众存款和其他需偿还的资金；（2）所有类型的贷款，包括消费信贷、抵押信贷、保理和商业交易的融资；（3）金融租赁；（4）所有支付和汇送业务；（5）担保和承兑；（6）在交易市场、公开市场或其他场所自行或者代客交易，包括：①货币市场票据（支票、票据、存款证书，等等），②外汇，③衍生产品（包括但不限于期货和期权），④汇率和利率工具（包括掉期和远期利率合约等），⑤可转让证券，⑥其他可转让的票据和金融资产（包括金银条块）；（7）参与各类证券的发行，包括承销和募集代理（不论公募或私募），并提供与发行有关的服务；（8）货币经纪；（9）资产管理（如现金或资产组合管理、各种形式的集体投资管理、养老基金管理、保管和信托服务）；（10）金融资产的结算和清算，包括证券、衍生产品和其他可转让票据；（11）咨询和其他辅助金融服务，包括信用调查和分析、投资和资产组合的研究和建议，为公司收购、重组和制定战略提供建议；（12）提供和传输其他金融服务提供者提供的金融信息、金融数据处理和相关的软件。

3. 其他金融服务

（八）健康和社会服务（专业服务中所列内容除外）

（1）医院服务。

（2）其他人类健康服务。

（3）社会服务。

（4）其他。

（九）旅游和与旅行相关的服务

（1）饭店（包括餐饮）和餐馆。

（2）旅行社和旅游经营者服务。

（3）导游服务。

（4）其他。

（十）娱乐、文化和体育服务（视听服务除外）

（1）文娱服务（包括剧场、现场乐队与马戏团表演等）。

（2）新闻机构服务。

（3）图书馆、档案馆、博物馆和其他文化服务。

（4）体育和其他娱乐服务。

（5）其他。

（十一）运输服务

（1）海运服务：客运，货运，配船员的船舶租赁，船舶维修和保养，拖驳服务，海运支持服务。

（2）内河运输服务：客运，货运，配船员的船舶租赁服务，船舶维修和保养服务，拖驳服务，内河运输支持服务。

(3)航空运输服务:客运服务,货运服务,配机组人员的飞机租赁服务,航空器的维修和保养服务,空运支持服务。

(4)航天运输服务。

(5)铁路运输服务:客运服务,货运服务,推车和拖车服务,铁路运输设备的维修和保养服务,铁路运输支持服务。

(6)公路运输服务:客运服务,货运服务,配司机的商用车辆租赁服务,公路运输设备的维修和保养服务,公路运输支持服务。

(7)管道运输服务:燃料传输,其他货物运输。

(8)所有运输方式的辅助服务:装卸服务,仓储服务,货运代理服务,其他。

(9)其他运输服务。

(十二)其他未包括的服务

WTO把国际服务贸易分为12个部门,具体又分为55个分部门100多个子部门。但分类体系尚不完善,分部门、子部门以及具体服务项目尚不齐全,因此,在大多数情况下,成员减让表中承诺部门还伴随着联合国《暂定总产品分类》(CPC)的对应数字编码,对每一部门、分部门与子部门涵盖的服务活动给予详细的描述。今后世界贸易组织服务贸易谈判可能进一步扩大服务贸易的范围和完善分类体系。

三、国际服务贸易的方式

根据《服务贸易总协定》第1条规定,国际服务贸易具体包括4种方式:

(一)跨境交付

跨境交付(Cross-border Supply)是指一成员服务提供者在其境内向在任何其他成员境内服务消费者提供服务,以获取报酬。这种方式是典型的"跨国界贸易型服务"。它的特点是服务的提供者和消费者分处不同国家,在提供服务的过程中,就服务内容本身而言已跨越了国境。它可以没有人员、物资和资本的流动,而是通过电讯、计算机的联网实现,如一国咨询公司在本国向另一成员客户提供法律、管理、信息等专业性服务,以及国际金融服务、国际电讯服务、视听服务等。也可以有人员或物资或资金的流动,如一国租赁公司向另一国用户提供租赁服务以及金融、运输服务等。这类服务贸易充分体现了国际贸易的一般特征,是国际服务贸易的基本形式。

(二)境外消费

境外消费(Consumption Abroad)是指一成员的服务提供者在其境内向来自任何其他成员的服务消费者提供服务,以获取报酬。它的特点是服务消费者到任何其他成员境内接受服务。例如,病人到国外就医,旅游者到国外旅游,学生、学者到国外留学进修,等等。

(三)商业存在

商业存在(Commercial Presence)是指一成员的服务提供者在任何其他成员境内建立商业机构(附属企业或分支机构),为所在国和其他成员的服务消费者提供服务,以获取报酬。它的特点是服务提供者(个人、企业或经济实体)到国外开业,如投资设立合资、合作或独资的服务性企业(银行分行、饭店、零售商店、会计事务所、律师事务所等等)。

(四)自然人流动

自然人流动(Movement of Natural Persons)是指一成员的自然人(服务提供者)到任何其

他成员境内提供服务,以获取报酬。它的特点是服务提供者在外国境内向在该成员境内的服务消费者提供服务,例如专家教授到国外讲学、作技术咨询指导,文化艺术从业者到国外提供文化、娱乐服务等等。

"自然人流动"与"商业存在"的区别:"自然人流动"是外国的自然人以流动方式入境提供服务。根据自然人流动提供服务的协议的要求,可以看出,"自然人流动"中的自然人在其他成员境内的存在是"暂时的"。这种服务的存在具有个体性和暂时性。"商业存在"则是指外国服务提供者在一成员境内设立企业和专业机构提供服务,包括设立合资、合作和独资服务性企业。而外国服务提供者派到本地企业的专家和管理人员则是与之相联系的。他们的共同点则是服务提供者到消费者所在国的境内提供服务。

四、《服务贸易总协定》的宗旨和适用范围

(一)《服务贸易总协定》的宗旨

《服务贸易总协定》的宗旨是在透明度和逐步自由化的条件下,扩大全球服务贸易,并促进各成员的经济增长和发展中国家成员服务业的发展。协定考虑到各成员服务贸易发展的不平衡,允许各成员对服务贸易进行必要的管理,鼓励发展中国家成员通过提高其国内服务能力、效率和竞争力,更多地参与世界服务贸易。《服务贸易总协定》的序言指出,希望通过不断进行的旨在互利基础上促使所有成员获益,谋求取得权利和义务总的平衡的多边谈判,将世界服务贸易自由化推向更高的阶段。

(二)《服务贸易总协定》的适用范围

《服务贸易总协定》适用于各成员采取的影响服务贸易的各项政策措施,包括中央政府、地区或地方政府和当局及其授权行使权力的非政府机构所采取的政策措施。《服务贸易总协定》要求,为履行本协定项下的权利和承担的义务,每一成员应采取一切可能的合理措施以确保其境内的地区或地方政府和当局及非政府机构履行其责任和义务。

《服务贸易总协定》包括的是"任何部门的任何服务,但在行使政府权限时提供的服务除外"。根据定义,"在行使政府权限时提供的服务"是指既不是在商业基础上提供,又不与任何一个或多个服务提供者相竞争的服务,比如中央银行的服务和社会保障服务等。此外,一成员的承诺不适用于政府机构进行的服务采购,这种采购只供政府使用,而不用于商业性销售。

第二节 服务贸易总协定的主要内容

《服务贸易总协定》条款由序言和六个部分29条组成。前28条为框架协议,规定了服务贸易自由化的原则和规则,第29条为附件(共有8个附件)。主要内容包括:范围和定义、一般义务和纪律、具体承诺、逐步自由化、机构条款、最后条款等,其核心是最惠国待遇、国民待遇、市场准入、透明度及支付的款项和转拨的资金的自由流动。

《服务贸易总协定》的许多原则和规则与《关贸总协定》相一致,但是由于服务贸易与货物贸易不同,尤其是贸易方式不同,因此,某些具体规则也有区别,有些概念具有特定含义。

《服务贸易总协定》的条款中所规定的义务分为两种,一种是普遍性义务,一种是具体承诺的义务。普遍性义务(如最惠国待遇原则)适用于各个部门,不论《服务贸易总协定》的成员是否开放这个或这些部门,都必须相互给予无条件最惠国待遇。具体承诺的义务,是指经过双边或多边谈判达成协议所承担的义务。这些义务(市场准入和国民待遇)只适用于各成员承诺开放的服务部门,而不适用于未开放的服务部门。这种将一般性义务与具体承诺的义务分开来的做法,是《服务贸易总协定》的一个重要的特点。它给予发展中国家成员一定的灵活性,可以逐渐开放市场。

一、一般义务和纪律

《服务贸易总协定》的一般义务主要包括为其他成员提供最惠国待遇,提高服务贸易政策的透明度,促进发展中国家成员的更多参与等。

(一) 最惠国待遇

它是指各成员应立即和无条件地给予其他成员的服务和服务提供者以不低于其给予任何其他国家相似服务和服务提供者的待遇,即成员应非歧视地平等地对待不同成员的服务和服务提供者。如果该成员在某个服务部门允许外国竞争,则在该部门对所有成员的服务提供者都应给予平等的机会。如果一成员无法取消与上述规定不符的措施,则应在协定生效前申请最惠国待遇的例外,并规定5年后重新进行评审,一般应在10年内取消。成员要增加新的例外则要遵循关于豁免的程序。

(二) 透明度

《服务贸易总协定》规定各成员应公布其所采取的所有与服务贸易或对《服务贸易总协定》产生影响的法律和措施。这条规定与《关贸总协定》相似,但《服务贸易总协定》还要求各成员建立一个或多个咨询点,以便尽快地回答其他成员的询问。由于在无关税管理情况下,国内规章是对服务贸易有着最重要影响和控制力的手段,协定规定这些规章及措施的管理应当合理、客观、公正。对于已做出具体承诺的服务部门所适用的法律法规,各成员还应将任何的变动情况通知世界贸易组织及其成员。此外,各成员还应采取迅速审议有关提供服务的行政决定的方式,如法院。

(三) 发展中国家成员的更多参与

协定对发展中国家成员的利益给予了较充分的重视。促进发展中国家成员的更多参与是《服务贸易总协定》的一项基本义务。目的是提高发展中国家成员国内服务业的能力、效率和竞争力;改善他们进入分销渠道和信息网络的机会;开放对他们具有出口利益的服务部门和服务交付方式。《服务贸易总协定》规定,发达国家成员及其他有能力的成员应在《服务贸易总协定》生效的两年内建立联系点,以便向发展中国家成员的服务提供者提供有关信息(如商业和技术方面的服务信息、登记、认可和获得提供服务的专业技术,获得服务技术的可能性)。发达国家成员将采取措施帮助发展中国家成员扩大服务出口(如在商业性技术方面加强发展中国家成员的国内服务业,为发展中国家成员的服务出口提供市场准入的条件)。协定允许发展中国家成员根据国内政策目标和服务业发展水平逐步实现服务贸易自由化;允许发展中国家成员开放较少的市场(部门与交易的种类),根据发展情况逐步扩大市场的开放程度;允许发展中国家成员对于外国服务或服务提供者进入本国市场设置条件;在自由化谈判中,对发展中国家成员不应坚持完全对等。此外,对最不发达国家成员给予特别优先考虑。

(四)经济一体化

《服务贸易总协定》确认了诸边或区域服务贸易经济一体化的存在,允许区域贸易集团成员之间的安排背离最惠国待遇的规定,但作了一些限制,如符合"经济一体化"(即区域一体化,区域性优惠安排)的诸边或区域服务贸易自由化协议须具备两个条件:

(1)包括众多的重要服务部门和四种服务提供方式。

(2)取消成员之间对服务部门及分部门所设的所有歧视性措施,并禁止采用新的或更多的歧视性措施。

(五)国内法规与资格承认

由于国内法规、规章(不是边境措施)对服务贸易产生重大影响,所以《服务贸易总协定》要求,在已做出具体承诺的服务部门或分部门,成员都应确保服务贸易的一般适用措施均在合理、客观、公正的情况下实施。协定要求成员应承认其他成员服务提供者所具有的学历或其他资格,以便在服务领域里取得批准许可或证书。有关服务提供者的授权、许可或认证标准、资格要求,在实施时,不能在不同成员间造成歧视或差别待遇,也不能对服务贸易构成变相的限制。协定鼓励各成员就资格的相互承认进行谈判,并通过协调和制定国际公认的标准达成关于资格的承认制度,以保证获得授权的许可证或服务提供者证书。

(六)垄断或专营服务提供者及限制性商业惯例的纪律

《服务贸易总协定》要求各成员应确保在其境内的任何垄断和专营服务提供者不得采取与无条件最惠国待遇及已做出的具体承诺相违背的行为,不致滥用他们的地位。但协定对垄断服务提供者的创建和维持不予干涉。

协定认为服务提供者的某些商业惯例可能会抑制竞争,从而影响服务贸易。限制性商业惯例应由各成员进行磋商,以便加以消除。

(七)支付与转移、保障国际收支的限制

《服务贸易总协定》规定,成员一旦承诺在某一服务部门允许外国竞争,在通常情况下就应保证对根据本协定承担义务经常性交易的支付和国际转移不加限制,但一成员在国际收支发生严重困难和对外财政困难或受到威胁时,可在其实施具体承担义务的服务贸易中实行或维持限制措施,包括与这类承担义务有关的支付和转移。不过应附加条件,即它们是非歧视性的,应避免给其他成员造成不必要的损失,也不得超过必要的限度。并且这些限制措施应是暂时性的。在这种情况下,该成员必须与国际收支限制委员会进行磋商。

(八)保障措施和补贴纪律

《服务贸易总协定》对保障措施和补贴作了原则规定,但尚未做出实质性的具体规定,需要进一步谈判。

(九)一般和安全例外

《服务贸易总协定》关于一般和安全的例外,如对国家的安全、公共道德、公共秩序、保护人类、牲畜和植物的生命或健康方面,与关贸总协定类似,并规定了特别适用于服务贸易的一般例外情况,包括防止有欺诈行为,在处理个人资料时保护个人隐私,根据税法制定平等有效课征税收措施等;并列出了一成员在税收方面区别对待本国公民和外国人的各种做法。

二、具体承诺

协定规定了具体承诺谈判的原则,各成员根据这些原则就其愿意做出承诺的部门进行谈判,达成的承诺将列入该成员的具体承诺减让表,各成员必须根据列入减让表的承诺,对服务和服务提供者给予相应待遇。具体承诺分为三个部分,即市场准入承诺、国民待遇承诺和其他承诺。对其减让表中提到的服务部门,成员可以规定有关市场准入的限制和条件,规定有关国民待遇的条件和资格。其他承诺指在其他领域的义务,比如有关标准和资格或许可等方面的承诺。

(一)市场准入

市场准入是经过双边或多边谈判达成而承担的义务,实施对象包括成员的服务和服务提供者。市场准入承诺及有关国民待遇的任何限制和例外,是多边适用的、一揽子的谈判结果,因此承诺包含的是通过谈判达成的、有保证的开展国际服务贸易的条件。《服务贸易总协定》要求其成员应开放市场,给予其他成员的服务和服务提供者的待遇,不低于根据一致商定的并在其减让承诺表中确定的条款、限制和条件下提供的待遇。服务贸易承诺是约束承诺。市场准入条款的宗旨是逐步消除下列6种限制措施:

(1)对服务提供者数量的限制。
(2)对服务交易或资产总值的限制。
(3)对服务业务总量或总产出量的限制。
(4)对特定服务部门或服务提供者可以雇佣人数的限制。
(5)对法律实体或合营企业形式的特定要求或限制。
(6)对外国资本参与的比例限制或外国资本投资总额的限制。

协定第16条规定了对一些政府经常用来限制竞争或限制新来者进入其市场的上述六种歧视性措施所应遵循的准则。这些法律和条例,例如对允许进入市场的公司数目的限制、"经济情况调查"和强制性的地方注册规定,经常被用来禁止或限制外国公司进入其市场。因此,一个成员必须要么在其所作承诺表中任何部门消除这些壁垒,要么同其贸易伙伴就有限地保留这些壁垒举行谈判,列入减让表。

除上述所列限制以外的任何其他限制,只要不是歧视性的,均不在协定所辖范围之内。

(二)国民待遇

《服务贸易总协定》关于国民待遇的条款是整个协定中最重要的条款之一。协定规定,在已承诺的部门、条件和资格中,给予外国服务和服务提供者的待遇,不应低于给予本国相同服务和服务提供者的待遇。这种待遇只适用于该成员已做出具体承诺的部门,给予方式并不要求完全一致。协定具体要求成员确保他们的法律和规章不得在减让承诺表列入的服务部门中使国内市场竞争条件不利于外国公司。但这种待遇不是自动给予的,而是经过谈判减让的结果,具体反映在减让承诺表中,承诺表可以对国民待遇规定某种条件和限制。一成员只有做出具体承诺,给予外国服务提供者市场准入机会后,才须实施国民待遇原则。对于未做出承诺的服务部门,则无须实施国民待遇原则。

(三)逐步自由化

《服务贸易总协定》规定了服务贸易自由化的目标,在适当尊重各成员的国内政策目标和发展水平的前提下,确认服务贸易自由化为一渐进过程。因此,协定要求各成员在协定生效后一定时间内按平等互利、维护所有成员的利益并在谋求权利和义务全面平衡的原则下,就进一步扩大服务贸易自由化问题每5年举行一轮实质性谈判,不断推进服务贸易自由化,以直接减少或者消除限制服务贸易市场准入的措施。协定还规定每个成员应制定其承担具体义务的计划安排。

三、承诺减让表

(一)承诺减让表

承诺减让表是各成员在谈判的基础上提交的开放服务贸易市场的承诺,是《服务贸易总协定》不可分割的部分,具有法律约束力。减让表内容是各成员在双边谈判基础上承担的关于最惠国待遇、市场准入和国民待遇的义务。为了执行《服务贸易总协定》关于市场准入和国民待遇的规定,各成员政府都提交了一份关于对服务业市场准入所做的减让承诺表,这一减让表作为《服务贸易总协定》的组成部分。它还允许各成员某些领域一次性的不执行《服务贸易总协定》关于最惠国待遇的规定。减让承诺表明确注明各方对于他方服务和服务提供者实施国民待遇和市场准入的限制条件。

(二)承诺减让表的修改或撤回

按协定的规定,成员若想修改承诺,必须将修改意向通知其他成员,如有成员要求与其进行磋商,则应进行磋商。意欲进行修改的成员可能不得不提供补偿,并在最惠国待遇的基础上实施,即补偿将适用于所有成员。若磋商未能达成协议,受到影响的成员可提请仲裁。要求修改的成员可以在根据仲裁结果提供补偿后进行修改。若受到影响的成员没有提出仲裁要求,要求修改的成员可以按照程序进行修改。如该成员在修改时没有遵守仲裁结果,且受影响的成员援用了仲裁程序,则该受到影响的成员有权采取报复措施,撤销与仲裁结果实质上相当的承诺,可以收回大致相等的减让。但此举只针对修改承诺成员实施,可不适用其他成员。

四、机构条款

(一)磋商与争端解决

争端解决程序一般遵循世界贸易组织《关于争端解决规则与程序的谅解》的规定。在下列情况下,成员可以诉诸争端解决机构:(1)该成员认为,其他成员未能履行其在《服务贸易总协定》下的义务或具体承诺;(2)该成员认为,其合理预期的另一成员的具体承诺能够带给己方的利益由于后者采取某些措施的结果,正在受到减损或丧失,即使这些措施未与《服务贸易总协定》的有关条款冲突。

1. 磋商

各成员应对任何其他成员就影响本协定运行的任何事项所提出的磋商,给予充分磋商机会。如达不成满意的解决办法,服务贸易理事会或争端解决机构可与其磋商。

2. 争端解决

任何成员如果认为其他成员未履行本协定下的义务或具体承诺,且对此达不成满意的解决办法,可以诉诸争端解决程序。如果争端解决机构认为情形严重到足以有理由采取中止义务或具体承诺的适用,可授权任何成员或各成员采取行动。

(二) 其他

协定对服务贸易理事会的设置、技术合作、与其他国际组织的关系等作了规定。

五、最后条款

(一) 利益的拒给

《服务贸易总协定》允许成员不把有关服务贸易的具体承诺给予来自非成员的服务和服务提供者。协定第 27 条规定,一成员可在下述情况下拒绝给予本协定的利益:

(1) 对于一项服务的提供,如果确认该服务是否是用《建立世界贸易组织的协议》的成员境内提供的。

(2) 在提供海运服务的情况下,如果确认该服务的提供是:由一艘依照一非成员或该拒给成员不与其适用《建立世界贸易组织的协议》的成员的法律注册的船只进行的,和由一个经营和或使用整个或部分船只的人进行的,但该人属于一非成员或该拒给成员不与其适用《建立世界贸易组织的协议》的成员。

(3) 对于一个法人服务提供者,如果确认他不是另一成员的服务提供者,或他是一个该拒给成员不与其适用《建立世界贸易组织的协议》的成员的服务提供者。

(二) 服务贸易术语定义

《服务贸易总协定》对其使用的一些关键术语作了定义,如:"服务的提供""各成员影响服务贸易的措施""商业存在"服务"部门""法人""直接税"等等。

第三节 服务贸易总协定的附件与决定

《服务贸易总协定》除了本身的框架协定外,还包括 8 个附件和有关服务贸易的几项部长级会议决定,它们是《服务贸易总协定》的重要组成部分,反映了服务贸易的多样化。

一、《服务贸易总协定》的附件

8 个附件的主要目的是对一些较特殊的服务部门作有针对性的规定,以使框架的基本原则和规则更好地适用于这些部门。

附件 1 为《关于第二条例外的附件》。

附件 2 为《关于本协定中提供服务的自然人流动的附件》。

附件 3 为《关于空运服务的附件》。

附件 4 为《关于金融服务的附件》。

附件 5 为《关于金融服务的第二附件》。

附件 6 为《关于海运服务谈判的附件》。

附件 7 为《关于电信服务的附件》。

附件 8 为《关于基础电信谈判的附件》。

上述附件对服务贸易规则和服务贸易谈判具有重要影响,其中《关于第二条例外的附件》《关于本协定中提供服务的自然人流动的附件》《关于空运服务的附件》《关于金融服务的附件》和《关于电信服务的附件》将长期适用,下面作简要介绍。

(一)《关于第二条例外的附件》

《关于第二条例外的附件》是《服务贸易总协定》第 2 条最惠国待遇例外的附件,属于协定本身的附件,包括豁免的范围、审议、终止、清单。它规定了成员免除最惠国待遇义务的具体条件。

(二)《关于本协定中提供服务的自然人流动的附件》

该附件对《服务贸易总协定》中的自然人流动服务做出定义,并规定成员对提供服务的自然人流动及入境居留有权采取必要的管理措施。

(三)《关于航空运输服务附件》

这个附件主要是澄清航空运输服务中不属于《服务贸易总协定》管辖的范围的内容。关于最惠国待遇的条款,空中交通权及与其直接相关的活动排除在《服务贸易总协定》之外,而继续根据国际民航协定《芝加哥公约》的对等原则,相互给予着陆权。但《服务贸易总协定》将仅适用于民用航空器修理及保养服务、空运服务的营销(不包括客运服务的定价和条件)以及计算机预订座系统的服务。

(四)《关于金融服务的附件》

该附件的核心内容是"谨慎例外"条款,即为保护投资者、存款者、投保人等的利益,保证其金融体系的完整和稳定,成员可以采取谨慎措施。该附件规定,中央银行及其他执行货币或汇率政策的政府机构的活动,是"行使政府权力时提供的服务",不属于《服务贸易总协定》的管辖范畴。作为法定社会保障或公共退休计划组成部分的服务活动,以及其他由公共实体代表政府或利用政府资金进行的服务活动,也不对外国服务提供者开放。此外,该附件将金融服务分为银行及其他金融服务、保险及其相关服务两大类,16 种具体形式。

(五)《关于电信服务的附件》

该附件规定,成员应保证允许所有的服务提供者在根据减让表中的有关承诺提供服务时,以合理的、非歧视的条件接入和使用公共基础电信网络,但仅适用于电话、电报、电传和数据传输等公共电信服务,而不适用于广播和电视节目的传输。

(六)《关于海运服务谈判的附件》

该附件要求海运服务谈判在《服务贸易总协定》生效后继续进行,其目的是就国际海运、海运辅助服务、港口设施使用、在约定期间取消限制等问题达成协议。

海运服务谈判原定于 1996 年 6 月结束,但参加方最后未能就一揽子承诺达成协议,因此谈判在 1996 年 6 月中止。当时只有 24 个成员提交了有条件的承诺。谈判未能成功主要是因为美国拒绝做出任何承诺。这一领域的谈判将随新一轮服务贸易谈判的开始而恢复。一些国家现有的减让表中已经包括了部分关于海运服务的承诺,特别是在三个主要领域,即港口的进入和使用权、海运附属服务以及远洋运输服务。在达成协议之前,《服务贸易总协定》的第一部分不适用于海运服务,各成员可以随时撤销在该部门的承诺,无须给予补偿。

二、有关服务贸易的几项决定

在乌拉圭回合的服务贸易谈判中,部长级会议还做出了有关服务贸易的几项决定。它们是:《关于服务贸易总协定机构安排的决定》《关于服务贸易某些争端解决程序的决定》

《关于服务贸易与环境的决定》《关于就自然人移动问题谈判的决定》《关于金融服务的决定》《关于就海运服务谈判的决定》《关于就基础电信谈判的决定》《关于专业服务的决定》《关于金融服务承诺的谅解》。服务贸易是一个新的范围广泛的领域,还需进行逐步的、不断的探索和谈判,才能形成比较完善的规则。

今后的谈判,鉴于服务部门范围广泛,情况复杂,《服务贸易总协定》规定,逐步实现服务贸易自由化,每隔5年可举行一轮谈判,以便使对市场准入和国民待遇所做的承诺情况得到改善。《服务贸易总协定》还确定了关于就一些框架规定举行谈判的条件。在新一轮多边贸易谈判中,服务贸易需进一步谈判的问题主要有:服务贸易进一步自由化、补贴、政府采购和保障措施、资格标准、技术标准及许可程序以及减少专业性服务方面的贸易壁垒、服务贸易和环境问题、服务贸易统计等方面。

第四节 服务贸易总协定的部门协议

由于在1994年4月15日签署的《服务贸易总协定》中,各国对服务贸易市场开放所进行的谈判是初步性的,因此在乌拉圭回合结束时,各成员政府同意就服务贸易领域继续进行谈判。在世界贸易组织生效后,成员就服务贸易项下的金融服务、电信服务、海运服务和自然人流动等四个部门相互开放市场进行谈判。并先后达成了四项协议:《金融服务临时协议》《自然人流动服务协议》《金融服务协议》和《基础电信协议》,而《海运服务协议》谈判暂停。下面分别作简要介绍。

一、自然人流动服务协议

1995年7月21日,世界贸易组织服务贸易理事会通过谈判达成的《自然人流动服务协议》(Agreement on Movement of Natural Persons Supplying Services),即《服务贸易总协定》第三议定书。该协议于1996年1月30日生效。自然人流动服务谈判取得的成果很小,各成员改进承诺的幅度不大,只有极少数发达国家成员对自己的开放承诺表作了极有限的调整。自然人流动服务协议的内容应包括《服务贸易总协定》及其《关于本协定中提供服务的自然人流动的附件》。

(一)自然人流动提供服务的含义

《自然人流动服务协议》中的自然人是指各成员提供服务的自然人以及受雇于服务提供者的自然人,自然人流动是指个人为提供服务而进入某一成员境内作短期停留,服务结束后即离开。换句话说,自然人的流动必须跟随提供服务,而不是在某一成员境内长期就业或作长期居留。

(二)《自然人流动服务协议》的内容

(1)协议处理的是关于自然人在一成员境内临时停留权利,这种临时停留是由于提供服务的需要,不适用于寻求永久就业的人,也不适用于各国就获得公民权、永久居留权或永久就业权所规定的条件。

(2)为保证一成员的边境完整,确保自然人在流动时受到其接纳成员的有效管理,协议不限制各成员对"自然人流动"采取管理措施(包括入境和境内管理),但是各成员的管理措施不能对谈判达成的具体承诺构成破坏。

二、基础电信协议

《基础电信协议》(Agreement on Basic Tele-communications)即"《服务贸易总协定》第四议定书",适用于电信作为提供服务手段的范围。1997年4月15日世界贸易组织成员谈判达成《基础电信协议》,并于1998年2月15日生效。"第四议定书"本身十分简短,只规定了生效时间等程序性事项,其后所附的世界贸易组织成员关于基础电信的具体承诺减让表和《服务贸易总协定》第2条豁免清单,则是该协议的主要内容。协议的目的在于约束各成员在提供电信服务时不应以电信作为限制其他成员的服务提供者提供服务的行为,或对提供服务的行为造成障碍。在客观公正的基础上,非歧视地向世界贸易组织成员承诺部分或全部开放国内的基础电信服务市场。基础电信协议的内容和规则应包括《服务贸易总协定》及其《关于电信服务的附件》等。

(一)基础电信管理指导原则

《基础电信协议》的附件《参照文件》要求成员政府遵守的电信管理指导原则是:
(1)防止交叉补贴,不正当地使用获得的其他电信经营者的信息等不正当竞争行为。
(2)以透明的非歧视的条件保证外国电信经营者进入本国电信网,与其他经营者互联。
(3)实现透明的非歧视的普遍服务。
(4)公开许可授予标准、许可被拒绝的理由。
(5)管理当局独立,保证与任何电信经营者分离。
(6)按透明的非歧视原则合理分配电信号码、无线电频率、频段等稀少资源。
(7)公开国际会计结算费率。

(二)《基础电信协议》涉及的服务领域

协议所涵盖的基础电信服务领域包括:电话、数据传输、电传、电报、传真、线路租用(即传输能力的出售或出租)、固定和移动卫星通信系统及其服务、模拟/数字蜂窝式移动电话、移动数据服务、无线寻呼和个人通信系统服务等。市场准入承诺不仅包括电信服务的跨境交付,也包括通过设立外国公司(即商业存在),拥有并经营独立电信网络设施而提供的服务。

协议所包括的增值电信服务,指服务提供者通过改进用户信息的形式或内容,或者通过存储或检索服务从而增加其"价值"的电信服务。具体业务有在线数据处理、在线数据存储及调用、电子数据交换、电子邮件、语音信箱等。

三、金融服务协议

乌拉圭回合多边贸易谈判结束时,谈判小组草拟了金融保险服务部门协议(草案),但由于美国等国的意见分歧,未达成协议,为此,部长级会议做出了《金融服务的第二附件》和《关于金融服务谈判的决定》。

金融服务的谈判进行了两轮。根据部长级会议关于《金融服务谈判的决定》,世界贸易组织服务贸易委员会下属的金融服务贸易委员会于1995年7月28日结束第一轮谈判,29个成员(欧共体作为1个成员)达成了具有历史意义的《金融服务临时协议》(即《服务贸易总协定》第二议定书)。1997年12月12日第二轮金融服务谈判结束,世界贸易组织的84个成员达成了《金融服务协议》(即《服务贸易总协定》第五议定书)。该协议于1999年

3月1日生效。

(一)《金融服务协议》的主要内容

《金融服务协议》(Agreement on Financial Services)本身很简短,仅规定了生效时间等程序性事项,协议的主要内容是所附的世界贸易组织成员关于金融服务的具体承诺减让表和《服务贸易总协定》第2条豁免清单。金融服务协议的内容和规则应包括《服务贸易总协定》及其《关于金融服务的附件》《关于金融服务承诺的谅解》等。

协议要求放宽或取消外资参与本地金融机构的股权限制,放宽对商业存在(分支机构、子公司、代理、代表处等形式)的限制,以及对扩展现有业务的限制。协议不仅包括银行、证券和保险三大金融服务的主要领域,而且包括资产管理、金融信息提供等其他方面。承诺成员允许外国公司在国内建立金融服务公司并按竞争原则运行;外国公司享受与国内公司同等的进入市场的权利,取消跨边界服务的限制;允许外国资本在投资项目中的比例超过50%。同时,成员政府有采取审慎措施,保证金融体系完整和稳定的权利,如为保护投资者、储户、保险投保人而采取的措施。

(二)金融服务的范围

金融服务包括:银行和其他金融服务、保险及其相关服务。

(1)银行和其他金融服务。银行服务包括所有传统上由银行提供的服务,如存款、贷款、支付和货币汇送服务等。其他金融服务包括外汇、金融衍生产品和各种证券的交易、证券承销、货币经纪、资产管理、结算和清算、金融信息的提供和传输以及咨询等其他金融辅助服务。

(2)保险及其相关服务。保险包括寿险、非寿险、再保险;相关服务包括保险经纪和代理在内的保险中介服务以及诸如咨询、精算等保险辅助服务。

WTO体制内货物贸易法律制度与服务贸易法律制度给予各种贸易的待遇不同。《关贸总协定》包括全面适用于所有成员的最惠国待遇、国民待遇、禁止数量限制等一般性义务,而《服务贸易总协定》服务部门的市场准入和国民待遇义务属于各成员特定性义务。即如果一成员并未对相关服务做出承诺或对相关服务承诺进行了限制或排除,则不承担对相关服务或服务提供者给予市场准入和国民待遇的义务;而且成员也可以提出豁免最惠国待遇义务的清单从而豁免作为《服务贸易总协定》一般性义务的最惠国待遇义务。因此,在同一种贸易同时适用《关贸总协定》和《服务贸易总协定》时会产生冲突,例如视听产品。

《服务贸易总协定》是第一个对服务贸易进行比较全面的专项考察与规范的多边协定,虽然,服务贸易还有许多重大的障碍,如主要的市场准入壁垒是影响自然人流动的措施,主要的国民待遇限制是补贴的提供仅限于本国企业。但它是当今国际服务贸易的基本制度,任何实行改革开放和积极参与国际服务贸易和国际经济合作的国家都将根据这一套准则来进行谈判合作,也要根据它来调整本国服务贸易的法律和政策。

第十章 与贸易有关的知识产权协定

第一节 与贸易有关的知识产权协定概述

知识产权是一种智力创造,指公民或法人对其在科学、技术、文化、艺术等领域的发明、成果和作品依法享有的专有权,即人们对自己通过脑力劳动创造出来的智力成果所依法享有的权利,是工业产权和版权(著作权)等的总称。工业产权主要指发明的专利权、外观设计专利权、集成电路布图设计和未披露信息的专有权、商标专用权(包括服务商标)、厂名商号、地理标识等专用权以及制止不正当竞争权。版权是指对文学艺术和科学作品及计算机软件等的专有权。知识产权贸易,狭义的是指以知识产权为标的的贸易,主要包括知识产权许可、知识产权转让等内容,即企业、经济组织或个人之间,按照一般商业条件,向对方出售或从对方购买知识产权使用权的一种贸易行为。广义的还包括知识产权产品贸易,是指含有知识产权的产品(知识产权产品、知识产品),特别是附有高新技术的高附加值的高科技产品,如集成电路、计算机软件、多媒体产品,视听产品、音像制品、文学作品等的贸易行为。随着科学技术的不断发展,知识产权涉及的范围不断扩大,与国际经济贸易的关系越来越密切,知识产权贸易额在国际贸易中比重越来越大,国际社会陆续制定了一些保护知识产权的国际公约,但还不够完善,各国在知识产权保护和实施方面的标准存在广泛差距,并缺乏一套处理冒牌商品贸易的多边原则、规则和纪律,这已成为国际经济关系摩擦日益严重的起因之一。

目前,知识产权所有权和使用权的转移已成为国际贸易的重要组成部分。通过转让技术、专利和商标的使用权及版权许可,含有知识产权的产品在国际贸易中所占比重越来越大。

一国如拥有较高水平的知识产权,有利于提高本国的技术水平、促进本国的经济发展,增加出口收入,增强国际竞争力。加强知识产权保护,不仅可以通过知识产权的转让和许可促进无形贸易出口,而且可以打击冒牌产品和盗版货物,提高知识产权产品的出口增长。为此,关贸总协定乌拉圭回合多边贸易谈判达成了《与贸易有关的知识产权协定》。与"贸易"有关,这里的"贸易"既包括活动本身可能是合法的贸易,也包括假冒商品贸易,即活动本身肯定是不合法的贸易。在前一种贸易活动中,存在知识产权的保护问题。在后一种贸易活动中,则始终存在打击假冒、保护知识产权的问题。

一、《与贸易有关的知识产权协定》的主要内容

《与贸易有关的知识产权协定》(Agreement on Trade-Related Aspects of Intellectual Property Rights,缩写TRIPs)简称知识产权协定,在世界贸易组织中与《关贸总协定》和《服务贸易总协定》的地位也是平行的。《与贸易有关的知识产权协定》有七个部分,共73条。主要条款有:一般规定和基本原则,关于知识产权的效力、范围及使用标准,知识产权的执法,知识产权的获得、维护及相关程序,争端的防止和解决,过渡安排,机构安排、最后条款

等。协定的主要内容是：提出和重申了保护知识产权的基本原则，确立了知识产权协定与其他知识产权国际公约的基本关系，规定了7类知识产权最低的保护标准，规定和强化了知识产权执法程序，有条件地将不同类型的成员加以区别对待。

二、《与贸易有关的知识产权协定》的宗旨

协定规定，知识产权的保护及其实施"应有助于促进技术革新及技术转让和传播，使技术知识的创造者和使用者相互受益，并有助于社会和经济福利的增长及权利和义务的平衡"，该协定的目的和宗旨在于：促进对知识产权在国际贸易范围内更充分、有效的保护，以使权利人能够从其创造发明中获益，受到激励，继续在创造发明方面的努力；减少知识产权保护对国际贸易的扭曲与阻碍，确保知识产权协定的实施及程序不对合法贸易构成壁垒。协定的许多条款都努力在发明创造者的权利和使用者需要之间实现平衡。该协定另一个目的是通过制定"一个包含原则、规则和纪律的多边框架以处理冒牌货物的国际问题"。此外，该协定提出知识产权是"私有权利"，并"作为各国知识产权保护制度基础的公共政策目标，包括发展目标和技术目标"。这种"私有权利"由各成员通过知识产权的立法加以确定和保护，并通过世界贸易组织《与贸易有关的知识产权协定》协调各成员的国内知识产权保护法律体系。

三、《与贸易有关的知识产权协定》的主要特点

知识产权协定是目前世界知识产权保护领域中涉及面广、适用成员多、保护水平高、保护力度大、制约力强的一个国际公约。它主要有6个特点：

(1) 内容涉及面广，几乎涉及了知识产权的各个领域，《与贸易有关的知识产权协定》把包括商业秘密、药品、化工产品、纺织品设计、地理标识、植物新品种等在内的几乎所有知识产权形式都纳入了保护范围。

(2) 统一了各成员知识产权保护的最低标准，如商标保护期首次注册与续展期均为7年；保护水平高，在保护期限、权利范围和有关使用的规定等方面都超过了现有的国际公约对知识产权的保护水平。

(3) 协定确认知识产权为私有权利，明确了各成员知识产权法律保护的目标。

(4) 将关贸总协定和世界贸易组织中关于货物贸易和服务贸易的原则和规定延伸到对知识产权的保护与贸易。

(5) 强化了知识产权保护的执法程序和保护措施，协定规定了详细的知识产权保护的法律实施的程序，包括行政、民事、刑事，以及边境措施和临时程序；而在有关的国际公约中，实施程序完全是各国国内法的事情。协定强化了对冒牌货和盗印商标贸易的预防和处罚力度；强调对不公平竞争和扭曲贸易的控制；对透明度问题、侵权商品的处理及与仿冒或盗印商标有关的边境措施也作了规定。

(6) 强化了协议的执行措施，扩大磋商和争端解决机制，把履行协议保护知识产权与贸易制裁紧密结合在一起；有关知识产权问题的争端通过多边程序解决。协定规定适用关贸总协定的争端解决程序，在世界贸易组织范围内实行统一的争端解决机制，包括实施跨部门的贸易报复。这就是说，一项知识产权侵权行为可能导致在同该侵权行为没有任何联系的货物贸易或服务领域采取报复措施。交叉报复将成为迫使成员遵守协定义务的有力手段，而原有的国际公约没有这样一个有效的争端解决和预防机制。

协定在知识产权的国际规则方面所进行的带根本性的改革在于,它把保护知识产权由过去仅仅通过国内法实施向通过国际法实施的方向过渡。

《与贸易有关的知识产权协定》的实施,使知识产权进入以规则为基础的贸易体制,将促进含有知识产权的产品(主要是新药品、新科技产品、计算机软件、电影、音乐、书籍、知名品牌商品、植物新品种等)贸易和知识产权的专有权(如版权贸易、许可贸易、专利转让等)贸易迅速发展,使知识产权贸易成为国际贸易的一个支柱,逐步形成货物贸易、服务贸易、知识产权贸易三足鼎立的局面。

第二节 知识产权协定的基本原则

一、《与贸易有关的知识产权协定》的基本原则

《与贸易有关的知识产权协定》提出和重申了保护知识产权的基本原则。主要包括四个方面:

(一)国际知识产权公约与关贸总协定均有的基本原则

国际上对知识产权的保护历史悠久,签署了不少国际公约,并有广泛的缔约国。《与贸易有关的知识产权协定》以这些公约为基础,在许多方面又有突破。协定确认关贸总协定的基本原则和有关国际知识产权公约的原则适用于该协定,并必须得到遵守。

1. 国民待遇原则

这是在巴黎公约中首先提出,关贸总协定也有此原则,《与贸易有关的知识产权协定》再次要求成员承诺在保护知识产权方面必须给予其他成员国民不低于本国国民的优惠待遇,但在《巴黎公约》《伯尔尼公约》《罗马公约》《华盛顿公约》中各自的例外规定除外。某些司法和行政程序也可以作为国民待遇的例外。

2. 保护公共秩序、社会公德、公众健康原则

知识产权协定第 8 条第 1 款、第 27 条第 2 款等条款进一步作了明确和强调,对于违背这一原则的智力成果可以排除在知识产权保护之外。

(二)国际公约的基本原则

协定确认有关国际知识产权公约的原则适用于该协定,并必须得到履行。

1. 对权利合理限制原则

国际知识产权公约对知识产权所有人的权利规定了合理限制原则。知识产权如同其他权利一样,是相对的,不是绝对的,应该有合理的、适当的限制。知识产权协定第 8 条第 2 款提出"可采取适当措施防止权利持有人滥用知识产权"的权利限制原则。在第 13 条、第 16 条第 1 款、第 17 条、第 24 条第 8 款、第 26 条第 2 款、第 30 条中分别提出对版权、商标权、工业品外观设计权和发明专利给予一定权利限制的前提条件:一是要保证第三方的合法利益,二是不能影响合理利用,三是不能损害权利所有人的合法利益。

2. 权利的地域性独立原则

知识产权保护具有地域性,各国的知识产权法是相对独立的。在知识产权协定第 1 条再次强调了这一原则。

3. 专利、商标申请的优先权原则

这是《巴黎公约》中首先提出的,知识产权协定再次加以肯定和强调。

4. 版权自动保护原则

这是在《伯尔尼公约》中首先提出的,知识产权协定再次加以肯定和强调。

(三) 关贸总协定的基本原则

协定确认《关贸总协定》的基本原则适用于该协定,并必须得到执行。

1. 最惠国待遇原则

知识产权协定把关贸总协定对货物贸易的原则延伸到知识产权保护领域。《与贸易有关的知识产权协定》规定在知识产权保护方面,任何成员对另一成员国民所给予的优惠、特权及豁免应立即无条件地给予其他成员的国民。这是国际知识产权协议的创新条款。协定规定了4种例外情况不在当事成员的义务范围内:

(1) 源于关于司法协助或一般性质的法律实施的国际协定(包括双边和多边的)而不特别限于知识产权保护方面的待遇。

(2) 依《伯尔尼公约》或《罗马公约》规定给予的互惠性保护,它们授权所给予的待遇不是国民待遇性质而是另一国给予的待遇。

(3) 知识产权协定下未作规定的有关表演者、唱片制作者以及广播组织的权利。

(4) 源于在《建立世界贸易组织的协议》生效前已有的有关知识产权保护的国际协定的待遇,只要该等国际协定已被通知给知识产权理事会,并对其他成员的国民不造成武断或不公正的歧视。

世界知识产权组织主持订立的、有关取得或维持知识产权的多边协定中规定的程序不适用最惠国待遇和国民待遇原则。

2. 透明度原则

关贸总协定有关贸易政策透明度原则引入知识产权协定,知识产权协定第63条规定,其目的是防止成员之间出现歧视性行为,便于各成员对相互保护知识产权的措施尽快了解,以便加强保护。

3. 争端解决原则

知识产权协定第64条确认关贸总协定争端解决原则运用于解决知识产权争端,并把解决贸易争端的规则程序直接引入解决知识产权争端,可以利用贸易手段,甚至交叉报复手段确保知识产权保护得以实现。

(四) 知识产权协定新提出的基本原则

知识产权协定除继承了原有国际公约和关贸总协定的原则以外,还提出了一些新的原则,主要是:

1. 对行政终局决定的司法审查和复审原则

知识产权协定第62条第5款明确规定对于知识产权有关程序的行政终局决定,均应接受司法或准司法当局的审查,或者有机会提交司法当局复审(第41条第4款)。对于发明专利的撤销和无效决定,应提供机会给予司法审查(第32条),但对于异议不成立或行政撤销不成立,只要该程序的依据在无效诉讼中能够得到处理,不必对该决定提供司法审查(第62条第5款)。

2. 承认知识产权为私权的原则

在知识产权协定前言中明确提出"承认知识产权为私权"的原则,应该适用于各类知识产权。

3. 权利穷竭原则

TRIPS 第 6 条谈到了知识产权的权利期满问题,规定在争端解决时对期限届满事项的解释应符合国民待遇和最惠国待遇规定的前提下进行,不得借助本协定的任何条款去涉及知识产权用尽问题。知识产权保护期限届满,就是权利已经穷竭,不再受到保护。

二、与《与贸易有关的知识产权协定》相关的国际公约

知识产权协定的一个重要内容是确立了与其他知识产权国际公约的基本关系。协定要求全体成员必须遵守并执行有关国际知识产权公约。协定中明确的国际知识产权公约有4个:《保护工业产权的巴黎公约》《保护文学艺术作品的伯尔尼公约》《保护音像制品的罗马公约》《保护集成电路知识产权的华盛顿公约》等。知识产权协定对这4个国际公约的个别条款作了修改和保留。这项规定相当于把上述4个国际公约作为知识产权协定的重要组成部分。下面对成员必须遵守并执行的国际公约作简要介绍。

(一)《保护工业产权的巴黎公约》

《保护工业产权的巴黎公约》于 1883 年 3 月 20 日在巴黎签订,现行版本是在 1967 年 7 月修订的。它的保护范围包括商标权、发明专利权、实用新型、工业品外观设计、商店名称、产地标记或原产地名称以及制止不正当竞争等内容。

1. 国民待遇原则

根据《巴黎公约》第 2 条、第 3 条规定,在工业产权的申请注册和保护方面,每一缔约国必须把它给予本国国民的待遇同等地给予其他缔约国;非缔约国的国民,如果在缔约国内有永久住所或营业所,也可以得到同样的保护。

2. 优先权原则

《巴黎公约》规定凡在一个缔约国申请注册的商标,可以享受自初次申请之日起为期 6 个月的优先权,即在这 6 个月的优先权期限内,如申请人再向其他成员国提出同样的申请,其后来申请的日期可视同首次申请的日期。优先权的作用在于保护首次申请人,使他在向其他成员国提出同样的注册申请时,不致由于两次申请日期的差异而被第三者钻空子抢先申请注册。

发明、实用新型和工业品外观设计的专利申请人从首次向成员国之一提出申请之日起,可以在一定期限内(发明和实用新型为 12 个月,工业品外观设计为 6 个月)以同一发明向其他成员国提出申请,而以第一次申请的日期为以后提出申请的日期。其条件是,申请人必须在成员国之一完成了第一次合格的申请,而且第一次申请的内容与日后向其他成员国所提出的专利申请的内容必须完全相同。

3. 独立性原则

申请和注册商标的条件,由每个成员国的本国法律决定,各自独立。对成员国国民所提出的商标注册申请,不能以申请人未在其本国申请、注册或续展为由而加以拒绝或使其注册失效。在一个成员国正式注册的商标与在其他成员国——包括申请人所在国——注册的商标无关。这就是说,商标在一成员国取得注册之后,就独立于原商标,即使原注册国已将该商标予以撤销,或因其未办理续展手续而无效,但都不影响它在其他成员国所受到的保护。

同一发明在不同国家所获得的专利权彼此无关,即各成员国独立地按本国的法律规定

给予或拒绝或撤销或终止某项发明专利权,不受其他成员国对该专利权处理的影响。这就是说,已经在一成员国取得专利权的发明,在另一成员国不一定能获得;反之,在一成员国遭到拒绝的专利申请,在另一成员国则不一定遭到拒绝。

4. 强制许可制度

各成员国可以采取立法措施,规定在一定条件下可以核准强制许可,以防止专利权人可能对专利权的滥用。但强制许可只能在专利权人自提出专利申请之日起满4年后,或者自批准专利权之日起满3年后(以较长者为准),未实施专利而又提不出正当理由时才能采取。并且这种强制许可不具有专用性,除了取得强制使用权的第三者外,专利权人仍然可以实施其发明。同时该第三者必须付给专利权人合理报酬。在颁布第一次强制许可证后两年,如果专利权人仍无正当理由而不实施或不充分实施,专利主管部门便可撤销其专利权。

(二)《保护文学艺术作品的伯尔尼公约》

《保护文学艺术作品的伯尔尼公约》是1886年签订的第一个保护文学艺术作品的多边公约,现行版本为1971年修订的。该公约的规定比较具体、详细,规定作品享有版权不依赖于任何手续(如注册登记、缴纳样本等),保护期也比较长。公约的基本原则是:

1. 国民待遇原则

联盟任何一成员国公民的作者,或者在任何一成员国首次发表其作品的作者,其作品在其他成员国应受到保护,此种保护应与各国给予本国国民的作品的保护相同。

2. 自动保护原则

根据该公约受保护作品的作者,自动享有各该国法律现在和将来给予其国民的权利和该公约规定的权利,不必履行任何手续。

3. 独立保护原则

作品在各成员国受到保护不以作品在起源国受保护为条件。

(三)《保护音像制品的罗马公约》

《保护音像制品的罗马公约》又译为《保护表演者、录制者及广播组织的罗马公约》,是保护版权邻接权的主要国际公约之一,1961年缔结于意大利罗马,1964年5月生效。该公约规定:

表演者的专有权包括:(1)准许或禁止其他人广播或转播其表演实况;(2)准许或禁止其他人录制其表演实况;(3)准许或禁止其他人复制其表演实况的录制品。

录制者的专有权包括准许或禁止一切直接或间接地复制其录制品的行为。

广播组织的专有权包括:(1)准许或禁止其他人转播该组织的广播节目;(2)准许或禁止其他人录制该组织的广播节目;(3)准许或禁止其他人复制该组织的节目录制品;(4)准许或禁止在收费入场的情况下将该组织的电视与广播节目公开播放。

表演者、录制者及广播组织享有的专有权保护期为20年。公约对专有权限制的规定为:因个人学习或娱乐、在时事报道中、为编排节目或教学及研究等情况下可以转播、录制或复制有关表演、有关录制品或广播节目。此外,公约还允许各成员国在合理的情况下颁发强制许可证。

(四)《保护集成电路知识产权的华盛顿公约》

该公约于1989年5月缔结于美国华盛顿。公约规定成员国应对集成电路的布图设计实行注册保护,注册申请无须具有新颖性,集成电路布图设计的所有人在其产品投入商业领域后两年之内提交申请即可,保护期至少为10年。受保护的条件除了"独创性""非一般性"之外,还有"非仅仅其有关功能的有限表达方式"。公约规定的国民待遇为:各成员国对于其他成员国的国民或居民,只能要求与本国国民一样地履行手续,并给予同样的保护。这与诸版权公约中的国民待遇不同,而与《保护工业产权的巴黎公约》相似。

第三节 知识产权的范围、效力和保护标准

《与贸易有关的知识产权协定》第二部分分成八节,规定了各项知识产权的保护范围、效力和标准。它是本协定的核心部分。协议保护的范围包括:版权及相关权、商标、地域标识、工业品外观设计、专利、集成电路布图设计、未公开的信息包括商业秘密等七种知识产权,规定了最低保护要求,并涉及对限制竞争行为的控制问题。

一、版权及相关权利

版权是指作者对其创作的文字、艺术和科学作品依法享有的署名、发表、出版、获得报酬等专有权利。

相关权利是指与作品传播有关的权利,如出租权,表演者、录音录像制品制作者和传播媒体许可或禁止对其作品复制的权利,又称为邻接权。

版权及相关权利保护的范围是:文学艺术作品,计算机软件,表演者、录音录像制品制作者和传媒。

(一)关于文学艺术作品

协议首先肯定了《伯尔尼公约》的适用性,给予作者包括出租权在内的更广泛的经济权利。协定要求成员必须遵守《伯尔尼公约》的实质性条款,即从第1条至第21条及附件的规定。这些条款涉及保护的客体、国民待遇、最低保护期限、授予的权利、对已存在作品的保护等问题。唯一的例外是明确规定各成员不对该公约第6条之二关于保护著作权人的精神权利的规定承担义务。对文学艺术作品版权的保护期限至少50年。

(二)关于计算机软件

协定规定无论源程序还是目标程序,均按《伯尔尼公约》的文字作品给予保护,保护期限不短于授权出版之年年底起50年。协定规定,数据库和其他材料的集合体,无论是机器可读形式或者其他形式,只要内容的选取或者编排构成智力创作,也将给予保护。并对版权及其相关权利的现行国际规则作了重要补充。

(三)关于出租权的保护

保护出租权是知识产权协定保护著作权部分的另一项重要内容。根据协定第11条规定,至少对计算机软件和电影作品,各成员将赋予其作者或合法继承人,有许可或者禁止向公众商业性出租其版权作品的原件或复制品的权利。此外,协定第14条第4款规定,上述有关出租权的规定基本上适用于唱片和录音制品的制作者和国内法规定的任何其他对唱片享有权利的人。

(四)关于表演者、唱片及录音制品的制作者、广播组织的邻接权

《与贸易有关的知识产权协定》第14条规定,表演者有制止他人未经许可录制其表演

和复制这类录制品的权利,有制止他人未经许可而以无线方式转播和向公众传送其现场表演的权利。唱片、录音制品的制作者有许可或者制止他人直接或者间接复制其唱片、录音制品的权利。广播组织有权制止未经许可录制其广播,复制其录制品,通过无线方式转播其广播以及原样向公众传播电视广播。作为灵活措施,协定规定,如果有成员不赋予广播组织这种权利,则应根据《伯尔尼公约》的规定,赋予广播节目客体的版权所有人制止上述行为的权利。协定要求给予表演者、唱片和录音制品制作者的保护期限,至少自录制、表演或者广播发生之年年底起50年;给予广播组织的保护期,至少为自广播发生之年年底起20年。

二、商标

根据《与贸易有关的知识产权协定》第15条规定,能够使一企业、个人的商品或者服务与其他企业的商品或者服务相区别的任何标记或者任何标记的组合,均能构成商标。协定关于商标保护客体的定义,给《巴黎公约》充实了新的内容,除货物商标外,服务标记也可以作为商标注册登记,得到保护。为此协定规定《巴黎公约》第6条第2款的规定作细微修改后应适用于服务。一项注册商标的所有人对其注册商标享有独占权。任何他人未经注册商标所有人许可,不得在相同或者相类似的商品或者服务的经营活动中,使用与注册商标相同或者相类似的商标,以避免导致可能产生的混淆。

驰名商标应受到特别的保护,即使不同的商品或服务,也不得使用他人已注册的驰名商标。成员在确定一个商标是否驰名商标时应考虑公众对该商标的了解程度,包括在该成员境内通过营销而获得的知名度。

关于商标注册和实际使用商标的关系问题,成员可以规定注册的目的是为了使用,但不能把已实际使用商标作为申请注册的先决条件。但是,如果要求保留注册,必须使用。只有在连续三年未使用后,才可取消该注册,但该注册商标所有人提出正当理由说明使用存在障碍的情况除外。《与贸易有关的知识产权协定》第21条规定,各成员可以对商标的转让和许可规定条件,但不允许规定强制许可。协定规定商标的第一次注册以及每次续展的期限均不应少于7年,商标注册可以无限期地续展。在贸易中,商标使用不应受特殊要求的不合理阻挠,例如要求与另一商标一起使用,以特殊形式使用,或者要求以损害其将一企业的货物或服务区别于另一企业的货物或服务能力的方式使用。

三、地理标识

使用地名描述产品,即"地理标识"或地域标识(志),通常可以识别产品的产地和特点。地理标识定义为:当一种商品的特定质量、声誉或其他特征在实质上取决于原产地域的地理因素时,产地名称表明这种商品来源于某成员领土或该领土的某一地区或某一地点所采用的标识。各成员应对地理标识提供保护,只有原产地域的真实商品能够使用该地理标识,以防止假冒原产地的商品欺骗公众。所以,不是所有的产地名称都受协议保护,只有某种商品的质量、声誉或其他特征与产地有重点联系时,该产地名称才符合本定义。

把原产地名称作为工业产权的保护对象之一,《与贸易有关的知识产权协定》第22条规定成员有义务为各利益方提供法律手段,防止在一种商品的名称或介绍中,使用任何方式明示或者暗示该商品来源于一个非真实原产地的地域,导致公众对该产品的地域来源产生误解。各成员应当根据利益方的要求拒绝假冒原产地商品的商标进行注册,已经注册的,则应予撤销。协定规定成员应对有虚假的货物或生产者标志的商品在输入时予以扣押。协定第 23 条特别规定了对酒类地理标记的附加保护,不允许葡萄酒和烈性酒使用假冒地理名称。例如,非真正产自茅台的白酒不得使用茅台的地理名,非产自苏格兰的威士忌,就不能冒称苏格兰威士忌;也不应变相冒称,如苏格兰式威士忌、茅台式白酒等。此外,在协定中还对复杂的国际谈判作了详细规定。协定第一次在保护原产地名称方面提出比较具体的多边规则。

四、工业品外观设计

工业品外观设计是指,对产品的形状、图案、色彩或者其结合所作出的富有美感并且适合于工业应用的新的、独创性的设计(我国过去称为外观设计)。协定规定各成员应对工业品外观设计给予保护。工业品外观设计的所有人有禁止他人未经许可,以商业目的制造、销售或者出口使用该工业品外观设计的产品或体现了该工业品外观设计的产品以及复制上述产品的权利。但对于获得保护的条件,协定的规定比较灵活。如果一项工业品外观设计与已知的工业品外观设计或者已存在的工业品外观设计特征的结合没有重大区别,成员可以规定这一工业品外观设计不是新的、独创的设计。此外,也可以规定对工业品外观设计的保护不延伸到主要从技术或者功能角度所做的改进。

纺织品设计具有周期短、数量大、易复制的特点,协议强调成员有对纺织品的设计可通过工业品外观设计法或版权法加以保护的义务,为获得保护而需要满足的条件,特别是费用、审查和公布方面的条件,不应该不合理地阻碍获得。受保护设计的权利人应有权阻止未经其许可的第三方为商业目的而生产、销售或进口复制其设计的产品。这些规定与一般工业品外观设计的保护有所差别。

工业品外观设计的有效保护期至少为 10 年。

五、专利

(一)关于专利保护客体

《与贸易有关的知识产权协定》第 27 条规定专利保护应当适用于所有技术领域的任何有关产品或方法的发明。不论是产品发明还是方法发明,只要其具备新颖性、创造性和工业实用性即可。成员有权做出不授予专利权的例外规定仅限于两个方面:一是对人类或者动物的诊断、治疗和外科手术方法;二是除微生物外的生产植物和动物的主要生物方法,以及不包括非生物、非微生物在内的动植物的人工繁育方法。但成员应当用专利或者一种专门制度或者两者相结合来保护植物新品种,如保护植物新品种国际联盟(UPOV)公约所规定培育者的权利。此外,为了维护公共秩序和社会道德,包括保护人类、动植物的生命或健康或为避免对环境造成严重损害所必须,而禁止某些发明在其领土上被商业性利用,可对该发明不授予专利权。

(二)关于专利人的权利

《与贸易有关的知识产权协定》规定一项专利应授予专利权人的独占权主要是:对于产品专利,专利权人有权制止他人未经许可,制造、使用、推销、销售和为上述目的进口专利产品;对于方法发明,专利权人有权制止他人未经许可使用该专利方法,也可制止他人使用、推销、销售或者为这些目的进口至少是由该专利方法直接获得的产品。协定已将方法专利的保护延伸到用这种方法直接获得的产品。此外,还规定专利权人有权转让或者通过继承方式转让专利权,有权同他人订立许可合同,许可他人实施专利。

(三)关于专利权的保护期

《与贸易有关的知识产权协定》第33条规定,对几乎所有技术领域的产品及生产过程的一切发明给予不应少于自申请日起20年的专利保护。

(四)关于方法专利的举证保护

如果专利是作为生产工艺给予的,那么权利必须扩展到通过这一工艺直接获得的产品。《与贸易有关的知识产权协定》对方法专利发生侵权时的举证责任,作了重要规定。如果一项专利的主题是某种产品的生产方法,司法当局有权要求被告人证明获得相同产品的方法与被授予专利权的方法是不同的。《与贸易有关的知识产权协定》要求成员的法律至少规定在下列两种情况下,方法专利侵权案件的被告人要负举证责任:一是通过该方法专利获得的产品是新的;二是虽然有使用其他方法生产出相同产品的可能性,但专利权人通过必要的努力未能确定该产品是否真正使用该方法生产的。由被告人负举证责任意味着如果没有相反的证明,则视为该产品是通过他人的方法专利获得的。

(五)关于强制许可

关于强制许可和未经专利权人授权的其他合作问题,协定规定,如果一个成员的法律允许未经权利人的授权,即可对专利发明进行其他合作,包括政府使用和政府批准的第三方使用,都应尊重《与贸易有关的知识产权协定》第31条列出的12项原则:

(1)认可这种使用应一事一议。

(2)只有当拟使用者在使用前曾按合理的商业条款和条件请求权利人允许其使用,并在合理的时间内未得到这种允许时,才可允许这种使用。在全国处于紧急状态或其他极端紧迫状态时,或为了公共的非商业性目的而使用时,可免除此要求,但权利持有人仍应被尽快通知。

(3)这种使用的范围和期限应限于被许可的目的,若是半导体技术,则只能用于公共的非商业性目的,或用于补救司法或行政程序确定为反竞争的做法。

(4)这种使用应是非独占性的。

(5)这种使用应是不可转让的,除非连同该部分享有这种使用的企业或信誉一起转让。

(6)任何这种使用的认可应主要为了供应许可成员的国内市场。

(7)在充分保护被许可人合法利益的前提下,如果当导致许可这种使用的情形已不复存在且不可能再出现时,有关这种使用的许可应终止。

(8)考虑到有关许可的经济价值,在每一种情形下应支付权利持有人足够的报酬。

(9)任何有关这种使用许可的决定,其法律的有效性应经过司法审议,或经该成员内上一级有关当局的独立审议。

(10)任何有关就这种使用提供报酬的决定,应经过司法审议或经该成员内上一级有关当局的独立审议。

(11)如允许该使用是为了补救司法或行政程序确定为反竞争的做法,各成员没有义务适用第2项和6项规定的条件。在确定这种情况下的报酬额时,可以考虑到纠正反竞争做法的需要。

(12)如许可这种使用是为了允许利用一项专利("第二专利"),而该项专利的利用不得不侵犯另一项专利,则要符合规定的条件。

(六)关于药品强制许可的《修改〈与贸易有关的知识产权协定〉议定书》

2005年12月6日,WTO总理事会通过了《修改〈与贸易有关的知识产权协定〉议定书》。《议定书》规定,发展中成员和最不发达成员可以在国内因艾滋病、疟疾、肺结核和其他流行疾病而发生公共健康危机时,在未经专利权人许可的情况下,在国内实施专利强制许可制度,生产、使用、销售或从其他实施强制许可制度的成员进口有关治疗上述疾病的专利药品。《议定书》对《与贸易有关的知识产权协定》的修改主要有两点:

(1)《知识产权协定》允许WTO成员方政府授予实施某项专利的强制许可,但又规定这种强制许可"应当主要为了供应该许可成员的国内市场"。按照《议定书》,修改后的《知识产权协定》将规定在符合有关条件的前提下,WTO成员可以授予其国内企业生产并出口特定专利药品的强制许可,不再局限于供应国内市场。

(2)《知识产权协定》原则性规定WTO成员授予强制许可时应向权利持有人支付报酬。《议定书》进一步明确,在出口成员和进口成员对同一产品授予强制许可的情况下,专利许可费应由出口成员支付,进口成员无须再行支付。

为确保《知识产权协定》确立的药品专利强制许可制度的顺利实施,按照《议定书》的规定,《知识产权协定》增加了附件,对"药品""有资格进口的成员"和"出口成员"等进行定义,并规定适用协定所须满足的条件、实施要求和技术合作等。

六、集成电路布图设计

集成电路是指一种产品,它的最终形态或中间形态是将多个元件,其中至少有一个是有源元件,和部分或全部互联集成在一块半导体材料之中以执行某种电子功能。集成电路布图设计(拓扑图Topographies)是指由多个元件,其中至少有一个有源元件,连同集成电路全部或者部分连线组成的三维配置,或者为集成电路的制造而准备的前述三维配置。协定规定各成员应禁止未经权利持有人许可的下列行为:为商业目的进口、销售或以其他方式发行受保护的集成电路布图设计,为商业目的进口、销售或以其他方式发行含有受保护的布图设计的集成电路,为商业目的进口、销售或以其他方式发行含有上述集成电路的物品。集成电路布图设计保护期应不少于10年。

《与贸易有关的知识产权协定》在《华盛顿公约》的基础上进一步提高了保护标准。一是保护范围超出布图设计和由布图设计构成的集成电路本身,进而延伸到使用集成电路的任何物品,只要其中含有非法复制的布图设计。也就是说,一切为生产经营目的进口、销售或者发行含有受保护的布图设计、将该布图设计集成于一片材料之上或者之中的集成电路,以及由集成电路构成的物品,均为非法的。二是保护期间从《华盛顿公约》的8年延长到10年,自提交注册申请之日起或者在世界任何地方首次投入商业性使用之日起算。并允许成员规定该保护期为自布图设计创作之日起15年后终止。

与其他知识产权不同的是,协定规定对集成电路及其物品的善意使用不构成违法。当事人在获得集成电路或含有集成电路的物品时,不知道或者不应当知道其中含有非法复制的布图设计的,其行为不得视为违法。当事人在收到关于该布图设计是非法复制通知以后,仍可就现有存货或此前已发出的订货而继续销售,但必须向权利人支付相当于合理使用费的一笔报酬。强制性的特许和政府使用必须受到一些严格条件的限制。

七、对未披露信息的保护

《与贸易有关的知识产权协定》所称的未披露信息,包括商业秘密和未披露的试验数据、技术诀窍。合法拥有该信息的企业和个人,有权防止他人未经许可而以违背诚实商业行为的方式,披露、获得或使用该信息。协定要求本着制止不正当竞争的原则对这些未公开的信息给予保护。把商业秘密等未披露信息作为知识产权来保护,是以往的国际公约中还未有过的,是世界贸易组织的一大创举。

"商业秘密"泛指法人和自然人合法控制的信息。这类信息应具备三个条件:一是保密的,即其整体内容或内容的精确排列和组合不能从公共渠道直接获得,换言之,该信息并非通常从事有关该信息工作领域的人们所普遍了解或容易获得的;二是因保密而具有商业价值的;三是信息的合法控制人为了保守秘密已经采取了合理措施。如可口可乐配方。

"未披露的试验数据"仅涉及利用新的化学物质创造的药品、农业化学物质。如果任何成员规定审批这些产品进入本国的销售过程中,要求申请人提供其通过巨大努力而取得的未披露的试验数据和其他数据的,该成员应保护这类信息,防止不正当商业使用。

《与贸易有关的知识产权协定》对"违反诚实商业做法的方式"解释是:至少应当包括违反合同、泄密和违约诱导的行为,此外,还包括第三方获得未披露信息,而该第三方知道或因严重疏忽尚未能知道未披露信息的获得是通过违反诚实商业做法实现的。

协定规定,商业秘密和其他类型的具有商业价值的未披露信息必须得到保护,使其免受泄露秘密或其他违反诚实商业做法行为的损害,但必须已经采取保护商业秘密的合理措施。对于商业秘密,合法控制人应有权阻止其商业秘密在未经其同意的情况下,被以违背诚实商业做法的方式泄露给他人、被他人获取或使用。

八、对许可协议中反竞争行为的控制

《与贸易有关的知识产权协定》规定,涉及知识产权许可做法或条件被滥用,许可合同中的条件可能会限制竞争或妨碍技术转让与传播,有关成员政府应磋商并采取适当的救济措施防止反竞争性许可做法,在控制这些行为方面进行合作。

协定没有对反竞争行为作定义,从其内容来看,主要指在合同中滥用知识产权对市场竞争造成消极影响并可能对阻碍技术的转让与传播的许可行为和许可条件。协定列举了独占返授条件(即技术转让方要求受让方将其改进后的技术的使用权只授予转让方,而不能转让给第三方)、禁止对有关知识产权的有效性提出异议的条件或采取胁迫性一揽子许可证(即技术的转让方强迫受让方同时接受几项专利或非专利技术)等反竞争行为,但没有反托拉斯条款,也就是说没有直接禁止反竞争行为的规定,而只是允许受影响的成员通过国内法采取行动,防止和控制许可协议中反竞争行为,制止滥用知识产权达到垄断的目的。而经济实力弱的成员没有多边制度的强有力的支持,国内法的作用是有限的。

第四节 知识产权保护的实施

《与贸易有关的知识产权协定》第三部分具体规定了有关知识产权执法一般义务、行政和民事程序及救济措施,包括禁令、损害赔偿、对被告的适当赔偿、其他救济措施等;临时措施(包括对"即发侵权"的制止等)、边境措施、刑事措施及惩罚等,加强知识产权的执法保

护。这在有关知识产权的国际公约中尚属首次。

协定规定成员政府有义务根据本国的法律提供程序和办法,保证外国知识产权持有者的知识产权可以像他们本国国民一样得到有效的实施。这些程序应当有可能对知识产权的侵权行为采取有效措施,但必须公平合理,不要导致过分的负担和不合理的时限,避免对合法贸易可能造成障碍、防止法律程序和救济措施被滥用。司法当局有权处置或销毁侵权货物并采取迅速有效的临时措施。海关当局可以对假冒产品采取中止放行的边境措施。协定还规定成员对蓄意的假冒商标或剽窃版权提出刑事诉讼或惩罚,包括判刑和具有威慑作用的罚款。

一、一般义务

成员应保证及时有效地阻止对受本协定保护的知识产权的侵权行为。知识产权的实施程序应公平合理,不应是毫无必要的烦琐、费时,也不应受不合理的时限及无保证的延迟的约束。对一个案件的裁决应根据各方有机会了解的证据做出,最好用书面形式并陈述理由,应在合理的时间内告知争议各方。案件的最终行政裁决及所有的初步司法裁决,诉讼当事方应有机会根据国内法律的规定提请司法当局进行审议。若在刑事案件中被判无罪时,无义务提供审议机会。

二、民事、行政程序及救济

1. 公平公正的程序

《与贸易有关的知识产权协定》要求成员制定公平公正的保护知识产权民事和行政程序,使权利持有人可获得知识产权实施的民事司法程序;被告有权及时获得详细的书面通知,包括权利请求的依据;应允许由律师代表当事人出庭;所有当事人均有权陈述其权利请求并向法庭提供相关合理证据;在不违反成员宪法的情况下,应规定确认和保护机密信息的方法。

2. 证据

如果一当事人已出示足以支持其权利要求的证据,并指明了对方控制的与证明权利请求相关的其他证据,司法机关在保证机密信息受到保护的条件下,有权责令对方提供该证据。

在合理的期限内,如果一诉讼方自行拒绝提供或无正当理由不提供必要的信息,或者阻碍与执法行动有关的程序,司法机关可根据自己收到的信息,包括由于被拒绝提供信息而受到不利影响的当事人提出的申诉或指控,做出初步或终局裁决,但应向各当事人提供就指控或证据进行听证的机会。

3. 禁令

司法机关有权责令当事人停止侵权,特别是有权在清关后立即阻止涉及知识产权侵权进口货物进入商业渠道。但如果进口商订购这些货物是在其知道或理应知道从事该交易会构成侵权之前的情况除外。

4. 对权利持有人的赔偿

对于故意或有充分理由应知道自己从事侵权活动的当事人,司法机关有权令侵权人向知识产权持有人就其所受损害作足够的赔偿,以及支付有关的费用(如律师费等),甚至退还利润。

5. 其他补救措施

为有效制止侵犯知识产权活动,司法机关有权不给予任何补偿的情况下,责令将侵权的货物清除出商业渠道,以避免对权利人造成任何损害;责令将主要用于制造侵权货物的材料和设备清除出商业渠道,以便将继续侵权的风险减少到最低限度。

6. 权利持有人获得信息的权利

司法机关有权责令侵权人将生产和销售侵权货物或服务过程中涉及的第三方的身份及其分销渠道告知权利持有人,除非侵权程度不严重。

7. 对被告的赔偿

如应申请人请求采取了相应的措施,但该申请人滥用实施程序,则司法机关有权责令该申请人向被错误禁止或限制的被告人受到的损害提供足够的赔偿。司法机关还有权责令该申请人支付被告方诉讼费用,包括律师费。

在实施知识产权保护法律过程中,只有在采取的行动是出于善意的情况下,方可免除公共机构和官员因采取适当措施应承担的责任。

8. 行政程序

如果案情根据行政程序处理的结果是执行民事救济,则此类行政程序的原则实质上应与协定规定的民事程序原则一致。

三、临时措施

《与贸易有关的知识产权协定》规定司法当局有权采取及时、有效的临时措施防止知识产权侵权行为的发生,特别是阻止有关货物进入商业渠道;保存关于被指控侵权的有关证据。

(1)在任何延迟可能对权利人造成难以弥补的损失的情况下,或出现证据正被毁灭的明显风险时,司法当局有权采取不做预先通知的临时措施。在采取此措施的,至迟应在执行后立即通知受影响的各方。应被告请求,应对此措施进行审查,包括进行听证,以便在合理期限内,决定该措施是否进行修改、撤销或确认。

(2)司法机关可根据申请人提供足够证据确信申请人的权利正在受到侵犯或此种侵权已迫近而采取临时措施,但申请人应提供足以保护被告和防止滥用的保证金或相当的担保。此规定即允许权利所有人对于"即发侵权"采取措施及向司法或行政当局申请保护。所谓"即发侵权"是指那种即将发生、但是尚未发生的侵权行为。通过阻止"即发侵权"力争把侵权行为消灭在萌芽状态。

(3)执行临时措施的主管机关有权要求申请人提供确认货物的其他必要信息。

(4)如果有关裁决程序未在责令采取该措施的司法机关确定的合理期限内启动,则应被告请求,临时措施应予撤销或终止,如未做出确定,则不超过20个工作日或31天,以时间长者为准。

(5)如临时措施被撤销或由于申请人的任何作为或不作为而失效,或如果随后认为不存在知识产权侵权或侵权威胁,则应被告请求,司法机关有权责令申请人就该措施造成的任何损害向被告提供适当的补偿。

四、边境措施

《与贸易有关的知识产权协定》第三部分第4节对与边境措施相关的要求做出了特别

的规定,要求各成员制定知识产权保护边境执法的相关程序。

1. 海关中止放行

成员有义务为知识产权持有人提供机会制止冒牌货和盗版的商品入境。只要权利持有人有充分理由怀疑某批产品属假冒商标或侵犯专利或著作权的产品可能进口时,即可向主管当局或司法机关申请,要求海关暂时扣留该货物。知识产权持有人也可以要求海关中止放行被怀疑侵权的出口货物,阻止其进入国际市场。虽然协定主要提及扣留假冒商标和盗版产品,但根据《巴黎公约》,这种边境措施可以延伸到虚假标注厂商名称、服务标记、地域标识的产品,以及专利侵权产品。这样,海关当局将成为制止国际知识产权侵权的重要执行机构。

2. 申请

任何要求海关采取措施的权利持有人,必须向主管机关提出书面申请,提供充分的证据,以使主管机关相信,根据进口成员的法律可初步推定其知识产权受到侵犯,并提供详细的货物说明以便海关易于辨认。主管机关应在合理期限内告知申请人是否已接受其申请,如已确定海关采取行动,则应通知采取行动的时间。

3. 保证金或同等的担保

(1) 权利持有人提交保证金或同等的担保。主管机关有权要求申请人提供足以保护被告和主管机关,以及防止滥用程序的保证金或同等的担保。但这种保证金或同等的担保的要求不能太高,不应阻止对此程序的援用。

(2) 货物所有人提交保证金或同等的担保。海关根据非司法机构或其他独立机关对权利持有人申请的裁定,对涉及工业品外观设计、专利、集成电路布图设计或未披露信息的货物中止放行其进入流通领域。如果货物暂停放行的期限已满,也已满足有关进口或出口的所有其他条件,但在正式授权机关未给予临时救济措施的情况下,货物的所有人、进口商或收货人在交纳足已保护权利持有人的保证金后,有权要求予以放行。保证金的支付不得妨碍权利持有人的任何其他救济,若权利持有人未能在合理期限内行使诉讼权,则该保证金应予发还。

4. 暂停放行的通知与时限

海关做出对有关货物暂停放行的决定要及时通知进口商和申请人。

在申请人收到暂停放行货物通知后 10 个工作日(在适当情况下,可延长 10 个工作日)内,除被告以外的其他当事人未就裁定的案件提出诉讼,或正式授权部门未采取临时措施延长货物暂停放行期,则该货物应予放行,但要满足有关进口或出口的其他所有条件。如果就裁定案件提起诉讼,应在被告提出请求的情况下进行复议,包括由被告行使陈述权,在合理的期限内决定这些措施是否应修正、撤销或确认。

5. 对进口商或货物所有人的补偿

对应申请人的要求而被错误扣押,或因扣押超过期限已放行的货物而遭受的损失,有关主管机关有权责令申请人向遭受损失的进口商、收货人或货物所有人支付适当的补偿。

6. 检查和获得信息的权利

在不损害保护机密信息的前提下,主管机关应给予权利持有人和进口商等有充分的机会要求海关对扣押的货物进行检查,以证实权利持有人的权利请求。如属实,主管机关应将发货人、进口商后收货人的姓名和地址及所涉货物的数量告知权利持有人。

7. 根据职权采取的行动

协定规定如成员要求主管机关对其已取得知识产权正在被侵犯的初步证据而对货物采取中止放行的行动时,主管机关可随时向权利持有人寻求可帮助其行使这些权力的任何信息;应迅速通知进口商和权利持有人;只有在采取的行动是出于善意的情况下,才可免除有关机构和官员因采取适当救济措施应承担的责任。

8. 救济

协定规定,在不损害权利持有人可采取的其他诉讼权,并在尊重被告寻求司法机关进行审查权利的前提下,主管机关有权依照协定第46条的原则责令销毁侵权货物。对于假冒商标货物,主管机关不得允许侵权货物在未做改变的状态下再出口或对其适用不同的海关程序,但例外情况下除外。

五、刑事程序

《与贸易有关的知识产权协定》要求成员对具有商业规模的故意仿冒商标、版权盗印的案件设立刑事诉讼程序和刑罚。并可采取包括能足以防止侵权的监禁和罚金的处罚,通常应与同等犯罪行为同水平的处罚。可采取的处罚还包括扣押、没收或销毁侵权货物和任何用来制造侵权货物的材料和设备。

六、知识产权的取得和维持及相关程序

《与贸易有关的知识产权协定》第四部分规定,如果知识产权的取得是以知识产权被授予或注册为准,成员应依据取得知识产权的实质性要件,确立授予或注册的程序;有关知识产权符合获得权利的实质条件,应在一个合理的时间内获得授予或注册,以避免保护期限被不适当地剥夺;成员国内法中规定的有关知识产权取得或维持的程序、行政撤销及当事人有关抗辩、撤销和注销或类似的程序,应受到《与贸易有关的知识产权协定》中"知识产权执法"所规定的原则的制约。但在异议或行政撤销不成立的情况下,只要行使这种程序的理由可依照无效诉讼的程序处理,成员则无义务提供机会对这种行政裁决进行复议。

七、过渡期安排

《与贸易有关的知识产权协定》第65条是过渡性条款。知识产权协定原则上将成员分为发达国家成员、发展中国家成员、从中央计划经济向市场经济转轨国家成员、最不发达国家成员等几类,给予不同的过渡期,但他们在过渡期内对国内法律、法规和司法实践的修改不得导致与协定的规定更加不一致。

第一,发达国家成员在《与贸易有关的知识产权协定》生效1年后(即1996年1月1日)开始实施。

第二,除本协定第3条、第4条和第5条中有关国民待遇、最惠国待遇的规定外,发展中国家成员与从中央计划经济向市场经济转轨国家成员在协定生效后5年(即2000年1月1日)开始实施,即给予所有发展中国家成员为期5年的过渡期。

第三,对那些根据本协定的要求将把产品专利保护扩大到目前不作为保护对象的技术领域的发展中国家成员,还可再推迟5年(即2005年1月1日)履行本协定第二部分第五节关于专利保护的有关规定。换言之,尚未实行药品、农药等化学物质专利保护的发展中国家成员,可以经过一个总和为10年的过渡期,达到《与贸易有关的知识产权协定》规定的保

护水平。2002年7月,知识产权理事会根据多哈部长级会议宣言,提出了对最不发达国家成员有关涉计公共健康的药品的知识产权保护过渡期延至2016年的决议草案,提交总理事会审议。

《与贸易有关的知识产权协定》的上述后两个过渡期安排是对发展中国家成员的灵活差别对待。发达国家成员有义务援助发展中国家成员、最不发达国家成员,向它们提供技术和资金,以帮助其建立和健全知识产权保护、执法及防止知识产权滥用的国内立法,建立健全与此有关的国内官方及代理机构,培训人员等。

八、防止和解决争端

《与贸易有关的知识产权协定》对防止争端、解决争端的程序、组织机构、保障安全的例外条款以及协定生效前的知识产权保护等问题做出了规定。

为了防止争端的发生,《与贸易有关的知识产权协定》要求成员及时公布所有关于知识产权的法律、法规以及普遍适用的司法终审判决、行政终局裁决,以便其他成员和知识产权持有人熟悉它们。有关法律、法规及成员政府间或半官方机构间所签订的有关知识产权的协议,必须通知世界贸易组织知识产权理事会。一旦发生争端将按照世界贸易组织的统一的争端解决规则与程序进行解决。这意味着允许跨部门的贸易报复来制止侵权行为。但《与贸易有关的知识产权协定》不给有关成员在本协定实施之前发生的行为带来义务。

九、机构安排及最后条款

《与贸易有关的知识产权协定》规定成立知识产权理事会负责处理实施本协定有关的一切事宜和监督、审议各成员遵守协定的情况,审议每2年进行一次,为成员协商与贸易有关的知识产权问题提供机会。

协定要求各成员在其行政部门中指定联系点,以便交换有关侵权货物贸易的信息,特别是在冒牌和盗版货物的贸易问题上推动海关之间的合作。

协定的最后条款对该协定的审议和修改、保留、安全例外等做出了具体规定。协定规定,除非经成员全体一致同意,任何成员不得对协定条款提出任何保留。安全例外条款规定成员不必透露损害国家安全的信息,并可采取行动维护国家安全利益。

第十一章　WTO对区域贸易协定的规范

根据世界贸易组织的解释,区域贸易协定(Regional Trade Agreements,RTA)是指政府之间为了达到区域贸易自由化或贸易便利化的目标所签署的协定,有时采取自由贸易区和关税同盟的形式。在WTO的框架下,区域贸易协定的"区域"已不再属于同一地理或相邻地域,而是指在世界各地一定的国家、单独关税区范围的"区域",此"协定"的内容不仅包括贸易协定(包括货物贸易、服务贸易、投资、人员流动、货币金融、政府采购、知识产权保护、环境保护、标准化等更多领域的相互承诺),也包含经济一体化的不同层次。WTO把根据《关税与贸易总协定》(GATT)"授权条款"签署的优惠贸易安排(Preferential Trade Agreement,PTA)、局部自由贸易协定(Partial Scope Agreements,PS)、自由贸易协定(Free Trade Agreement FTA)、经济伙伴关系协定(Economic Partnership Agreement,EPA)、关税同盟(Customs Union,CU)、共同市场(Common Market,CM)、根据《服务贸易总协定》(GATs)第5条"经济一体化"规定签署的服务贸易协定(Economic Integration Agreement,EIA)都统称为区域贸易协定,并设立区域贸易协定委员会归口管理。

第一节　WTO有关区域贸易协定的规定

世界贸易组织关于区域贸易协定的规则,最早规定在《关税与贸易总协定》第24条中。随着区域经济一体化的迅速发展,该规则的缺陷和不足日益显露出来。乌拉圭回合谈判,将该规则修改问题列入谈判议程,并最终达成了《关于解释1994年GATT第24条的谅解》。此外,乌拉圭回合谈判通过的其他协议,也涉及区域经济一体化的规则。世界贸易组织成立以后,关于区域贸易协定的规则纳入WTO法律体系,成为世贸组织多边规则的重要组成部分,用来调整成员间在区域经济一体化过程中形成的关系。

最惠国待遇原则是世界贸易组织各成员必须遵守的基本原则,是多边贸易体制的核心。但在某种情况下,WTO规则允许成员背离最惠国待遇原则,即通过区域贸易安排,给予一部分成员更优惠的贸易待遇,区域贸易协定是WTO最惠国待遇原则的最大例外。WTO有关区域贸易安排的现有规定包括:《1994年关税与贸易总协定》(GATT1994)第24条,1979年东京回合的授权条款和适用于服务贸易领域经济一体化的《服务贸易总协定》(GATS)第5条。这些是多边贸易体制下区域贸易协定存在的法律基础。

WTO各协议对区域贸易协定的规范主要集中在以下方面:

(1)透明度。任何WTO的成员签订(包括扩大或任何重大修改)的区域贸易协定应予以公布,并送交WTO区域贸易协定委员会进行审查。

(2)实现区域内众多贸易的自由化。在货物贸易、服务贸易和劳动力流动等方面,按照WTO的要求应取消以往的较大范围的限制措施,以实现区域内众多贸易的自由化。该要求的目的在于,避免WTO成员利用该条款仅就某些特定产品给予优惠待遇,而非真正实施自由贸易并排除或限制其他国家的产品进入其市场的情况出现。

(3)不影响非区域贸易协定成员的待遇。区域贸易协定签订及维持,与建立该贸易区之前的适用水平相比,对于该协定外的任何成员,不得提高相应贸易壁垒,或相应服务部门或分部门的服务贸易壁垒的总水平。区域贸易协定委员会,在审查某一区域贸易协定的每个单一的承诺和规定是否符合关贸总协定或服务贸易总协定的其他规定的目的,在于确定该区域贸易协定的义务和条款在总体上是否会造成提高对区外的贸易壁垒的效果。在影响的造成不可避免时,关贸总协定和服务贸易总协定都赋予了受影响方获得补偿的权利。

一、《1994年GATT》第24条有关区域贸易协定的规定

《1994年关税与贸易总协定》第24条"适用的领土范围—边境贸易—关税同盟和自由贸易区"的规定中,把区域贸易协定作为适用GATT规则的例外。该条共12款,涉及区域贸易协定的主要是第4款至第10款,主要内容如下:

(一)不影响非区域贸易协定成员的待遇

根据第24条第4款、5款规定,成立关税联盟或自由贸易区不能降低区域外WTO成员的待遇。也就是说,对区域外WTO成员征收的关税或施加的贸易条件不能比建立关税同盟或自由贸易区之前更高或更严格。这是区域贸易协定同WTO多边体系共存的基础,是确保区域经济一体化不致对WTO多边体系构成障碍乃至威胁的关键。

第24条第6款进一步规定,如在不影响非区域协定WTO成员的待遇的前提下,一缔约方提议以与关税减让表规定不一致的方式提高任何关税税率,则应适用第28条(减让表的修改)所列程序,在提供补偿性调整时,应适当考虑同盟的其他成员削减相应关税而已经提供的补偿。另外,依据《关于解释GATT 1994年第24条的谅解》,倘若关于补偿的谈判不能在谈判开始后的合理期限内达成协定,则关税同盟仍然有权修改或撤销减让;受影响的成员因此有权依照第28条撤销实质相等的减让。

(二)实现区域内实质上所有贸易的自由化

根据第24条第8款规定,不论为关税同盟或自由贸易区,其构成成员间绝大部分贸易的关税及其他限制性的商业法规必须消除。它包括三个关键条件:

(1)贸易自由化必须涵盖"实质上所有贸易"有多种解释,包括:成员之间的贸易比重,一般为90%、85%和80%;主要的部门都包含在自由化范围内;自由化后的关税基准的百分比,通常应为6位码HS税号的95%。

(2)必须在合理持续时间内实现自由化。关税同盟或自由贸易区若非立即成立,而是经过一段期间逐步完成,应在规定的期间内完成。这一规定的期间应合理,只有在例外情况下方可超过10年。如临时协定的成员认为10年不够,它们应向WTO货物贸易理事会提供需要更长期限的全面说明。这项规定是防止WTO成员利用该条款仅就某些特定产品给予区域贸易协定内成员优惠待遇,而非真正实施自由贸易,借此排除或限制其他国家的产品进入其市场。然而并没有说明什么属于例外情况。自由化的实现方式没有任何条件限制,例如自由化可以是直线式的,也可以集中在过渡期某几点上。

(3)除了关税,区域贸易协定还应消除对"实质上所有贸易"的"其他限制性的商业法规"。对于何种贸易政策工具应被视为限制性法规存在争论。可以包括关税配额、特别保障措施、非关税措施以及原产地规则。

(三)透明度

根据第24条第7款规定,WTO成员决定缔结关税同盟或自由贸易区或临时协定,应立

即通知 WTO,WTO 有关委员会将对协定内容进行审查。

二、《关于解释1994年GATT第24条的谅解》对区域贸易协定的规定

在关贸总协定时期,区域贸易协定仅由 GATT 第 24 条来规范,在乌拉圭回合谈判之前,该规定的内容一直没有变化。在乌拉圭回合谈判期间,关贸总协定理事会组织工作组对区域贸易协定进行审查,第 24 条规定的缺陷和不足的问题不断暴露出来,直接影响了总协定对一体化协定的监督和管理。根据该条规定对当时现存的区域贸易协定进行的审查结果,仅有八分之一的协定完全与其规定一致,大部分都与其规定有不同程度的出入,但没有发现一个协定完全与其规定不一致。

为便利成员之间的贸易,澄清用于评估新的或扩大的协定的标准和程序,并提高所有根据第 24 条签署的协定的透明度,从而加强货物贸易理事会在审议根据第 24 条做出通知的协定方面所起作用的有效性,将该规则修改问题列入乌拉圭回合谈判日程。在乌拉圭回合谈判中 GATT 缔约方经过缜密的考虑与激烈的讨价还价,在 GATT 第 24 条下的义务达成了共同谅解,签署了《关于解释1994年关税与贸易总协定第 24 条的谅解》(以下简称《关于解释 GATT 第 24 条的谅解》)。

《关于解释 GATT 第 24 条的谅解》共 15 条,它澄清了该条款中在过去产生歧误的部分,并且规定关税同盟、自由贸易区和导致组成关税同盟或自由贸易区的协议应与第 24 条一致,应避免对其他成员的贸易造成不利影响,提高透明度。它不仅确立了对区域贸易安排形成前后所实施的关税和有关条例的评估办法,而且还明确了在关税同盟成员寻求提高约束关税的情况下做出必要补偿性机制的程序。《关于解释 GATT 第 24 条的谅解》提出货物贸易理事会要加强对关税同盟和自由贸易区的审议,并规定了审议程序,对关税同盟、自由贸易区协议的审议引起的争端适用《关于争端解决规则与程序的谅解》。此外,还进一步规定了成员应采取措施保证区域或地方政府在其辖区内遵守关贸总协定的条款。

《关于解释 GATT 第 24 条的谅解》的主要内容如下:

(一) 对不得高于或严于未建立同盟或临时协定时各组成领土所实施的关税和贸易规章的一般限制水平的解释

《关于解释 GATT 第 24 条的谅解》第 2 条规定:"评估一关税同盟形成前后适用的关税和其他贸易法规的总体影响范围,应根据加权平均关税税率和实征的关税全面评估关税和费用。该评估应根据关税同盟提供的前一代表期的进口统计数据,细分至税号,列出价值和数量,并按 WTO 的原产国别进行分类。秘书处应依照乌拉圭回合多边贸易谈判中评估关税出价时使用的方法,计算加权平均关税税率和实征的关税。为此目的,将考虑的税费应为实施税率。各方认识到,为全面评估难以量化和归纳的其他贸易法规的影响范围,可能需要审查单项措施、法规、所涉产品以及受影响的贸易流量"。

(二) 对临时协定合理期间内成立关税联盟和自由贸易区的计划和进程表的解释

《关于解释 GATT 第 24 条的谅解》第 3 条规定:GATT 第 24 条第 5 款(c)项所指的"合理持续时间"只有在例外情况下方可超过 10 年。如属一临时协定参加方的成员认为 10 年不够,它们应向货物贸易理事会提供需要更长期限的全面说明。

（三）对关税同盟成员方为形成共同对外关税而所拟增加的税率及关税同盟成员方提高约定税率的补偿的解释

《关于解释 GATT 第 24 条的谅解》第 4 条规定：GATT 第 24 条第 6 款制定了一形成关税同盟的成员提议提高约束关税时所应遵循的程序。在这方面，各成员重申，在形成关税同盟或达成一导致形成关税同盟的临时协定的同时修改或撤销关税减让之前，必须按照 1980 年 11 月 10 日通过的准则（《根据第 28 条进行谈判的程序》）和《关于解释 1994 关税与贸易总协定第 28 条的谅解》所列程序进行。

在对关税同盟成员方提高约定税率的补偿上，《关于解释 GATT 第 24 条的谅解》第 5 条进一步规定："这些谈判将以诚信原则进行，以期达成双方满意的补偿性调整。在此类谈判中，按第 24 条第 6 款的要求，应适当考虑在关税同盟形成时其他成员领土对相同税号所做的削减。如此类削减不足以提供必需的补偿性调整，则关税同盟将提供补偿，此种补偿可采取削减其他税号关税的形式。对修改或撤销的约束关税拥有谈判权的成员应考虑此类出价。如该补偿性调整仍不能接受，则应继续进行谈判。如尽管做出此类努力，但是根据由《关于解释 1994 关税与贸易总协定第 28 条的谅解》详述的第 28 条所进行的补偿性调整的谈判不能在谈判开始后的合理期限内达成协定，则关税同盟仍然有权修改或撤销减让；受影响的成员因此有权依照第 28 条撤销实质相等的减让"。

《关于解释 GATT 第 24 条的谅解》第 6 条还规定："对于因关税同盟形成或达成一导致关税同盟形成的临时协定而从关税削减中获益的成员，GATT 并不施加任何义务要求向同盟成员领土提供补偿性调整"。

（四）缔约方全体对关税同盟和自由贸易区的审查

《关于解释 GATT 第 24 条的谅解》要求所有区域贸易协定都应按 GATT 第 24 条规定进行通知，然后世贸组织总理事会成立相应的工作组承担审查任务。该工作组基于调查结果向总理事会下的货物贸易理事会提出报告，然后货物贸易理事会基于工作组执行报告酌情或视必要提出建议。

《关于解释 GATT 第 24 条的谅解》第 7 条规定："所有根据第 24 条第 7 款（a）项做出的通知应由一工作组按照 GATT 1994 的有关规定和本谅解第 1 款的规定进行审议。工作组应就其在此方面的审议结果向货物贸易理事会提交报告。货物贸易理事会可向各成员提出其认为适当的建议。"

《关于解释 GATT 第 24 条的谅解》第 8 条规定："对于临时协定，工作组可在其报告中就拟议的时限和完成关税同盟或自由贸易区形成所需要的措施提出适当建议。如必要，工作组可规定对协定进行进一步审议"。

《关于解释 GATT 第 24 条的谅解》第 9 条规定："为一临时协定参加方的成员应将该协定中包括的计划和时间表的实质性变更通知货物贸易理事会，如收到请求，理事会应审查这些变更"。

《关于解释 GATT 第 24 条的谅解》第 10 条规定："如根据第 24 条第 7 款（a）项进行通知的一临时协定未包括计划和时间表，而违背了第 24 条第 5 款（c）项的规定，则工作组应在其报告中建议此类计划和时间表。如参加方不准备依照这些建议修改该协定，则它们不得维持或实施（视具体情况而定）该协定。应对随后如何审议建议的实施情况作出规定"。

《关于解释 GATT 第 24 条的谅解》第 11 条还规定："关税同盟和自由贸易区的成员应

定期向货物贸易理事会报告有关协定的运行情况。协定中任何重大变更和/或进展一俟发生即应报告"。据此,完成审查工作的各个区域集团应把有关执行变动情况每隔两年定期向世贸组织的货物贸易理事会递交报告。

(五)对争端解决程序的解释

区域贸易协定的运作过程不可避免地会发生一些争端,为此,《关于解释第 24 条的谅解》第 12 条规定:"对于在实施第 24 条中关于关税同盟、自由贸易区或导致关税同盟或自由贸易区形成的临时协定的过程中产生的任何事项,可援引由《争端解决谅解》详述和适用的 GATT 1994 第 22 条和第 23 条的规定"。

(六)对缔约方采取合理措施保证遵守 GATT 各项规定的解释

《关于解释 GATT 第 24 条的谅解》第 13 条规定:"每一成员在 GATT 1994 项下对遵守 GATT 1994 的所有规定负有全责,并应采取其所能采取的合理措施,保证其领土内的地区和地方政府和主管机关遵守这些规定"。

《关于解释 GATT 第 24 条的谅解》第 14 条进一步规定:"对于一成员领土内地区或地方政府或主管机关采取的影响其遵守的措施,可援引由《争端解决谅解》详述和适用的 GATT 1994 第 22 条和第 23 条的规定。如争端解决机构裁定 GATT 1994 的一项规定未得到遵守,则负有责任的成员应采取其所能采取的合理措施保证其遵守。如遇无法保证遵守的情况,则适用有关补偿和中止减让或其他义务的规定"。

《关于解释 GATT 第 24 条的谅解》第 15 条规定:"每一成员承诺就另一成员提出的关于在前者领土内采取的影响 GATT 1994 运用的措施的任何交涉给予积极考虑,并提供充分的磋商机会"。

三、《服务贸易总协定》第 5 条对区域贸易协定的规定

WTO《服务贸易总协定》(GATS)第 5 条规定了区域服务贸易协议必须符合的条件,这个条款实际上是对区域贸易安排的一种妥协,与 GATT 第 24 条一样,属于最惠国待遇原则的例外。GATS 第 5 条"经济一体化"规定:"本协定不得阻止任何成员参加或达成在参加方之间实现服务贸易自由化的协定"。该条包括 8 款,主要内容如下:

(一)一体化要求

第一,一体化必须涵盖众多服务部门,包括三个方面的要求:部门数量、受影响的贸易量和提供方式。为满足此条件,区域贸易协定不应预先排除任何服务提供方式。

第二,要在协定生效时或在一合理时限内在上述部门取消现有歧视措施,禁止采取新的或更多的歧视性措施,实现一体化。

(二)评估要求

在评估上述条件是否达到时,还可以将这种协定与有关这些国家间更广泛的经济一体化或贸易自由化之间的关系结合起来考虑。

(三)对发展中国家的优惠

第三,对发展中国家参加区域服务贸易协议在条件方面给予灵活性,对区域服务贸易协议只涉及发展中国家的,参加方的自然人所拥有或控制的法人可给予更优惠的待遇。

(四)不影响非区域贸易协定成员的待遇

任何区域贸易协定应有利于该协定参加方之间的服务贸易,对该协定外的任何成员

方,不应提高在各个服务部门或分部门中在该协定之前已适用的服务贸易的壁垒水平。

(五)通知与补偿

如因区域贸易协定服务贸易协议的订立、扩大或任何重大修改,导致一成员要修改其在WTO减让表中所列条款和条件,则该成员应至少提前90天通知该项修改或撤销,并应适用《服务贸易总协定》第21条(减让表的修改)第2款、第3款和第4款中所列程序,利益受影响的WTO成员有权获得补偿。

(六)区域贸易协定区外的WTO成员企业待遇

区域贸易协定区外的WTO成员企业按该协定成员的法律所设立的法人,在该协定参加方领土上从事实质性商业经营,应享受该协议项下的待遇。此项涉及服务贸易的原产地。目前,许多协定规定了东道国对该企业的股份比例、设立期限等条件。

(七)通知与审查

区域贸易协定服务贸易协议的订立、扩大或任何重大修改,应及时通知服务贸易理事会,交区域贸易协定委员会审查。区域贸易协定成员对其服务贸易的实施情况应定期向服务贸易理事会报告。理事会如认为需要,可交区域贸易协定委员会审查。理事会在认为必要时,可以对该协定成员提出适当的建议。

(八)区域贸易协定成员不能要求从该协定受益的成员得到补偿

参加任何区域贸易协定服务贸易协议的成员,对其他成员从该项协议中可能增加的贸易利益不得谋求补偿。

从总体上看,《服务贸易总协定》第5条的规定与1994年GATT第24条基本上是一致的,都是在不提高贸易壁垒总体水平的前提下,便利WTO成员之间的贸易,促进国际贸易的发展。区别只是在于,由于GATS不涉及关税和数量限制等贸易壁垒,难以"关境"之类的措施来管理服务贸易,所以没有使用关税同盟和自由贸易区这一称谓,使用的是"经济一体化"概念。但总体而言,GATS第5条规范更为宽松,比如,第5条仅要求取消"大多数行业的大部分歧视性措施",而GATT第24条则是"实质上所有贸易"

此外,根据第5条的补充规定,成员方之间也可以在服务贸易总协定之外缔结劳务市场一体化协定。这种协定必须是建立劳务市场的完全一体化,即规定各缔约方的公民有进入任何另一缔约国就业市场的自由,并包括有工资标准和其他就业与社会福利的措施。劳务市场一体化协定应免除缔约方公民关于居住和工作许可的各种要求。

四、东京回合达成的"授权条款"有关区域贸易协定的规定

1979年,在关贸总协定的第七轮多边贸易谈判"东京回合"中,通过了一项《关于发展中国家差别、更优惠、互惠和较全面参与的决定》。由于该决定对于发达国家给予发展中国家差别、更优惠的待遇,并且给予发展中国家之间建立区域贸易安排免除GATT第1条规定的最惠国待遇的适用,因此,通称为"授权条款"。

(一)"授权条款"的内容

"授权条款"主要有以下3项内容:

(1)发达国家成员在贸易谈判中对发展中国家成员的贸易所承诺的减让或撤除关税和其他壁垒的义务,不能希望得到互惠。

(2)发展中国家成员之间采取的一些优惠减让可以不给予发达国家。

(3)由发达国家向发展中国家提供普惠制待遇。

与 GATT1994 第 24 条不同,"授权条款"并没有直接规定诸如自由贸易区或关税同盟等区域贸易安排的形式,而是规定 GATT 缔约方给予发展中国家差别和更优惠的待遇,"授权"发展中国家之间可以达成相互削减和取消关税及非关税措施的区域性或全球贸易安排(如《发展中国家间贸易谈判议定书》,PTN),可以签署任何形式的区域贸易协定(如《南部非洲关税同盟》,SACU);允许发达国家与发展中国家之间签署由发达国家单方面给予发展中国家优惠贸易待遇的协定(如欧盟与非加太集团签署的《洛美协定》、《科托努协定》等)。但一些拉美国家成员认为,"授权条款"并未允许对其他发展中国家予以歧视,因为它要求更优惠的待遇应给予所有发展中国家,而不是部分发展中国家,因此,《科托努协定》于 2008 年中止。

(二)"授权条款"对发展中国家之间签订区域贸易协定规定的条件

根据东京回合达成的"授权条款",发展中国家之间签订区域贸易协定必须符合以下两个条件:

(1)促进和增加发展中国家之间的贸易,不得对其他缔约方的贸易增加壁垒或造成不必要的困难;

(2)不得构成依据最惠国待遇原则进行的削减或取消关税的障碍,或者对贸易的其他限制。协定当事方必须通知缔约方全体,提供其认为适当的信息,且应任何有利害关系的缔约方的要求,提供及时进行磋商的适当机会。

根据"授权条款"签订的区域贸易协定,无需将这类协定按 GATT 第 24 条的规定审批或按 GATT 第 25 条"豁免义务"程序来审批。

五、多哈回合谈判达成的《区域贸易协定透明度机制》

2001 年 11 月第四次 WTO 部长级会议启动多哈回合谈判。WTO 规则谈判小组在区域贸易协定程序性问题的谈判取得了重要突破,2006 年 12 月 18 日 WTO 理事会通过了《区域贸易协定透明度机制》(以下简称《机制》)的决议,用来指导 WTO 区域贸易协定委员会对 WTO 成员间达成的区域贸易协定的审议工作。《机制》为 WTO 成员审议相关区域贸易协定提出了增进透明度的要求。根据此机制,区域贸易协定的成员需要履行的义务主要有早期通报义务、通知义务、履行透明度程序义务以及后续通知及报告义务。

具体内容有 9 段和 1 个附件,包括以下几个方面:

(一)早期通报

《机制》规定,参加一项新的区域贸易协定磋商的成员应尽力向 WTO 秘书处作相应通知,启动谈判,协定签署后应向 WTO 秘书处传达有关新协定的信息,包括协定的正式名称、范围和签署日期,任何预计其生效或临时适用的时间表,相关的联系要素和(或)网站地址,以及任何其他相关的非限制性信息,只要这些信息可以公开。

(二)通知

《机制》明确了缔约方通知的具体义务,《机制》规定,原则上,新的区域贸易协定的缔约方在签署协定或任何一方批准或决定适用协定的相关部分后、各缔约方适用优惠待遇之前,应通知 WTO 秘书处。缔约方应指明是依照 WTO 哪(些)项规定进行的通知,提供用

WTO官方语言之一书写的协定全文(或者他们决定适用的那些部分)以及任何相关的时间表、附录、议定书以及相关的官方互联网链接地址等。

(三)提高透明度的程序

根据《机制》规定的程序,区域贸易协定的缔约方应向WTO秘书处提交《机制》附件中所要求的各种数据,以便帮助成员审议;秘书处应主要依据各当事方提供的信息(必要时也可以使用从其他渠道获得的数据),准备一份关于协定的事实报告;审议以会议的形式进行,区域贸易协定委员会要专门为通知给WTO的每一项区域贸易协定举行一次正式的审议会议。秘书处应将事实报告连同缔约方提交的任何额外信息一并在正式审议会议前八周分发给成员;所有提交的书面材料和专门为该项区域贸易协定举行的正式审议会议的会议记录,会迅速分发给成员,成员也可以在WTO网站上获取。正常情况下,审议应在该区域贸易协定被通知给WTO之日起一年内结束。《机制》细化了WTO成员的审议义务,提高了审议透明度的程序。

(四)随后的通知与报告

《机制》规定了区域贸易协定内容变更或修订后以及执行期结束前的通知和报告事务。区域贸易协定的缔约方有时可能会对协定的内容进行变更或修订,如果这些变更或修订影响到协定自身的执行或者某一既有协定的执行,则缔约方在变更或修订协定后应尽快通知WTO,提供一份所作变更的摘要,以及任何相关的文本、时间表、附件和议定书等,秘书处应迅速公布在WTO网页上。在协定执行期限的最后,缔约方应向WTO提交一份简短的书面报告,秘书处也应迅速将这些消息公布在WTO网站上。

(五)机制实施机构

《机制》规定,WTO区域贸易协定委员会将依据GATT第24条和GATS第5条对区域贸易协定进行审议。同时WTO贸易和发展委员会将根据授权条款对区域贸易协定进行审议。

(六)对发展中国家的技术支持

WTO秘书处根据发展中国家、特别是最不发达国家的请求,将为其就提交区域贸易协定的相关资料提供技术支持。

(七)其他规定

任何WTO成员可以随时向WTO秘书处索要有关区域贸易协定透明度机制方面的资料。WTO秘书处应建立并维护区域贸易协定的电子数据库,供公众查询。

(八)临时适用透明度机制

《机制》临时适用于根据WTO相关条款签订的所有区域贸易协定,并提出了具体要求。

(九)机制的评估

《机制》规定,在适用一段时间后,应成员的要求,可对《机制》进行评估,如有必要还会继续修改,最终作为多哈回合全面成果一部分而被采用的永久性机制。

此外,附件为《区域贸易协定参加方提交的数据》。(1)货物贸易协议应提交:协定关税减让表,最惠国关税率,其他数据(如优惠率、关税配额、临时限制措施、特别保障措施),原产地规则,最近3年的进口统计;(2)服务贸易协议应提交:最近3年的服务贸易的收支平衡统计表、国内生产总值、外国直接投资和自然人流动统计;(3)如果协定仅涉及发展中国家,特别是最不发达国家时,对上述数据将特别关注协定的技术性限制。

《机制》将区域贸易协定对于 WTO 的透明度大大提高,使 WTO 及其成员可以及时掌握区域贸易协定发展的动态,新的区域贸易协定的缔约方也将较为严格地受制于更透明、更有效的审查工作。《机制》所规定的"事实报告"制度,虽然极大地便利了其他 WTO 成员对协定的审议,但由于报告的准备需要协定缔约方提供额外信息,这就增加了各缔约方协调多边贸易谈判和区域、双边贸易谈判之间关系的难度。

六、WTO 对区域贸易协定的审议

(一)建立区域贸易协定审议机构

为了审议评估区域贸易协定是否与 WTO 规则相一致,正确处理区域性与多边性安排之间的关系,以及最大限度减少由区域贸易协定带来的贸易障碍,WTO 加强了对区域贸易协定的监察。1996 年 2 月 6 日,世界贸易组织总理事会成立了区域贸易协定委员会。区域贸易协定委员会的主要职责是:评审各成员依据 GATT 第 24 条、GATS 第 5 条及授权条款所通报的区域贸易协定内容并对相关成员提出适当建议;加速审查程序,提交审查报告,考察区域贸易协定的体制性含义,以及区域与多边贸易组织的关系,并向总理事会提出建议;执行总理事会决议,每年对总理事会提出报告。

(二)制定通知资料标准格式

为了便于审查区域贸易协定是否符合 WTO 相关规定以及便利区域贸易协定缔约方提交通知的原始资料并将资料格式标准化。WTO 区域贸易协定委员会于 1996 年 7 月和 1997 年 5 月分别对区域贸易协定和服务贸易经济一体化协定通知资料内容制定了一套标准格式,该标准格式可视为区域贸易协定缔约方通知 WTO 基本资料的指导原则。

(三)规范审查内容和程序

为了减少贸易障碍,保证区域贸易协定不对贸易体制造成扭曲,WTO 区域贸易协定委员会对审查内容和程序作了规范。主要包括以下流程:

(1) WTO 成员签订关税同盟或自由贸易区及过渡协议后,应立即通知货物贸易理事会或贸易与发展委员会或服务贸易理事会,同时提供区域贸易协定条文内容。

(2) 货物贸易理事会、贸易与发展委员会、服务贸易理事会召开会议进行审查,并同意将该区域贸易协定送交由区域贸易协定委员会进行审查。

(3) 区域贸易协定委员会召开审查会议。

(4) 区域贸易协定的成员应委员会要求提供格式化的相关信息、资料。这些信息和资料将被制成正式文件分发。此过程被称为"事实审查"阶段。

(5) 在委员会的会议上,协议成员就协议相关内容回答 WTO 其他成员的提问,这些问答将被详细记录下来,作为审查的正式文件发表。

(6) 委员会在结束事实审查后,委托秘书处起草一份审查报告,作为各成员方磋商的基础。

(7) 委员会在协商一致的基础上,向提交审查的理事会做出审查报告,由其通过。

(四)加强评审

加强对各类区域贸易协定是否有助于多边贸易体制的评审,并就各类协定的评审结果提出报告。

第二节　WTO 与区域贸易协定的关系

目前,从投资贸易优惠程度和贸易自由化程度看,世界经济贸易已呈现出:国别贸易(包括其中一方为非 WTO 成员)—WTO 成员之间贸易—区域贸易协定内部贸易的新趋势,区域贸易协定区内贸易成为贸易自由化的最高形式。不加入 WTO 将在世界贸易中出局,加入 WTO 后,不参与区域贸易协定,则将被世界贸易边缘化。无论是参与区域贸易协定还是加入 WTO,都是各国出于国家利益,为实现特定的战略目标而做出的对外经济贸易政策选择。当前大多数国家前所未有地参与到两大趋势中来的现实表明,多边主义与区域主义是一种共生的关系,两者都存在缺陷,都需要在矛盾中寻找相互补充、共同发展的契机,也正是在这种冲击磨合中,WTO 才能不断完善自己,区域贸易协定才能不断规范自己。

一、区域贸易协定的发展

区域贸易协定的历史悠久,早在全球多边贸易体制形成之前,就出现了。WTO 成立后区域贸易协定发展加快,因多哈回合谈判进展缓慢,特别是 2008 年全球金融危机爆发后,区域贸易协定呈现出迅猛发展的势头。据 WTO 官方资料统计,截至 2010 年 12 月底,向 GATT/WTO 通报并生(有)效的区域贸易协定 289 个(通报了的、已实施的、不含失效的)。其中,按签署区域贸易协定的类型分,优惠贸易协定 15 个,占 5%;自由贸易协定与经济伙伴关系协定 170 个,占 59%;关税同盟 21 个,占 7%;服务贸易一体化协议 83 个,占 29%。服务贸易一体化是区域贸易协定的较高级阶段,大多数区域贸易协定都是先签货物贸易协定后,再签服务贸易协定。按签署区域贸易协定的主体分,两个国家(单独关税区)之间签订的双边区域贸易协定 114 个,三个以上国家(单独关税区)签署的诸边区域贸易协定 38 个,区域贸易集团与单个国家(单独关税区)签署的双边区域贸易协定 46 个,区域贸易集团与区域经贸集团签署的区域贸易协定 1 个。这些协定成员形成了 197 个区域经贸集团(扣除加入、扩大的协定;同一经济体签的货物贸易协定与服务贸易协定计为 1 个)。

如果将那些已经生效但没有通报、已签署但尚未通报和生效、目前正在谈判之中的区域贸易协定考虑在内,将有更多的区域贸易协定。目前仍有 34 个区域贸易协定已向 WTO 预通报,有些已结束谈判,其中有 10 个已签署。

目前,有 210 多个国家和单独关税区签订了 1 个以上区域贸易协定,有 30 多个国家参加了 20 个以上的协定,例如智利、墨西哥、新加坡、欧盟、欧贸联、土耳其。欧盟签订的区域贸易协定涉及的国家或地区已达到 70 多个;有的国家签署的协定书虽然不多,但涉及的国家和地区多,如埃及、突尼斯、摩洛哥、以色列、菲律宾、马来西亚、巴基斯坦、约旦等国,埃及、突尼斯有协定关系的国家或地区已超百个。这些国家都有多重成员资格。

当今的国际贸易主要是在两种体制下运行,一是 WTO 多边贸易体制,世界贸易额的 96% 以上在 WTO 成员之间进行;二是区域贸易协定体制,世界贸易额的 50% 以上是在区域贸易协定成员之间进行,WTO 成员除了蒙古国外都参加了 1 个以上的区域贸易协定,因此,区域贸易协定体制内的贸易额已同 WTO 多边贸易体制平分秋色。大量区域贸易协定的签订,正在从根本上改变世界贸易的版图。

二、WTO 与区域贸易协定关系的辩论

在区域贸易协定与 WTO 多边贸易体制之间,既存在相互竞争和替代的关系,又具有相互补充和促进的关系。区域贸易协定和多边贸易体制所体现的基本原则大体上是一致的。但是,在各种原则的适用规范上,两者存在着一定的差异。区域贸易协定是促进区域内生产要素和货物、服务的自由流动,多边贸易体制则是立足于促进全球生产要素和货物、服务的自由流动。由于多边贸易体制的要求相对更广泛一些,WTO 成员之间达成协议的困难,促使各国更积极地参与区域贸易协定,区域贸易协定的达成为 WTO 多边规则提供了一个新的起点。

(一)对 WTO 与区域贸易协定的关系的主要观点

世界贸易组织是处理国际贸易全球规则的唯一国际组织,WTO 的目标是建立一个完整的包括货物、服务、与贸易有关的投资及知识产权等更具活力、更持久的多边贸易体系。非歧视原则(最惠国待遇和国民待遇)、开放市场原则、公平竞争原则、透明度原则以及例外原则等是支撑 WTO 多边贸易体系的基本原则。区域贸易协定对 WTO 多边贸易体系产生积极影响或消极影响,各国经济界和理论界一直争议不断,研究探讨很多。主要有"彼此消长论""平行发展论""互补性竞争论"。

(1)多边贸易体制与区域贸易协定的"彼此消长论"。认为区域贸易协定加强的趋势使多边贸易体制遭到减弱,而多边贸易体制的强化将有效抑制区域贸易协定的发展势头。认为区域贸易协定与多边贸易体制的关系中只存在"竞争"而没有互补,或者竞争大于互补,本质上并不认同区域贸易协定对多边贸易体制的积极补充作用。

(2)多边贸易体制与区域贸易协定的"平行发展论"。认为区域贸易协定与多边贸易体制之间既有竞争又有互补,是朝着同一方向、目标的在两条轨道上行驶的一对列车。总体上互补关系大于竞争关系,主张保持两者的平行发展。

(3)多边贸易体制与区域贸易协定的"互补性竞争"关系:①区域贸易协定与多边贸易体制一个时期内的主导关系为竞争,另一个时期内的主导关系为互补,而不是二者之间某些方面存在互补关系,某些方面存在竞争关系;②没有竞争就没有互补,竞争扩大了互补内涵,互补关系的发展又进一步扩大了竞争的层次和范围,进而形成一个竞争与互补关系相互转化的"互促互容"的动态发展局面;③多边贸易体制的规则与纪律及其审议报告程序,可借助于两步宽容、双重成员资格、动态规模效应、第三国反应、趋同性和优势互补等主观与客观因素的作用,加以制约区域贸易协定排他贸易保护主义倾向的形成和发展,进而遏止"没有互补"的竞争关系的产生;④互补与竞争关系的相互转化,为贸易自由化的整体发展注入了生机与活力;⑤互补性竞争推动和加速了区域贸易协定与多边贸易体制的最终回合,因而,使得基于全球贸易自由化的国际经济一体化得以实现。

(4)一项例外与全面例外。WTO 成员对关贸总协定第 24 条、服务贸易总协定第 5 条与其他 WTO 规定的关系存在分歧:一派主张第 24 条、第 5 条仅仅是对 WTO 最惠国待遇条款的例外,区域贸易协定的缔约方必须遵守的 WTO 其他规定。他们认为第 24 条、第 5 条并没有赋予区域贸易协定成员以特权,因而它不能作为与 WTO 其他规定不一致的依据。另一派主张第 24 条、第 5 条是对 WTO 所有其他规定的例外,只要区域贸易协定的规定不损害第三方的权益,可以与 WTO 的相关规定不符。由于 WTO 对区域贸易协定的规范含义模糊不清,区域贸易协定委员会和争端解决机构执行态度的宽松,从而使各国在遵守这些规范时

上具有了较大的自由度。

此外,类似的争论还有:区域贸易协定是"创造贸易"还是"转移贸易",对于多边贸易体制,区域贸易协定是垫脚石还是绊脚石。

(二)区域贸易协定对多边贸易体制的促进作用

区域贸易协定是 WTO 的一种例外,区域贸易协定既是超越 WTO 的深入开放,又是对 WTO 自由贸易体制的有益补充;它既遵循多边贸易体制的基本原则,又在协定伙伴成员之间提供更加自由的经济贸易空间,实现互利。在多数情况下,区域贸易协定与多边贸易体制的标准一致,甚至超越多边贸易体制的标准。区域贸易协定已经成为主要国家推动贸易自由化的重要的贸易政策工具,区域贸易协定有益于多边贸易体制的发展主要体现在:目标的一致性、"实验场"的可行性、"次优"的选择性、各方利益的平衡性、两者关系的紧密性。

(三)区域贸易协定对多边贸易体制的冲击影响

在不同的区域贸易协定下,关税减让计划的范围和时间表各不相同,关税减免的轨迹设计也不一致。在一些区域贸易协定中包含有"其他限制性贸易法规"的条款,例如关税配额、特殊的安全标准以及更严格的原产地规则等。各个区域贸易协定不同的甚至过于严格的原产地规则,像"意大利面条碗(Spaghetti Bowl)",很容易增加贸易商的管理成本和厂商的生产成本,从而制约了它们的竞争力。而且,生产厂商的规模越小,原产地规则的成本相对就越高。区域贸易协定对多边贸易体制的冲击主要体现在:对 WTO 最惠国待遇原则的冲击、对原产地规则的冲击、对 WTO 贸易救济措施及争端解决机制的冲击、对 WTO 多边贸易谈判进程的冲击、对 WTO 机制的冲击。

三、区域贸易协定与多边贸易体制的改革

在多边贸易体制与区域贸易协定并行的情况下,要积极寻求区域贸易协定与多边贸易体制的改革之道,主要是沿着两个方向:区域贸易协定要开放,更具透明度,而多边贸易体制要对其有实质性的约束。

一方面,要加强多边体制自身的改革与完善,增强多边体制的动力和活力,力争在多边谈判中取得新的突破和进展,使人们保持对多边体制的信心和热情,引导区域力量一起加速推进多边贸易自由化的进程。第一,增补新标准和制定新纪律,迫使每一个区域贸易协定都能够真正接受多边贸易规则,在 WTO 的基础上进一步降低关税,取消贸易限制,使自由贸易再向前迈进一步。

例如,区域贸易协定的原产地规则、反倾销措施、保障措施及其贸易救济措施、争端解决机制的协调等。第而,加强对区域贸易协定的监督,尤其要加强对区域贸易协定运行的监督。只有这样,才能使区域贸易写不至于脱离世贸组织规则的控制,真正有利于世界范围内的贸易自由化。

另一方面,应倡导"可操作性的约束与合作机制",既要鼓励开放的区域贸易协定,也要加大约束力度。第一,鼓励区域贸易协定吸收更多的成员,鼓励区域之间税收和其他限制性商业规定的消除,扩展至所有贸易,鼓励区域贸易协定向多边体制靠拢。第二,应探索一种可磋商的体制来更有效地安排和监管区域贸易协定,针对与 WTO 相冲突的区域规则加以磋商和协调,制定可操性更强的有关区域贸易协定的通报、批准和政策评估程序;要对 WTO 中适用于区域贸易协定的条款进行重新定义或者对含义模糊的指导性语句予以澄清,让各国都有一个明确的参照标准。第三,完善区域贸易委员会的工作程序。随着多边贸易体制的不断完善,区域贸易协定不断开放并加以约束,区域贸易协定与多边贸易体制将在博弈中融合共生,相互促进,推动世界范围内的贸易自由化。

第十二章 世界贸易组织的贸易政策审议规则

为未来经济、贸易制定计划和进行投资,商业界和政府都希望能够确定其贸易伙伴正在实施的有关法律、法规,并且它们是以同样的方式实施的。世界贸易组织多边贸易规则的主要目的就是给国际贸易建立一个可预测的和自由的经济和法律环境。因此,法律法规和政策措施的透明度是至关重要的。世界贸易组织为实现这一目的采取的手段是有关透明度和贸易政策审议的安排。前者是各成员必须通过经常性的"通知",向世界贸易组织及其成员通知各自的法律法规和政策措施,后者是世界贸易组织对各成员的贸易政策进行经常性的审议。贸易政策审议机制是乌拉圭回合多边贸易谈判首次创立的国别贸易政策审议制度。贸易政策审议有两种不同的形式,即对每一成员阶段性地进行全面的政策审议,以及世界贸易组织各专门机构在各成员政府通知的基础上对具体的政策措施进行详细的审议。

世界贸易组织的贸易政策审议机制包括《贸易政策审议机制》和《关于通知程序的决定》以及各协定、协议中有关透明度、贸易政策通知、审议及程序的规定。贸易政策审议机制使世界贸易组织成员定期集体评估和监督每一个成员的贸易政策、措施及做法的各个方面情况,从而提高多边贸易体制的整体透明度。

第一节 贸易政策审议机制

《贸易政策审议机制》(Trade Policy Review Mechanism,简称 TPRM)在 1988 年乌拉圭回合谈判中期评审会议上通过,1989 年开始运行,在乌拉圭回合谈判结束时设立常设机构,《贸易政策审议机制》文件修改后成为《建立世界贸易组织的协议》的一个附件,审议范围由货物贸易扩大到服务贸易和知识产权贸易。它由目的、国内政策透明度、审议程序、报告、与 1994 年《关贸总协定》和《服务贸易总协定》的国际收支条款的关系、对机制的评审、国际贸易环境发展综述等 7 条组成。内容主要是:

一、贸易政策审议机制的目的

贸易政策审议机制的目的是通过对各成员的全部贸易政策和做法及其对多边贸易体制运行的影响进行定期的集体审议和评估,促进所有成员更好地遵守多边贸易协议和适用的诸边贸易协议项下的规则、纪律和承诺,并通过深入了解各成员的贸易政策和实践,实现其更大的透明度而使多边贸易体制更加平稳地运作。审议机制能定期集中监督和评估各成员的贸易政策和实践的所有方面及其对多边贸易体制运作的影响。但这种集体审议区别于世界贸易组织其他机构的运作,这些机构负责监督每个成员执行具体协议的情况,也区别于争端解决程序。贸易政策审议机构不是某个实体协议的执行机构,审议结果也不能作为成员增加新的政策性承诺的依据。审议的重点是接受审议成员的贸易政策,也考虑更广泛的经济和发展需要、政策、目标以及外部环境。

因此,贸易政策审议机制具有双重目的。一是了解所有成员政府在多大程度上遵守和实施世界贸易组织多边贸易协议和承诺。通过定期审议,世界贸易组织作为监督者,要确保其规则的实施,以避免贸易摩擦。二是增强各成员贸易政策的透明度,更好地了解成员的贸易政策制定和实施情况。

二、贸易政策审议机构

按世界贸易组织所确立的目标、范围和程序建立的贸易政策审议机构(TPRB),负责贸易政策审议机制(TPRM)的运作,对各成员的贸易政策进行定期审议。世界贸易组织总理事会会议作为贸易政策审议机构,所有世界贸易组织成员均可参加,世界贸易组织秘书处负责贸易政策审议机构的日常工作。

三、国别审议

所有世界贸易组织成员的贸易政策都要进行审议,贸易政策审议机构每年确立一个审议计划。

(一)审议频率

贸易政策审议的频率取决于各成员对世界贸易组织多边贸易体制的影响程度。在世界贸易市场份额中居前4名的成员每两年审议一次,居前5～20名的成员(根据其在世界贸易中的份额确定)每4年审议一次,其他成员每6年审议一次,最不发达国家成员可以有更长的审议间隔时间,以确保各成员贸易政策符合世界贸易组织的规则。此外,1996年审议机制修改后,两次审议之间增加了6个月的灵活余地。

(二)审议的程序

根据1996年成员会议达成的谅解,《贸易政策审议机制》做了几项程序性的修改(D节的大部分内容实际上被停止使用)。贸易政策审议机构审议时应制订一个基本计划,并与有关成员磋商并确定审议方案。每一次审议都是在接受审议成员按规定提供的"政策声明"和世界贸易组织秘书处独立准备的一份详细报告两份文件的基础上进行的。

1. 秘书处的报告

秘书处的报告包括:"意见摘要",经济环境,贸易与投资政策制定机制,贸易政策与做法(按措施划分和按部门划分)等四部分。报告要经过有关成员核对有关事实是否准确,但秘书处对报告负最终责任。秘书处的报告是在有关成员提供的信息,问卷调查,与接受审议成员政府各部和其他相关机构进行讨论,以及向私营企业、中介机构(如制造商协会、商业协会)、有关研究机构进行咨询的基础上编写的。

2. 成员政府提交的"政策声明"

各成员应按规定向贸易政策审议机构提交本国贸易"政策声明",内容主要是概述贸易政策的目标和主要方向,具有前瞻性,全面阐述其实施的贸易政策和做法;也可以包括对经济形势、主要趋势和问题的简要介绍,如在国外市场上遇到的问题等。内容应尽可能地与多边贸易协议和适用的诸边贸易协议条款中的通知要求协调一致。报告应按贸易政策审议机构规定的内容和格式提交,长度一般在10～30页纸之间。

3. 具体审议

真正的审议由贸易政策审议机构进行,审议对所有成员开放,从成员中选择两位讨论人,以便进行辩论。这两人以个人身份参加会议,不代表各自的政府。

贸易政策审议机构在审议成员的贸易政策报告时应遵照审议目的的原则,重点是成员的贸易政策和实践,在相关限度内,既以有关成员的外部环境为背景,也以其广泛的经济和发展需要、政策和目标为背景。

会议一般连续进行两次,第一次会议由接受审议的成员致开幕辞,随后讨论人发言,与会者发表意见。第二次会议根据第一次会议情况进行磋商后确定的主题举行,成员对已经提出的问题做出答复,并进行进一步的讨论;如有必要的话,可以在一个月内做出书面补充答复。会议在主席作出总结后宣布结束并举行新闻发布会。秘书处的意见摘要和主席的闭幕词随后公布。将接受审议成员和秘书处提供的报告及秘书处的会议记录以英、法和西班牙文出版;并将这些文件提交部长级会议。

四、对国际贸易环境发展情况审议

《贸易政策审议机制》还规定,贸易政策审议机构应就对多边贸易体制产生影响的国际贸易环境发展做出年度回顾。为此,总干事要提交年度报告,列出世界贸易组织的主要活动,突出的重要的政策问题。年度审议为世界贸易组织成员提供了目前贸易政策和贸易环境发展趋势的总体回顾。

五、国内透明度

贸易政策透明度原则包括政府决策的国内透明度对各成员的经济和多边贸易体制都具有内在价值的规则。各成员应在自己体制内鼓励和促进更大的透明度。但另一方面,贸易政策透明度确实是一个国内问题,采取的行动必须以自愿为基础,并考虑到每个成员的法律和政治体制的不同之处。

六、贸易政策审议机制的作用

贸易政策审议机制的作用是审查成员的贸易政策和实践对多边贸易体制的影响,力求使各成员贸易政策、措施与世界贸易组织有关协议一致,通过提高各成员贸易政策的透明度达到提高国际贸易的可预见性和稳定性,同时有助于加强对各成员履行多边贸易义务的监督,确保世界贸易组织规则的实施。因此,《贸易政策审议机制》被认为是世界贸易组织体制中有价值的、甚至是独特的组成部分,主要体现在以下四个方面:

(1)这是世界贸易组织对各成员贸易政策的所有方面进行审议的场所和机会。该机制包括对成员的贸易和经济形势的客观、独立的评估和"外部审计",以及评估国际贸易环境的发展变化,有助于增加各成员与多边贸易体制的透明度。

(2)接受审议的成员对其贸易和与贸易有关的政策进行解释、说明和讨论,参与审议的成员可以提问,可以获得信息,可以表达关注,有助于增进成员之间的相互了解,减少或避免贸易争端。

(3)接受审议的成员能从审议中获得很多好处。审议常常使接受审议的成员有机会了解其他成员对自己所面临问题的理解,说明其贸易政策与其更广泛的经济增长和发展如何发生联系,以及贸易伙伴的政策可能对其造成的困难。进行贸易政策审议的过程,包括对首都的访问,可以为国别政策制定提供有价值的信息。在许多成员中,审议帮助增强了国内各部门之间对贸易和与贸易有关的政策的讨论和合作。此外,该机制还可以对许多发展中国家成员发挥重要的技术合作作用,向他们介绍世界贸易组织成员资格的各个方面,确定今后可以满足的具体技术援助需要。

（4）在实践中，各成员贸易政策完全符合世界贸易组织多边贸易规则是不现实的，也是几乎没有的，这往往是一项义务被忽视或被解释成与其他成员理解不同的意思。当一成员所实行的贸易政策背离世界贸易组织的规则，给其他成员造成损害，将引起贸易争端时，通过贸易政策审议机制，使该成员发现和修改其贸易政策，将其拉回到世界贸易组织的多边贸易体制的轨道上来。

从整体上讲，贸易体制可以在审议过程中获益，能够帮助政府推行理想的贸易政策改革。贸易政策审议机制也可以不断阐明至今未受到足够重视的世界贸易组织义务，因而有助于保证这些义务得到重视。

第二节 通知义务

《1947年关贸总协定》第10条规定，成员有公布国内贸易法律、法规的一般性义务，但是没有规定将这些信息通知关贸总协定秘书处和转交给另一成员的要求。为此，关贸总协定东京回合谈判于1979年11月28日通过了《关于通知、磋商、争端解决和监督的谅解》。当管理影响贸易的非关税措施的义务变得更加全面和详细时，关贸总协定设立了专门的委员会以保证国别措施符合这些义务。

乌拉圭回合多边贸易谈判达成的一揽子协议中有一项专门的部长级会议决定——《关于通知程序的决定》。这项《决定》规定了进行通知的一般性义务，得到了世界贸易组织核心协议的支持，并规定进行审议以使现有义务合理化。乌拉圭回合谈判达成的协议都包含了此类通知要求，并设立了委员会或其他机构监督相关协议的实施，大部分监督工作是在各成员做出的通知的基础上进行的。一些协议还规定了"反向"通知，即在通知中一成员可以提请注意另一成员采取的措施。因此，通知成为世界贸易组织透明度原则的具体体现和实施的必要程序。

《关于通知程序的决定》（Decision on the Notification Procedures）由关于通知的一般义务、通知登记中心和通知义务及程序的审议三部分及1个附件组成。

一、通知的一般义务

《关于通知程序的决定》规定的一般性义务虽然将世界贸易组织的各项协议视为一个整体，但是集中在影响货物贸易的措施上。《决定》要求各成员要在最大限度内通报自己所采取的有关影响《1994年关贸总协定》实施的贸易措施，无论这种通知是否是世界贸易组织某一特定协议所要求的，该决定的附件列出了《需通知措施的指示性清单》，共20项措施、规则或安排的例示清单，作为必须进行通知措施的指导。该清单实际上与贸易政策审议机制报告所涉及的措施例示清单相同。根据该《决定》，每个成员必须定期或随时通知其相关法律法规的任何变化情况，并提供这些变化实施的详细情况。

二、通知的登记中心

《关于通知程序的决定》规定在世界贸易组织秘书处设立一个"通知登记中心"（Central Registry of Notification）。通知登记中心负责将各成员所采取的措施的目的、贸易范围和通知的要求等要点记录在案；提醒成员在下年度应承担的正常通知义务，提请未履行正常通知义务的成员履行其义务;将所得到的各种信息应要求提供给有兴趣的任何成员。

三、通知义务及程序的审议

该《决定》规定,货物贸易理事会负责《1994年关贸总协定》及其各项协议中的通知义务及程序的审议,成立一个工作小组负责此事。工作小组的职权范围是对货物贸易各项协议规定的各成员的所有通知义务进行全面审议,使这些义务尽可能简化、标准化和强化,在此过程中,应注意提高各成员贸易政策透明度及为此而制定的监督安排的有效性的总体目标和一些发展中国家为履行通知义务可能需要的协助;定期将审议结果向货物贸易理事会提出建议。

第十三章 世界贸易组织的争端解决规则

　　解决争端是世界贸易组织的重要组成部分,是世界贸易组织与其他组织相比的显著特征之一。其目的不仅仅是裁定谁对谁错,或是确定一国对该事项应负有什么责任,也不是简单地对一成员违反世界贸易组织规则的行为进行制裁,甚至很少惩罚。而是通过争端解决程序,特别是磋商调解,为各成员提供一个论坛,使他们有机会就贸易问题进行广泛磋商,以求得出双方可以接受的解决问题的办法,使有关成员之间利益和义务平衡,避免采取歧视性贸易措施给世界贸易带来的损害。

　　为了保护各成员在世界贸易组织中获得的利益不受损害,维护成员的正当权利,协调成员之间的贸易关系,解决贸易争端,在磋商调解原则下,世界贸易组织制定了一套磋商程序和申诉利益丧失或损害的程序,以保证成员顺利履行世界贸易组织的权利和义务。

　　作为一个庞大的国际贸易组织,迅速有效地解决成员之间的贸易争端对于世界贸易组织的运作至关重要,乌拉圭回合产生的争端解决机制是保护和加强多边贸易体制稳定性和可预见性的关键因素。世界贸易组织的争端解决体制的核心是精确的操作程序、明确的时间限制以及严格的交叉报复机制。

　　争端解决规则包括《关于争端解决规则与程序的谅解》及其附件,此外,还有《关于实施与审议关于争端解决规则与程序的谅解的决定》《关于服务贸易总协定某些争端解决程序的决定》《关于按照履行1994年关税与贸易总协定第六条的协议或补贴与反补贴协议第五部分处理争端的宣言》,以及世界贸易组织各项规定及其配套或附属协议中有关争端解决的条款。以《关于争端解决规则与程序的谅解》作为主线,形成世界贸易组织争端解决的程序法律体系,并建立起类似终审法院的争端解决机构和一个常设上诉机构。

第一节 《关于争端解决规则与程序的谅解》主要内容

一、《关于争端解决规则与程序的谅解》主要条款

　　《关于争端解决规则与程序的谅解》(Understanding on Rules and Procedures Governing the Settlement of Disputes,缩写DSU)简称《争端解决谅解》,共27条和4个附件。主要条款有:范围和适用,管理,总则,磋商,斡旋、调解和调停,评审组(设立、职权范围、组成、职能、程序),多个起诉方的程序,第三方,寻求信息的权利,机密性,中期审议阶段,评审组报告的通过,上诉机构,争端解决机构决定的时限,对执行建议和裁决的监督,补偿和中止减让,多边体制的加强,涉及最不发达国家成员的特殊程序,仲裁,非违反起诉等条款。

　　(1)规定了争端解决的范围、实施及管理。争端解决机制适用于各成员根据世界贸易组织的各项协定、协议及其附属协定、协议所提起的争端。

　　(2)总则规定了争端解决的原则精神:依照解释国际公法的惯例澄清世界贸易组织有关协定协议的规定,解决争端各方的争议;平等、迅速、有效、双方可以接受。争端解决机构的建议和裁决不能增加或减少适用协定所规定的权利和义务。争端解决程序,须按诚信原则使用,不得用于要挟和报复的目的。

(3)规定了以保证世界贸易组织规则的有效实施为争端解决的优先目标。争端解决机制的目的是使争端得到积极有效的解决,各方可进行磋商,寻求均可接受并符合世界贸易组织有关协议的解决办法;如果不成,则是确保成员撤销被认定违反世界贸易组织有关协议的立法、政策和措施;如该措施暂时不能撤销,应申诉方要求,双方进行补偿谈判,如达不成满意的补偿方案,经争端解决机构授权,申诉方可采取报复措施。

(4)规定了解决争端的两种方法。贸易争端可通过政治方法(磋商、斡旋、调解和调停、仲裁)或法律方法(包括磋商、评审组与上诉机构审理、裁决的执行及监督等基本程序)解决。《谅解》鼓励成员通过磋商解决贸易争端。

(5)规定了严格的争端解决时限,争端解决的各个环节均规定了严格、明确的时间表,不允许拖延,如果上诉,总时限最长不超过1年零3个月。

(6)实行"反向协商一致"的决策原则。争端解决规则采取了独特的"反向"协商一致的决策机制,只要有提议,除非全体协商一致反对,否则该提议就通过。

(7)禁止未经授权的单边报复。争端当事方应按规定妥善解决争端,禁止采取任何单边的、未经授权的报复性措施。

(8)允许交叉报复。经争端解决机构授权,利益受到损害的成员可以进行报复,报复应优先在被裁决违反世界贸易组织有关协议的措施的相同领域进行,称为平行报复;如不可行,可在同一协定下其他领域进行,称为跨领域报复;如仍不可行,则在其他协定进行,称为跨协定报复。

二、争端解决管辖的范围

在世界贸易组织中,参与争端解决的主体是各成员政府,而非企业。但是,政府间的争端是由一成员企业受到其他成员贸易立法、政策和措施的不公平待遇引起的,因此,政府是代表企业出面交涉、诉诸争端解决程序的,以维护本国的经济利益。

(一)管辖的范围

争端解决机构的管辖权及其范围是《建立世界贸易组织的协议》、三大协定及其附属协议赋予和规定的。争端解决机构解决争端的法律依据是世界贸易组织各项协定、协议。

一般地说,当某成员对另一成员执行《建立世界贸易组织的协议》的情况不满且理由充分时,即可求助于争端解决机制。凡是侵害世界贸易组织有关协定规定的权利的行为,即可初步推定构成他方利益的损害或丧失。根据世界贸易组织各项协议及《争端解决谅解》的规定,若一成员认为发生了如下任何一种情况,即可启动争端解决程序:

1. 世界贸易组织某项协定、协议赋予该成员的某些利益正受到减损或丧失。
2. 由于下列行为的结果,阻碍了世界贸易组织某项协定、协议目标的实现:
(1)其他成员未能履行世界贸易组织某项协定、协议中规定的义务。
(2)其他成员采取了某项措施,不论该措施是否违反了世界贸易组织某项协定、协议的规定。
(3)其他情况。

(二)规则适用原则

(1)特别规则优先。争端解决机构的各项规则和程序的实施受制于世界贸易组织有关协议中规定的关于争端解决的特别的或另外的规则和程序,在一般规则与特别规则发生冲突时,特别规则具有优先适用的效力。

(2) 对适用规则的协调。当某一争端的解决涉及多个协定或协议,且这些协定或协议的争端解决规则与程序相互冲突时,各当事方应就适用的规则与程序协商达成一致,达不成一致的,由争端解决机构与各当事方协商,决定应采取的规则与程序。

三、争端解决机构

根据《争端解决谅解》设立的争端解决机构,是世界贸易组织的一个统一的、有权威的争端解决机构,它统辖货物贸易、服务贸易和与贸易有关的知识产权方面的争端,负责处理世界贸易组织项下任何协议的争端。

1. 争端解决机构

世界贸易组织总理事会会议作为争端解决机构(DSB),负责争端解决事宜。总理事会以不同名义召开会议,以行使《争端解决谅解》所规定的争端解决机构的职责。争端解决机构设主席一人,并建立它认为必要的程序规则以行使其职责。争端解决机构主席与总理事会的主席不是同一人,但也可以是同一人。争端解决机构由世界贸易组织成员代表组成,执行《争端解决谅解》的规则与程序,根据有关协议、规则解决争端。当成员之间出现贸易纠纷并且通过双边谈判无法解决时,争端解决机构对纠纷进行审理。争端解决机构负责成立评审组,通过或否决评审组和上诉机构的审案报告,监督裁决或建议的执行,并当一成员不遵守裁决时,授权暂停适用协议下的减让和其他义务。

2. 评审组

评审组(Panels)一般按申诉方的请求由争端解决机构组建,承担一项具体任务,任务完成后即解散。评审组由资深政府和/或非政府人士组成,包括曾在评审组任职或曾向评审组陈述案件的人员、曾任成员代表或关贸总协定缔约方代表或任何适用协定或先前协定的理事会或委员会的代表的人员、秘书处人员、曾讲授或出版国际贸易法或政策著作的人员,以及曾任成员高级贸易政策官员的人员。秘书处从备有一份符合资格要求的政府和非政府人士的名单,成员每隔2年推荐可供列入名单的政府和非政府人士。

评审组各成员应具有独立性、完全不同的背景和丰富的经验。争端方或第三方成员的公民不得在与该争端有关的评审组中任职,除非争端各方另有议定。评审组成员以其个人身份任职,既不作为政府代表,也不作为任何组织的代表。各成员因此不得就评审组审议的事项向他们作出指示或试图影响他们个人。

评审组负责按有关协定、协议的规定,从维护世界贸易组织多边贸易规则出发,调查、审查争端事件,形成建议或提供争端解决方法,将审查结果交争端解决机构批准。

3. 专家审议小组

专家审议小组(Expert Review Group)是指由科学技术方面的专家组成的咨询机构。如果争端一方提出的涉及科学或其他技术性事件的论点,评审组可以请求专家审议小组提供书面建议或咨询报告。专家审议小组不是必须成立的。

4. 上诉机构

上诉机构(Appellate Body)是争端解决机构常设的接受上诉的机构。它由7人组成,成员由公认的法律、国际贸易和各适用协议所涉事项方面的专家担任。这些人员不依附任何政府,任期4年。在当事方对评审组报告不服时,可向上诉机构上诉。上诉机构可以维持、修改或否决评审组的法律调查结果和结论,并向争端解决机构报告。

四、决策机制

世界贸易组织的争端解决规则采取了独特的"反向"协商一致的决策机制,即世界贸易组织的决策是协商一致同意,而争端解决机构的决策是协商一致反对。换言之,只要有提议,除非全体协商一致反对,否则该提议就通过。"反向"协商一致决策机制包括:

(1)受损害的成员请求设立评审组,且有关请求已列入争端解决机构会议议题,那么,争端解决机构就必须最迟在随后的争端解决机构会议上设立评审组,"除非争端解决机构经协商一致决定不设立评审组"。

(2)评审组采用标准格式的职权范围,除非争端各方议定不同的职权范围。如果争端各方不能就评审组的成员组成达成一致,那么这一问题由总干事来决定。

(3)评审组的报告应交由争端解决机构批准,除非提出上诉或者是争端解决机构经协商一致决定不批准该报告。

(4)在提出上诉的情况下,上诉机构的审议报告必须仍交由争端解决机构通过,除非争端解决机构经协商一致决定反对该报告。

(5)在起诉方请求授权其对另一方暂停减让或义务的实施时,除非经争端解决机构协商一致不同意这一请求,否则争端解决机构应在"合理时限"结束后30天内授权暂停减让或义务的实施。

裁决是自动获得通过的,除非各方协商一致否决该裁决。任何想阻止裁决获得通过的成员都必须说服其他所有成员,包括争端中的对手,只要不是所有的参加方都反对,就视为通过,从而排除了败诉方单方面阻挠的可能性。这些"反向"协商一致的规定有效地消除了《1947年关贸总协定》争端解决程序中存在的阻止多边争端解决进程的可能性。再加上规定了较严格的争端解决的结案时间表,"反向"协商一致原则就可以保证整个争端解决程序进展得更快和更主动。

五、救济方法

争端解决的首要目标是达成双方同意的解决办法;第二是撤销被认定不符世界贸易组织某一协议的措施;第三是使违反协议的成员对造成的任何损害做出适当的补偿。第四是报复,正式的说法是"可以歧视性地针对另一成员暂停实施适用协议下的减让或其他义务"。对于被认定在争端中犯错误的成员,这种报复的最终制裁无疑是一种有力的引诱性条件,使之通过撤销违反承诺的措施或通过给予补偿来解决问题。

《争端解决谅解》对评审组和上诉机构的报告形式规定了详细的规则,目的是为了:一方面尽可能将报复措施限制在造成损害的同一领域;另一方面允许受损害的一方得到足够的补偿,即"相当于利益丧失或减损的程度"。总的原则程序是:起诉方应首先寻求在对其利益丧失或减损的部门进行报复,例如有关措施造成了货物贸易方面的损害,可以通过对撤销影响货物贸易的减让来得到补偿。对服务贸易部门的损害应先通过对相同的部门采取行动来得到补偿;知识产权有关的问题,也是如此。但是,如果受损害方认为这样做是不实际的或无效的,则在该协定的其他部门协议中进行;若仍无效,甚至在情况非常严重的时候,报复可以在其他协定中进行,即可在货物贸易、服务贸易和知识产权三大协定之间进行。这种报复方式称为交叉报复。如果受影响的成员反对,认为拟议的报复措施太过分,那么,这个成员可以请原评审组的成员或一位独立仲裁人进行仲裁,仲裁的决定是最终的。目标是要使制裁尽可能不扩大到无关的部门,同时保证制裁有效。

六、斡旋、调解和调停、仲裁

斡旋、调解、调停和仲裁是世界贸易组织解决成员贸易争端的重要方式,世界贸易组织《争端解决谅解》规定了用斡旋、调解、调停和仲裁解决成员贸易争端的方法和程序。

1. 斡旋、调解和调停

斡旋、调解和调停是争端当事方自愿而非强制选择的争端解决方式(有人称之为政治解决方式,以别于评审组审理的法律解决方式),可以适用于争端解决的不同阶段。

斡旋是指第三方促成争端当事方开始谈判或重开谈判的行为。在整个过程中,进行斡旋的一方可以提出建议或转达争端一方的建议,但不直接参加当事方的谈判。

调解是指争端当事方将争端提交一个由若干人组成的委员会,该委员会通过查明事实,提出解决争端的建议,促成当事方达成和解。

调停是指第三方以调停者的身份支持或参加谈判,提出谈判的基础方案,调和、折中争端当事方的分歧,促使争端当事方达成协议。

根据《争端解决谅解》第 5 条的规定,斡旋、调解和调停应遵循的程序是:

(1)斡旋、调解和调停是在争端各方同意下自愿采取的程序。

(2)涉及斡旋、调解和调停的诉讼程序,特别是争端各方在这些诉讼程序中所采取的立场应保密,并不得损害双方中任何一方根据这些程序进行任何进一步诉讼程序的权利。

(3)争端任何一方可随时请求进行斡旋、调解或调停。此程序可随时开始,随时终止。一旦斡旋、调解或调停程序终止,起诉方即可开始请求设立评审组。

(4)如斡旋、调解或调停在收到磋商请求之日起 60 天内开始,则起诉方在请求设立评审组之前,应给予自收到磋商请求之日起 60 天的时间。如争端各方共同认为斡旋、调解或调停过程未能解决争端,则起诉方可在 60 天期限内请求设立评审组。

(5)如争端各方同意,斡旋、调解或调停程序可在评审组程序进行的同时继续进行。

(6)总干事可依其职权提供斡旋、调解和调停,以期协助各成员解决争端。

如果争端涉及的最不发达国家成员提出请求,总干事要与争端解决机构主席一起提供此类帮助。《争端解决谅解》希望总干事在涉及发展中国家成员的任何争端中进行斡旋。斡旋采取关贸总协定 1966 年制定的程序。

2. 仲裁

在世界贸易组织争端解决机制中,除了磋商、评审组、斡旋、调解和调停方式外,《争端解决谅解》第 25 条还规定了一种替代手段——"仲裁"。

仲裁是指在争端当事方同意以仲裁方式解决、遵守仲裁裁决,在共同指定仲裁员,并议定相应的程序后,由仲裁员审理当事方提出的争端。仲裁结果为最终裁决。仲裁的要求和程序如下:

(1)在世界贸易组织中,迅速仲裁作为争端解决的一个替代手段,能够便利解决涉及有关双方已明确界定问题的争端。

(2)除《争端解决谅解》另有规定外,诉诸仲裁需经各方同意,各方应议定将遵循的程序。诉诸仲裁的一致意见应在仲裁程序实际开始之前尽早通知世界贸易组织各成员。

(3)只有经已同意诉诸仲裁的争端各方同意,其他成员方可成为仲裁程序的一方。诉讼方应同意遵守仲裁裁决。仲裁裁决应通知争端解决机构和任何有关适用协定的理事会或委员会,任何成员均可在此类机构中提出与之相关的任何问题。

(4)《争端解决谅解》第 21 条(对执行建议和裁决的监督)和第 22 条(补偿和中止减让)在细节上作必要修改后应适用于仲裁裁决。

在世界贸易组织的争端解决机制中,根据《争端解决谅解》规定,仲裁从程序上讲只是争端解决中一项选择性的辅助方法,不是一项必经程序。仲裁可以用于不同的目的和争端解决的不同阶段(但一般用于案情比较简单,或已经明确界定的问题),如审理争端、裁决执行的合理期限、评估补偿水平是否适当。

七、未违法之诉

未违法之诉是指被诉方实施的政策措施未真正违背世界贸易组织的有关规定,但造成了他方利益损失,受损方将其诉诸争端解决程序,而且起诉也可能被认定是有理由的。评审组或上诉机构对此申诉审理仅限于一方实施的造成他方损失的措施是否与世界贸易组织有关协定相抵触,对此申诉方要就其起诉负举证责任。如一措施被认定造成有关协定项下的利益丧失或减损,或此种措施妨碍该协定目标的实现,但并未违反该协定,被诉方无义务撤销其措施,但评审组或上诉机构应建议有关成员做出使双方满意的调整;若该未违法之诉提交仲裁,则仲裁仅限于确定损害的范围或程度,仲裁员可建议达成使双方满意的调整的方法,但此类建议对各方不具有约束力。

八、对发展中国家成员的差别待遇

《争端解决谅解》规定了当发展中国家成员成为争端一方时所适用的特殊程序和时限。

(1)评审组成员至少有一人应来自发展中国家。

(2)可以获得斡旋,包括采用 1966 年的特殊程序。

(3)在磋商中,成员需要对发展中国家成员的问题和利益给予特别注意,还可以允许使用更多的时间。

(4)评审组程序要求给予发展中国家成员充足的时间,以便准备案件的有关情况,并要求评审组报告要说明如何考虑针对发展中国家成员的特殊和差别待遇。

(5)在实施该《争端解决谅解》过程中,争端解决机构将对发展中国家成员的利益给予特别关注,应考虑在正常的监督之外可以采取的其他措施,同时要考虑被起诉的措施所涉及的贸易和经济影响。

(6)发展中国家成员可以请秘书处提供法律方面的协助。

九、有关争端解决规则与程序的决定和附件内容

与争端解决规则与程序有关的文件还有决定、宣言和《关于争端解决规则与程序的谅解》本身的 4 个附件。这些文件是争端解决机制的重要组成部分,内容很丰富。

1. 争端解决机构的管辖范围

附件 1 为《由本谅解涉及的各个协议》,即争端解决机构负责解决争端的有关协议清单。

2. 部分世界贸易组织协议的特殊或附加规则与程序

附件 2 为《各有关协议中的专门或附加的规则和程序》,即各协议中有关争端解决的特

殊或附加规则与程序的条款清单。《争端解决谅解》为世界贸易组织建立了一个统一的争端解决体制,所包含的一套全面适用的基本规则,在这一体制中发挥核心指导作用,并可以扩展到所有多边协议的有关补偿的规定。尽管如此,《争端解决谅解》还需要适应一些为满足特定协议而制定的特殊争端解决规定。所有这些特殊规则和程序都列在《争端解决谅解》的附件2中。在这些规则和程序与《争端解决谅解》存在差异时,应以这些特殊规则和程序为准。这些特殊的或附加的规则和程序的主要内容是:

(1)部分协议含有任用合格专家作为评审组成员或顾问的规定,如《关于<服务贸易总协定>部分争端解决程序的决定》规定了解决服务贸易争端的评审组人员的特殊资格条件,又如《关于金融服务的附件》第4项。

(2)需要设立或咨询技术专家小组的规定,如《实施卫生与植物卫生措施协议》《技术性贸易壁垒协议》《海关估价协议》《补贴与反补贴措施协议》。

(3)限制了争端解决评审组的作用与权限,如《反倾销协议》第17条第6款将评审组的作用限于仅能确定进口成员的有关机构是否已经合理地确立了事实依据,以及是否已经非歧视地、客观地评估了这些事实依据。即评审组即使得出不同结论,也不能推翻评估结论。

(4)部分协议规定了特定程序,例如《补贴与反补贴措施协议》下产生的争端需要特别快的解决程序;在有关纺织品的争端中需要先求助于纺织品监督机构;《关于空运服务的附件》第4项规定先适用空运方面的双边或多边协议;又如《关于按照<执行1994年关税与贸易总协定第六条的协议>或<补贴与反补贴措施协议>第五部分处理争端的宣言》则规定,在按照履行1994年关税与贸易总协定第六条的协议或补贴与反补贴措施协议第五部分的处理争端方面有必要对反倾销税和反补贴税措施引起的争端采取一致的解决办法。

(5)部分协议规定了特定适用的实体法条款,如《补贴与反补贴措施协议》第27条第7款,《服务贸易总协定》第22条第3款、第23条第3款。

3. 评审组解决争端的工作程序

附件3为《工作程序》,共12条,详细规定了评审组解决争端的工作程序和每个阶段的时间限制。

4. 专家审议小组规则

附件4为《专家审议小组》,规定了专家审议小组的组成、工作规则及程序。

5. 争端解决规则与程序的审议

《关于实施与审议关于争端解决规则与程序的谅解的决定》提出,在《建立世界贸易组织的协议》生效后4年内完成对世界贸易组织争端解决规则与程序的全面审议,就是否继续、修改或终止此争端解决规则与程序做出决定。

为加强多边体制,《关于争端解决规则与程序的谅解》规定,各成员对违背有关协议的义务或其他利益丧失或损害,以及妨碍有关协议目标的实现,寻求救济办法时,应遵守本《争端解决谅解》的规则和程序。发生争端时,各成员不应以有关违反已经发生,各种利益已丧失或遭受损害,或各有关协议的目标的实现已受到妨碍,擅自做出决定,而应做出与争端解决机构所通过的评审组或上诉机构报告或与本《争端解决谅解》项下的仲裁意见一致的决定;并按照规定的程序,为有关成员履行各项建议和裁决确定合理的期限;以及确定中止减让或其他义务的水平,在按照有关协议中止减让或其他义务之前,获得争端解决机构授权,以便对那些未能在合理期限内履行建议和裁决的有关成员做出反应。

第二节 争端解决程序

《争端解决谅解》规定了争端解决的基本程序,包括磋商、评审组审理、上诉机构审理、裁决、执行及监督、仲裁、多方起诉程序、赔偿与减让的中止的原则程序以及各程序的期限等。世界贸易组织解决争端从磋商、设立评审组到上诉、裁决、执行的一般程序及期限如下:

一、磋商

磋商是指争端当事方就争议事项平等地直接交换意见,陈述立场,反复商量,仔细讨论,以求在世界贸易组织规则下,达成相互可以接受的解决争端的办法。世界贸易组织的争端解决机制的任务是保证争端得到积极、迅速、平等、有效的解决,通过争端解决过程鼓励成员之间寻找一个符合世界贸易组织规定的相互可以接受的解决办法。因此,《关于争端解决规则与程序的谅解》第4条规定,争端当事方应当首先采取磋商方式解决贸易纠纷。磋商是解决争端的第一步,也是必经的一步,并在进入其他程序时仍可随时使用。世界贸易组织鼓励争端各方通过磋商达成相互满意的解决方案。

任何成员在接到受损害成员要求进行磋商后10天内应对申请作出答复,并在接到申请后30天内展开善意磋商。磋商要通知争端解决机构。磋商是秘密进行的,是给予争端各方能够自行解决问题的一个机会。过时,或提出申请后60天磋商无结果,任何一方可要求争端解决机构成立评审组。

二、评审组审理争端

(一)设立评审组

1. 评审组的设立

如果被诉成员未能在10天内对磋商要求作出答复,或磋商未能在60天内获得满意解决,起诉方可以要求争端解决机构成立评审组。为保证透明度,磋商请求必须以书面形式通知争端解决机构,并说明是否已经过磋商,双方争论的焦点是什么;并提交一份起诉书,起诉书要说明起诉的有关事实、理由和法律依据。争端解决机构一般按标准职权范围给评审组授权,如果起诉方有特殊要求,则要在设立评审组的申请书中说明。评审组应在不迟于争端解决机构审议此项请求的第二次会议上设立,第二次会议应在提出开会请求后15天内举行,评审组应至迟在设立后30天内组成。

争端解决的多方。如一个以上成员就同一事项请求设立评审组,只要可行,即应设立单一评审组审理此类起诉,同时考虑所有有关成员的权利。如设立一个以上评审组以审查与同一事项有关的起诉,则应在最大限度内由相同人员在每一单独评审组中任职,此类争端中的评审组程序的时间表应进行协调。

争端解决的第三方。只要进行诉讼的成员以外的任何成员(即第三方)认为按照《1994年关贸总协定》第22条或《服务贸易总协定》第22条或其他适用协议的相应规定所进行的争端解决涉及其实质贸易利益,则该成员即可提出请求,将其参加争端解决的愿望通知进行争端解决的成员和争端解决机构。

2. 评审组的组成

秘书处向争端各方建议评审组成员的提名,争端各方不得反对提名,除非由于无法控制的原因。评审组应由3名成员组成,除非在评审组设立后10天内争端各方同意评审组由5人组成。评审组的组成情况应迅速通知各成员。如在评审组设立之日起20天内,未就评审组的成员达成协议,则总干事应在双方中任何一方请求下,经与争端解决机构主席和有关委员会或理事会主席磋商,在与争端各方磋商后,决定评审组的组成,所任命的评审组成员为总干事认为依照争端中所争论的适用协定的任何有关特殊或附加规则和程序最适当的成员。争端解决机构主席应在收到此种请求之日起10天内,通知各成员评审组如此组成。当争端发生在发展中国家成员与发达国家成员之间时,如发展中国家成员提出请求,评审组应至少有1名成员来自发展中国家成员。

3. 评审组的授权与职责

《争端解决谅解》第7条"评审组的职权范围"规定,(1)评审组应具有下列职权范围,除非争端各方在评审组设立后20天内另有议定:"按照(争端各方引用的适用协议名称)的有关规定,审查(争端方名称)在……文件中提交争端解决机构的事项,并提出调查结果以协助争端解决机构提出建议或做出该协议规定的裁决。"(2)评审组应处理争端各方引用的任何适用协议的有关规定。(3)在设立评审组时,争端解决机构可授权其主席在遵守有关规定的前提下,与争端各方磋商,制定评审组的职权范围。由此制定的职权范围应散发全体成员。如议定的不是标准的职权范围,则任何成员均可在争端解决机构中提出与此有关的任何问题,有关方面要做出说明或解释。

评审组负责按有关协定、协议的规定,从维护世界贸易组织多边贸易规则出发,调查、审查争端事件,评估案件的事实,及有关协议实施和相符的程度,形成建议或提供争端解决方法,将审查结果交争端解决机构批准。评审组一项重要的要求是,评审组应给予争端各方"足够的机会以形成双方满意的解决办法"。

4. 评审组的审理程序

评审组程序是:评审组依当事人的请求,对争端案件进行审查,举行听证会,听取双方陈述与反驳,调查分析事实,根据有关协议审理案件,提交报告草案与中期报告(包括调查结果和结论)供双方审议,最终报告通过后成为裁决。评审组的报告一般应在6个月内提交(紧急案件期限缩短为3个月),并散发给世界贸易组织各成员。

(三)评审组报告的通过

评审组的报告在散发20天后,争端解决机构召开会议审议。成员必须在争端解决机构召开审议报告的会议前10天,提交书面反对意见。争端解决机构在收到评审组报告后20天至60天内研究通过,除非当事方决定上诉,或经协商一致反对通过这一报告。

三、上诉机构的审议

上诉机构接到当事方不服评审组报告的上诉后,应对评审组的报告进行审议。案件由7人组成的"常设上诉机构"中的3人审议。审议仅限于评审组报告中论及的法律问题和评审组所做的法律解释。上诉机构可以维持、修正、撤销评审组的裁决结论。上诉机构应在争端一方提出上诉之日起60天内最迟不超过90天完成审议,并向争端解决机构提交审议报告。

争端解决机构应在上诉机构的报告向世界贸易组织各成员散发后的30天内通过该报告,除非经协商一致不同意该报告。

四、争端解决机构裁决的执行和监督

评审组的报告或上诉机构的报告一旦被争端解决机构通过,其建议或裁决即成为争端

解决机构的正式建议或裁决,对争端当事方具有约束力,争端当事方应无条件接受。

(一)执行时限

争端解决程序的总时限为:争端解决机构在成立评审组时起,若当事方无上诉,应在9个月内通过评审组的报告;若当事方有上诉,则不能超过12个月通过上诉机构的审议报告。

在争端解决机构通过评审组或上诉机构的报告后30天内,当事方必须在争端解决机构会议上说明其执行该建议或裁决的意向,若立即执行有实际困难,可提出理由在下述合理期限内开始执行裁决:

(1)当事方提议经争端解决机构批准的时间。

(2)争端解决机构在通过报告后的45天内,当事双方达成协议的时间。

(3)争端解决机构在通过报告的90天内,以仲裁方式决定的时间;当事方最迟不能迟于报告通过后15个月开始执行裁决。

(4)败诉方在合理期限内就执行措施或程序等问题再次提出申诉,提交原评审组。评审组应在接到申诉书后90天内做出报告。

(二)补偿

如果该成员未能在上述时限内采取措施,起诉方应在该期限届满之前,要求与其进行磋商,以便确定双方可以接受的补偿。补偿是指被诉方在贸易机会、市场准入等方面给予申诉方相当于其所受损失的减让。补偿是一种临时性措施。

(三)报复(暂停减让义务)

若在20天内磋商达不成满意的补偿协议,则起诉方可请求争端解决机构授权其对被诉方进行报复,即暂停对被诉方的减让或其他义务。除经协商一致不同意这一请求,否则争端解决机构应在"合理期限"结束后30天内授权暂停减让或义务的实施。所中止的减让或义务应与所造成的损害程度相当。报复也是一种临时性措施,在当事方达成满意的解决方法或裁决得到执行后,报复措施就应终止。

(四)仲裁

如有关当事方反对请求所要求的暂停水平,则可诉诸仲裁。该仲裁一般应由原评审组进行,或由总干事指定的仲裁员进行。仲裁应在该合理期限届满后60天内完成。仲裁事项仅限于:

(1)中止义务的程度是否与利益丧失或损害的程度相同。

(2)所中止减让或其他义务是否正当。

(3)中止义务的原则与程序是否与本《争端解决谅解》的规定一致。

仲裁结果为最终裁决,当事方不得提出再仲裁。

(五)监督

争端解决机构保持监督对已通过的各项建议或裁决的执行情况。案件在未执行完之前,仍保留在争端解决机构的议事日程上,不断监督执行情况;当事方应按争端解决机构的要求递交执行裁决进展情况的书面报告,直到问题解决为止。世界贸易组织的每个成员都可以就裁决执行向争端解决机构提出建议。

如果解决争端的措施涉及发展中国家成员的利益时,应给予特别注意。

第十四章 中国与世界贸易组织

第一节 中国与关贸总协定

一、中国和关贸总协定的关系

中国是《1947年关贸总协定》的23个创始缔约方之一。当时的中国政府参与拟定关贸总协定的工作,并于1948年4月21日,最后签署了关贸总协定临时适用议定书。1949年10月1日中华人民共和国成立至1950年以前,中国在关贸总协定的席位一直由中国台湾当局占据。1950年3月6日,台湾当局越权宣布退出关贸总协定,中国从此失去了在关贸总协定的席位,中断了同关贸总协定的联系。虽然台湾当局在1965年3月取得"观察员"资格,但在1971年10月联合国恢复中华人民共和国在联合国的合法席位后,关贸总协定于11月26日终止了台湾当局的"观察员"资格。1972年5月,我国成为联合国贸发会和关贸总协定下属机构国际贸易中心的成员。此后,我国逐步恢复了与关贸总协定的联系。1980年8月,我国出席了国际贸易组织临时委员会执行委员会会议,投票选举了该委员会的执行秘书,即关贸总协定第三任总干事邓肯尔。

中华人民共和国政府不承认台湾当局退出关贸总协定的合法性,但在新中国成立之后的30多年里,由于种种原因,一直没有参加关贸总协定的活动。进入20世纪80年代,中国认识到了与关贸总协定建立关系的重要性,恢复了同关贸总协定的联系。1981年中国代表列席了关贸总协定纺织品委员会第三个《国际纺织品贸易协定》的谈判,并于当年5月获得纺织品委员会观察员资格。1982年9月,中国申请在关贸总协定中的观察员地位;同年11月,我国获得观察员资格,从而能够出席缔约方的年度会议。1984年1月18日,我国政府正式签署第三个《国际纺织品贸易协定》,成为关贸总协定纺织品委员会的正式成员。1984年我国又获得特别观察员地位,从而能够列席关贸总协定代表理事会的会议;同年11月6日,关贸总协定理事会决定,中国可以参加关贸总协定所有组织的会议。1985年中国成为关贸总协定发展中国家非正式磋商小组的成员。

中国全面参加了乌拉圭回合多边贸易谈判。作为关贸总协定的特别观察员,中国政府派团参加了乌拉圭回合历次重要的谈判和期间召开的三次部长级会议,并就农产品、非农产品、服务贸易和知识产权等方面提交了符合当时中国国情的具体义务承诺表,为乌拉圭回合最终取得成功做出了积极贡献。1994年4月15日,中国政府和125个乌拉圭回合的全部参加方一起签署了乌拉圭回合最后文件。

二、中国"复关"谈判历程

出于对内改革,对外开放、发展社会生产力、建立社会主义市场经济体制和与国际市场接轨的需要,中国于1986年7月10日,正式向关贸总协定秘书处提出恢复关贸总协定缔约方地位的申请,并于1987年2月13日向关贸总协定递交了《中国对外贸易制度备忘录》。

1987年3月4日,关贸总协定理事会成立了中国工作组,负责审议中国"复关"问题。1988年2月,中国工作组举行首次会议。在此后的9年中,中国的"复关"谈判经历了以下四个阶段:

第一阶段(1980至1986年)为酝酿准备阶段。对申请恢复我国在关贸总协定缔约方地位进行探讨。

第二阶段(1986年7月至1988年1月)为申请答疑阶段。在中国正式提出申请和递交其对外贸易制度备忘录后,关贸总协定中国工作组邀请所有缔约方就中国的外贸体制提出问题,中国进行答疑,然后做出综合评估。

第三阶段(1988年2月至1992年2月)为审议阶段。以1988年2月中国工作组召开首次会议为标志,中国与关贸总协定主要缔约方进行了十几次双边磋商,中国工作组也召开了7次会议。当时,各方就中国"复关"中的一些核心问题基本达成了谅解和共识,中国"复关"议定书框架草案基本形成,1989年底结束"复关"谈判,无论在多边谈判还是在双边磋商中均已基本达成共识。但是,以美国为首的西方国家对华实行经济制裁,并把暂时不让中国"复关"作为其经济制裁的一项主要内容。这期间,虽然召开过2次中国工作组会议,但均为象征性例会,中国的"复关"谈判事实上陷入停顿。因此,1989年6月~1992年2月又可分为谈判停滞阶段。

第四阶段(1992年2月至1994年12月)为实质性谈判阶段。在1992年2月举行的第10次中国工作组会议上,中国的"复关"谈判出现转机,谈判在重新启动后便进入到权利与义务如何平衡的实质问题谈判上。在1994年12月17日至21日的第19次谈判中,因主要缔约方与中国的谈判衔接点差距过大,某些西方国家反对中国"复关",成为世界贸易组织的创始成员,未达成协议。因此,中国未能恢复在关贸总协定缔约方地位并成为关贸总协定的继承组织——世界贸易组织的创始成员。

三、我国恢复关贸总协定缔约方地位的原则和要求

(一)我国恢复关贸总协定创始缔约方地位的原则

我国提出恢复关贸总协定席位坚持三条原则:
(1)中国进入关贸总协定是恢复缔约方地位,而不是重新加入。
(2)中国恢复缔约国地位是以减让关税为基础,而不是以承担进口增长为条件。
(3)中国是发展中国家,应享受关贸总协定给予发展中国家成员的优惠待遇。

(二)我国恢复关贸总协定创始缔约方地位的要求

我国在恢复关贸总协定创始缔约方地位的谈判问题上,提出了三项要求:
(1)按关贸总协定原则,美国应给予中国多边无条件的最惠国待遇。
(2)根据关贸总协定第四部分和"东京回合"的"授权条款"所确立的法律基础,中国应在发达缔约方国家中享受普惠制待遇。
(3)依照关贸总协定有关规定,欧盟应取消对中国的歧视性限制。

第二节 中国与世界贸易组织

我国自申请恢复在关贸总协定中的缔约方地位到加入世界贸易组织已谈了10多年,迟迟未能加入世界多边贸易体系,关键是在恢复议定书的实质性谈判中,由于美国、欧洲联盟、日本等国不断提出我国不能接受的那些超出我国经济发展水平和承受能力的、过高的、不切实际的要价,因此,我国未能在乌拉圭回合一揽子协议生效之前,即世界贸易组织(WTO)成立之前恢复在关贸总协定中的缔约方地位,成为世界贸易组织的创始成员。

一、中国加入世界贸易组织的谈判进程

世界贸易组织成立后,中国的"复关"谈判转为加入世界贸易组织的谈判阶段。1995年1月应中国政府的要求,中国"复关"谈判工作组更名为中国加入世界贸易组织谈判工作组。1995年7月1日中国成为世界贸易组织的观察员。1995年7月11日,中国正式提出加入世界贸易组织的申请。

1996年3月,世界贸易组织中国工作组举行第一次正式会议。1996年至1997年期间世界贸易组织共召开5次中国工作组会议。为改革开放和加入世界贸易组织的需要,我国于1995年11月、1997年10月和1998年2月多次主动宣布大幅度降低进口关税和非关税壁垒,取消农产品出口补贴。在1998年4月世界贸易组织中国工作组第7次会议上,中国又提出一揽子降低关税的方案;同年7月的第8次中国工作组会议上,中国承诺在服务业领域的进一步开放。在这几年的谈判中,在中国和其他谈判方的共同努力下,无论是双边磋商,还是多边工作组会议,都取得了一些进展,但进展缓慢。

进入1999年后,中国加入世界贸易组织的步伐加快。1999年4月朱镕基总理访美国,中美之间达成了《中美农业合作协议》,并在市场准入谈判方面取得实质性进展后,就中国加入世界贸易组织发表联合声明。1999年5月以美国为首的北约轰炸了中国驻南斯拉夫大使馆,中国同西方国家的谈判暂时中止。1999年9月,江泽民主席和克林顿总统在新西兰亚太地区经济合作组织领导人非正式会议期间举行会晤,同意恢复双边谈判。1999年11月10日,美国贸易谈判代表团访华,就中国加入世界贸易组织的有关问题进行双边谈判,最终于11月15日达成中美就中国加入世界贸易组织的双边协议。2000年3月,中国与欧洲联盟达成中国加入世界贸易组织协议。这标志着中国在加入世界贸易组织谈判历程中迈出了关键性的一步,取得了实质性的突破。2001年9月13日中国与墨西哥谈判结束,完成了与所有世界贸易组织成员的双边市场准入谈判。

自申请"复关"以来,共有37个成员方先后要求与我国进行中国加入世界贸易组织双边市场准入谈判:匈牙利、新西兰、韩国、捷克、斯洛伐克、巴基斯坦、土耳其、新加坡、印度尼西亚、澳大利亚、日本、智利、美国、加拿大、委内瑞拉、秘鲁、古巴、乌拉圭、巴西、斯里兰卡、挪威、冰岛、菲律宾、印度、哥伦比亚、阿根廷、泰国、波兰、厄瓜多尔、哥斯达黎加、吉尔吉斯、马来西亚、墨西哥、瑞士、危地马拉、拉脱维亚和欧盟(欧盟代表其15国:法国、德国、意大利、英国、荷兰、比利时、卢森堡、西班牙、丹麦、爱尔兰、希腊、葡萄牙、芬兰、奥地利、瑞典,作为1个成员方)。

2001年9月17日,世界贸易组织中国工作组第18次会议通过了中国加入世界贸易组织的所有法律文件(包括中国工作组报告书、加入议定书、货物贸易减让表和服务贸易减让表等附件),结束了历时14年6个月的谈判。2001年11月10日在卡塔尔首都多哈举行的世界贸易组织第四次部长级会议批准中国加入世界贸易组织,次日,我国向世界贸易组织总干事递交了全国人大常委会批准中国加入世界贸易组织议定书的通知书。中国于2001年12月11日成为世界贸易组织成员。

二、中国加入世界贸易组织的基本原则

在中国加入世界贸易组织的谈判中,中方坚持的基本原则有:

(1)坚持以发展中国家身份加入世界贸易组织,这是我国的政治选择,也反映了我国现阶段的实际经济水平。

(2)以乌拉圭回合谈判达成的多边贸易协议为基础,承担与中国经济发展水平相适应的义务。

(3)坚持权利与义务平衡。

按照世界贸易组织的成员加入规定,我国加入世界贸易组织要进行两个方面的谈判,必须做出两个承诺:一是逐步开放市场,二是遵守国际规则。前者通过双边谈判来完成,主要谈判内容是关税的逐步降低、非关税壁垒的削减、服务贸易市场的逐步开放,我国只与那些要求同中方谈判的成员进行双边谈判,而其他大多数成员根据最惠国待遇原则自动适用。谈判的重点是保持我国加入世界贸易组织的权利和义务的平衡,谈判结果体现在双边协议中(双边协议综合纳入加入议定书及其附件中)。后者主要是通过与加入工作组展开多边谈判来解决,主要谈判内容是遵守世界贸易组织的各项规则、国民待遇、全国统一政策和透明度。谈判的重点是享受发展中国家成员的待遇,谈判结果体现在加入议定书中。

第三节 中国加入世界贸易组织后的权利与义务

《中华人民共和国加入议定书》本身由序言,三个部分和9个附件组成。第一部分为总则,包括18个条款。第一条总体情况,第二条贸易制度的实施,第三条非歧视,第四条特殊贸易安排,第五条贸易权,第六条国营贸易,第七条非关税措施,第八条进出口许可程序,第九条价格控制,第10条补贴,第11条对进出口产品征收的税费,第12条农业,第13条技术性贸易壁垒,第14条卫生与植物卫生措施,第15条确定补贴和倾销时的价格可比性,第16条特定产品过渡性保障机制,第17条世界贸易组织成员的保留,第18条过渡性审议机制。

第二部分 减让表。

第三部分 最后条款。

此外,还有9个附件:附件1A 中国在过渡性审议机制中提供的信息;附件1B 总理事会依照《中国加入议定书》第18条第2款处理的问题;附件2A1 国营贸易产品(进口);附件2A2 国营贸易产品(出口);附件2B 指定经营产品;附件3 非关税措施取消时间表;附件4 实行价格控制的产品和服务;附件5A 根据《补贴与反补贴措施协议》第25条作出的通知;附件5B 需逐步取消的补贴;附件6 实行出口税的产品;附件7 世界贸易组织成员对中国实施的非关税措施取消时间表;附件8 货物贸易减让表;附件9 服务贸易具体承诺减让表,第2条最惠国待遇豁免清单。

《中国加入工作组报告书》由八个部分342段构成。1.导言,2.经济政策,3.政策制订和执行的框架,4.影响货物贸易的政策,5.与贸易有关的知识产权制度,6.影响服务贸易的政策,7.其他问题,8.结论。

《中国加入议定书》及其附件和《中国加入工作组报告书》是中国与世界贸易组织成员经过谈判达成的协议,对中国与其他世界贸易组织成员均具有约束力,现已成为《建立世界贸易组织的协议》的组成部分。根据《中国加入议定书》与《中国加入工作组报告书》,我国

加入世界贸易组织后的主要权利与义务概述如下：

一、基本权利

我国在世界贸易组织中应享受的权利与应尽义务首先是体现在世界贸易组织的各项协议、协定中，也就是说，世界贸易组织的成员，包括发展中国家成员的权利与义务，我国都享受和承担（参见第二章第二节）；世界贸易组织其他成员的货物贸易与服务贸易承诺减让，也是我国享受的权利。如全面参与多边贸易体制，其中包括：全面参与世界贸易组织各理事会和委员会的所有正式和非正式会议，维护我国的经济利益；全面参与贸易政策审议，对美、欧、日、加等重要贸易伙伴的贸易政策进行质询和监督，敦促其他世界贸易组织成员履行多边义务；在其他世界贸易组织成员对我国采取反倾销、反补贴和保障措施时，可以在多边框架体制下进行双边磋商，增加解决问题的渠道；充分利用世界贸易组织争端解决机制解决双边贸易争端，避免某些双边贸易机制对我国的不利影响；全面参与新一轮多边贸易谈判，参与制定多边贸易规则，维护我国的经济利益，用好最初谈判权，为我国有优势的产品进入其他成员市场削减贸易堡垒；对于现在或将来与我国有重要贸易关系的申请加入方，将要求与其进行双边谈判，并通过多边谈判解决一些双边贸易中的问题，包括促其取消对我国产品实施的不符合世界贸易组织规则的贸易限制措施、扩大我国出口产品和服务的市场准入机会和创造更为优惠的投资环境。

但我国作为一个新成员，与加入前相比，也有一些新的或暂时的或过渡性的权利和义务，主要有：

（一）享受非歧视待遇

中国加入世界贸易组织后，可以享受多边无条件的最惠国待遇和国民待遇。即非歧视待遇。加入前双边贸易中受到的一些不公正的待遇已被取消或逐步取消。其中包括：美国永久正常贸易关系（PNTR）法生效，结束对华正常贸易关系的年度审议；根据《中国加入世界贸易组织议定书》附件7的规定，阿根廷、欧盟、匈牙利、墨西哥、波兰、斯洛伐克、土耳其等成员对中国出口产品实施的与世界贸易组织规则不符的数量限制、反倾销措施、保障措施等在2007年年底前逐步取消；根据世界贸易组织《纺织品与服装协议》的规定，发达国家成员的纺织品配额在2005年1月1日取消，我国能享受世界贸易组织纺织品一体化的成果；美国、欧盟等在反倾销问题上对我国使用的"非市场经济国家"标准将在15年内取消。

（二）享受发展中国家权利

除一般世界贸易组织成员所能享受的权利外，我国作为发展中国家也享受世界贸易组织各项协议协定规定的发展中国家成员的特殊和差别待遇。其中包括：在涉及补贴与反补贴措施、保障措施等问题时，享有协定规定的发展中国家成员待遇，包括在保障措施方面享受10年保措施使用期、在补贴方面享受发展中国家成员的微量允许标准（即在该标准下其他成员不得对我国采取反补贴措施）；在争端解决中，有权要求世界贸易组织秘书处提供法律援助；在技术性贸易壁垒采用国际标准方面，可以根据经济发展水平拥有一定的灵活性等。

（三）获得市场开放和法规修改的过渡期

为了使我国相关产业在加入世界贸易组织后获得调整和适应的时间和缓冲期，并对有关的法律和法规进行必要的调整，经过谈判，我国在市场开放和遵守规则方面获得了一定的过渡期。例如:在纠正一些与国民待遇不相符的措施方面,包括针对进口药品、酒类和化学品等的规定,保留1年的过渡期,以修改相关法规;对于进口香烟实施特殊许可证方面,我国有2年的过渡期修改相关法规,以实行国民待遇;对汽车产业与投资政策的修改有2年的过渡期。

(四)可采用农业国内支持政策

在实施《农业协议》方面,中国可以通过第6条第2款对发展中国家成员所述类型的政府措施提供支持,此种支持的数量列入综合支持总量的计算之中。中国可以通过第6条第4款所述的微量补贴免除,对农业提供支持,对特定农产品支持援用等于相关年份某特定农产品生产总值8.5%的微量免除水平;对非特定农产品支持援用等于相关年份全国农业生产总值8.5%的微量免除水平。

中国的农产品进口政策以商业考虑为基础,不在国家或地方各级维持、采用或重新采用管理农产品进口数量、质量或待遇或者形成进口替代做法或其他非关税措施的指导性计划或行政指导,包括那些通过国家或地方各级国营贸易公司维持的指导性计划或行政指导。中国对农产品不维持或采用任何出口补贴;国家和地方各级主管机关不对任何实体提供与承担的世界贸易组织义务不一致的资金转移或其他利益,包括补偿因出口而产生的亏损。

(五)对国内产业提供必要的支持

其中包括:中央预算和地方预算提供给某些亏损国有企业的补贴;以出口业绩为基础优先获得贷款和外汇;根据汽车生产的国产化率给予优惠关税税率;经济特区的优惠政策;经济技术开放区的优惠政策;上海浦东经济特区的优惠政策;外资企业优惠政策;国家政策性银行贷款;用于扶贫的财政补贴;技术革新和研发基金;用于水利和防洪项目的基础设施基金;出口产品的关税和国内税退税;特定企业某些产品进口关税和进口税减免;对特殊产业部门提供的低价投入物;对某些林业企业的补贴;高科技企业优惠所得税待遇;对废物利用企业优惠所得税待遇;贫困地区企业优惠所得税待遇;技术转让企业优惠所得税待遇;受灾企业优惠所得税待遇;为失业者提供就业机会的企业的优惠所得税待遇;投资政府鼓励领域的投资者进口技术和设备的关税和增值税免除等补贴项目。但这些支持措施要履行向世界贸易组织通知的义务,其中,中央预算提供给某些亏损国有企业的补贴、以出口业绩为基础优先获得贷款和外汇、根据汽车生产的国产化率给予优惠关税税率要逐步取消。

(六)保留国家定价或政府指导价

我国保留了对重要产品及服务实行政府定价和政府指导价的权利。其中包括:烟草、食盐、天然气、药品等产品,民用煤气、自来水、电力、热力、灌溉用水等公用事业,邮电、旅游景点门票、教育等服务实行政府定价;对粮食、植物油、成品油、化肥、蚕茧、棉花等产品,运输服务、专业服务、服务代理、银行结算、清算和传输收费、住宅销售和租用、医疗服务等服务保留政府指导价;但要取消对此类货物和服务的多重定价做法,应尽最大努力减少和取消这些控制,并在官方刊物上公布实行国家定价的货物和服务的清单及其变更情况;承诺除非特殊情况,不再增加国家定价产品和服务的范围。在特殊情况下,向世界贸易组织做出通报后,可增加政府定价和政府指导价的产品和服务。除此以外,货物和服务的价格应由市场决定。

二、基本义务

(一) 非歧视原则

我国承诺在生产货物所需投入物、货物和服务的采购方面及生产的货物在国内市场和供出口的生产、营销或销售的条件方面;国家和地方各级主管机关以及国有企业在运输、能源、基础电信、生产的其他设施和要素等领域所供应的货物和服务的价格和可获得性方面,对所有外国个人、企业和外商投资企业给予非歧视待遇。

我国废止和停止实施效果与世界贸易组织国民待遇原则不一致的所有现行法律、法规及其他措施,在法律、法规和行政要求上取消生产供国内销售的产品与生产供出口的产品之间、在国产品和进口产品之间的非歧视待遇,特别是在烟(2年过渡期),药品、酒类、化学品、锅炉和压力容器(均为1年过渡期)以及售后服务给予国民待遇。

取消与第三国和单独关税区之间的、与《建立世界贸易组织的协议》不符的特殊贸易安排。

(二) 外汇管理与国际收支措施

我国承诺,除非《国际货币基金协定》另有规定,未经国际货币基金同意,不对经常性国际交易的付款和资金转移施加限制,不援用对其关税领土内任何个人或企业可获得的经常性国际交易外汇限制在与可归因于该个人或企业外汇流入有关的数量上的任何法律、法规或其他措施,包括有关合同条款的任何要求。

我国遵守关贸总协定有关国际收支措施的规定,在必要的情况下,保护国际收支状况时,优先使用价格机制措施,如不属于价格机制措施,则尽快将这些措施转为价格机制措施;所采取的任何措施,不超过处理特定国际收支状况所需的程度。因国际收支原因而采取的措施只为控制进口的总体水平而实施,而不用于保护特定部门、产业或产品。

(三) 贸易政策统一实施

我国承诺在整个中国关境内,包括边境贸易地区、民族自治地方、经济特区、沿海开放城市、经济技术开发区以及其他在关税、国内税和法规方面已建立特殊制度的地区统一、公正、合理地实施贸易政策,包括世界贸易组织各项协议协定的适用,中央和各级地方政府有关影响货物贸易、服务贸易、与贸易有关的知识产权保护或外汇管理的所有法律、行政法规、规章及其他措施(以下统称法律、法规及其他措施)。地方各级政府的地方性法规、规章及其他措施应符合与《建立世界贸易组织的协议》和议定书中所承担的义务。世界贸易组织成员、个人和企业可以就贸易政策未统一实施的情况提请我国中央政府注意,有关情况将迅速反映给主管机关,如反映的问题属实,主管机关将依据我国法律可获得的补救,对此迅速予以处理,处理情况将书面通知有关当事人。

(四) 透明度

我国承诺在一家官方刊物(《国际商报》)公布所有法律、法规及其他措施,未经公布的不予执行;在实施或执行前,最迟在实施时,世界贸易组织成员、个人和企业可容易获得有关或影响货物贸易、服务贸易、知识产权保护或外汇管理的法律、行政法规及其他措施。在法律、法规及其他措施实施前,提供草案,并允许提出意见。设立"世界贸易组织咨询点",对有关成员咨询应在30天(最迟45天)内答复,答复应该完整,并代表中国政府的权威观点,对企业和个人提供准确、可靠的信息。

(五)司法审查

我国承诺建立司法审查的制度和程序,设立或指定并维持独立的、公正的审查庭,审查世界贸易组织各项协定相关规定所指的法律、法规、普遍适用的司法决定和行政决定的实施有关的所有行政行为,给予受须经审查的任何行政行为影响的当事人提供司法上诉的机会,包括最初须向行政机关提出行政复议的当事人有向司法机关上诉的选择权,且不因上诉而受到处罚。

(六)特定产品过渡性保障机制

我国加入世界贸易组织后12年内,如我国某出口产品相对或绝对增长对世界贸易组织成员国内市场造成市场扰乱,双方应磋商解决,在磋商中,双方一致认为应采取必要行动时,我国应采取补救行动。如磋商未果,该世界贸易组织成员只能在补救冲击所必需的限度内,对中方采取撤销减让或限制进口措施。但如该措施是由于进口相对增长而采取,并持续有效期超过2年,或是因进口绝对增长而采取,并持续有效期超过3年,则我国有权对采取该措施的成员暂停实施关贸总协定项下实质相当的减让或义务。

(七)过渡性审议机制

我国同意在加入世界贸易组织后8年内,世界贸易组织相关委员会对我国履行世界贸易组织协议的义务和实施加入议定书相关规定的情况进行年度审议,然后在第10年完全终止审议。中方也有权对中国出口产品实施的与世界贸易组织规则不符措施的阿根廷、欧盟、匈牙利、墨西哥、波兰、斯洛伐克、土耳其等成员履行义务的情况向相关委员会提出质疑,要求他们履行逐步取消的承诺。

三、货物贸易承诺

(一)外贸经营权

在不损害中国以与符合世界贸易组织规定的方式管理贸易的权利的情况下,逐步放宽贸易权的获得及其范围。2004年7月1日起,在中国的所有企业在登记后都有权经营除国有贸易产品外的所有产品的进出口,并对外国在华投资或注册的企业给予国民待遇。

(二)国有贸易

世界贸易组织允许通过谈判保留进出口国有贸易,但国有贸易企业的进出口程序应透明,并符合《建立世界贸易组织的协议》,避免采取任何措施对国有贸易企业购买或销售货物的数量、价值或原产地施加影响或指导,但依照《建立世界贸易组织的协议》进行的除外。我国保留了粮食、棉花、植物油、食糖、原油、成品油、化肥、烟草等8种关系国计民生的大宗产品的进口和对茶、大米、玉米、大豆、钨及钨制品、煤炭、原油、成品油、丝、棉花等商品的出口实行国有贸易管理的权利,只由政府指定的数量有限的公司专营。同时,参照我国目前实际进口情况,允许个别商品(原油、成品油)一定比例的进口由非国营贸易公司经营。此外,植物油(豆油、菜籽油和棕榈油)的国营贸易管理在2005年1月1日取消。承诺遵守《1994年关贸总协定》有关国有贸易的规定,国有贸易公司按照商业考虑经营,并履行有关通知义务,提供有关国营贸易企业出口货物定价机制的全部信息。

(三)指定经营

指定经营是指政府授权一些公司代理某种产品的进出口业务。我国加入世界贸易组织对指定经营的承诺是:(1)指定经营货物包括天然橡胶、木材、胶合板、羊毛、腈纶、钢材;(2)在加入后3年内,每年调整和扩大指定经营制度下的企业清单,并于3年后取消指定经营制度;(3)取消将贸易量作为获得指定经营产品贸易权的标准,降低最低资本要求,并将指定经营企业的范围扩大到在生产最终货物过程中使用此类货物的企业,以及经销此类货物的企业。

(四)海关估价、进口关税和其他税费

我国遵守世界贸易组织的《海关估价协议》,以成交价格作为海关估价的基础,不再采用"最低限价"和"参考价"作为完税价格的做法。

我国加入世界贸易组织议定书有关农产品和工业品关税减让表规定,关税总水平由2001年的14%降低到2005年的约10%,其中工业品由13%降至约9.3%,农产品由19.9%降至约15.5%,农产品关税减让承诺的实施到2004年底结束,98%的工业品减让关税实施到2005年底结束,但汽车及汽车零部件的关税到2006年7月1日分别平均降至25%和10%,部分化工品的关税减让则到2008年结束。

承诺国家主管机关或地方各级主管机关实施或管理的海关规费或费用、国内税费,包括增值税符合1994年关贸总协定的规定。

加入《信息技术产品协议》,取消信息技术产品的关税和其他税费。

(五)数量限制(配额、许可证管理)

我国承诺,只有中央政府可以发布关于非关税措施的法规,这些措施只能由中央政府或获得中央政府授权的地方各级主管机关实施或执行,地方各级主管机关无权制定非关税措施。

1.配额、许可证管理

我国按照世界贸易组织的规定,把400多项产品(其中实行许可证、进口配额和进口招标产品377项,配额产品15项,单一许可证产品47项)实施的非关税措施在2005年1月1日之前取消,涉及产品包括汽车、机电产品、天然橡胶、彩色感光材料等,在此期间,相关产品的配额享有一定的增长率,对过渡期内配额的分配标准与程序、分配时间、许可证的获得和展期,严格遵守世界贸易组织《进口许可程序协议》的规定,实行简单和透明的程序,以保证配额的充分使用。并承诺今后除非符合世界贸易组织规定,否则不再增加或实施任何新的非关税措施。

2.进口许可程序

在官方刊物(《国际商报》)公布:所有负责授权或批准进口的机构清单;获得进口许可证或其他批准的程序和标准,以及决定是否发放进口许可证或其他批准的条件;实行招标要求管理的全部产品清单、有关信息及变更;限制或禁止进口的所有货物和技术的清单及其变更。进口许可证的有效期至少为6个月,无法做到的例外要通知世界贸易组织进口许可程序委员会。给予在中国投资和注册的外国企业和个人在进口许可证和配额分配方面享受国民待遇。

3.出口许可程序与出口限制

我国承诺公布所有负责出口授权或批准的机构,遵守有关非自动出口许可程序和出口限制的世界贸易组织规则,使《对外贸易法》符合关贸总协定的要求,在符合关贸总协定的情况下,对部分农产品、资源性产品和化学品实行出口许可证制度。

4. 关税配额

关税配额是指对商品进口的绝对数额没有限定,而对在一定时期内所规定的配额以内的进口商品,给予关税的优惠待遇,对超过配额的进口商品则征收较高的关税。

我国对小麦、玉米、大米、棉花、食糖、豆油、棕榈油、菜籽油、羊毛等农产品和化肥、毛条等工业品实施进口关税配额管理,以1995年至1997年作为计算农产品关税配额量。在对关税配额产品实行国有贸易管理的同时,也留出一部分的关税配额量供非国有贸易企业进口,并对关税配额量、配额内外税率、非国有贸易比例和实施期等做出了具体承诺;在透明、可预测、统一、公平和非歧视的基础上管理关税配额,使用能够提供有效进口机会的明确规定的时限、管理程序和要求;反映消费者喜好和最终用户需求,且不抑制每一种关税配额的足额使用。实行关税配额管理的货物,不需要进口许可证,凭关税配额证明进口。

(六) 补贴

我国承诺遵照世界贸易组织《补贴与反补贴措施协议》的规定,取消协议禁止的补贴(出口补贴、视使用国产货物替代进口货物情况而给予的补贴),通知协议允许的其他补贴项目。我国保留自《补贴与反补贴措施协议》第27条第10款、第11款、第12款和第15款获益的权利,同时承诺,不寻求援引第27条第8款、第9款和第13款。

(七) 纺织品

世界贸易组织成员在中国加入前一日有效地对原产于中国的纺织品和服装的进口所维持的数量限制,作为我国适用《纺织品与服装协议》第2条和第3条的基础水平,并按第2条第13款和第14款规定的增长率增长。加入世界贸易组织后,中国成为《纺织品与服装协议》成员,具有该协议的权利与义务,并保留了对部分纺织品进口使用过渡性保障措施的权利。

在2005年至2008年,如我国某一类纺织品对世界贸易组织成员市场造成扰乱,该成员可临时进行限制,但对一种产品只能使用一次,一次只能持续一年,不能重复使用。

(八) 原产地规则

我国承诺,根据世界贸易组织《原产地规则协议》的规定,确定我国产品实质性改变的标准是:在关税税则中4位税号的税则归类发生变化;或增值部分所占新产品总值的比例达到或超过30%;当一进口产品在几个国家(地区)加工和制造时,原产地应为对该产品进行实质性改变的最后一个国家。

我国承诺,一旦世界贸易组织的非优惠原产地规则的国际协调完成,将全面采用和适用国际协调的非优惠原产地规则;不把原产地规则用作直接或间接追求贸易目标的工具。

(九) 装运前检验

我国遵守《装运前检验协议》,管理现有商检机构,允许符合资格的机构按照政府授权或商业合同的约定从事装运前检验;与包括私营实体在内的装运前检验实体进行的装运前检验有关的任何法律、法规与世界贸易组织有关的协议一致。

(十) 技术性贸易壁垒

承诺公布作为技术法规、标准和合格评定程序依据的所有正式的或非正式的标准;公布并使其他世界贸易组织成员、个人和企业可获得有关各合格评定机构和部门相应职责的全部信息;使所有技术法规、标准和合格评定程序符合《技术性贸易壁垒协议》。对进口产品和国产品适用相同的技术法规、标准和合格评定程序;所有认证、安全许可、质量认可机构和部门,合格评定机构和部门获得既对进口产品又对国产品进行此类活动的授权;对机构和部门的选择由申请人决定;对于进口产品和国产品,所有机构和部门颁发相同的标志,收取相同的费用,提供相同的处理时间和申诉程序。

1. 技术法规与标准

根据世界贸易组织《技术性贸易壁垒协议》规定,成员应尽量采用国际标准,但发展中国家成员可享有一定的灵活性。我国承诺进一步提高使用国际标准作为技术法规基础的比例,但保留了作为发展中国家成员的权利,可以根据自主计划逐步增加采用国际标准的比例。接受《关于制定、采用和实施标准的良好行为规范》,加速对现有的自愿性国家、地方和行业标准的修订工作,以便使之与国际标准相协调。

2. 合格评定程序

我国根据《技术性贸易壁垒协议》第5条第4款,使用国际标准化机构发布的相关指南或建议作为新的合格评定程序的基础,并对进口产品和国产品适用相同的合格评定程序。根据国民待遇原则,我国承诺在加入后18个月内,使国内所有合格评定机构既可以对国产品又可以向进口产品提供合格评定的服务,解决我国原商品检验和认证体系对国产品和进口产品实行不同待遇的问题。

对进口产品实施合格评定程序的目的是确定其是否符合议定书和世界贸易组织《技术性贸易壁垒协议》规定相一致的技术法规和标准。只有在合同各方授权的情况下,合格评定机构方可对进口产品是否符合该合同商业条款进行合格评定,该检验不应影响此类产品通关或进口许可证的发放。

3. 合格评定机构的资格

满足中国要求的外国或合资的合格评定机构的资格将获得认可,认可要求是透明的,并向其提供国民待遇。

(十一)卫生与植物卫生措施

我国承诺遵守世界贸易组织《实施卫生与植物卫生措施协议》,使所有与该协议有关的法律、法规、法令、要求和程序符合该协议;向世界贸易组织通知所有有关卫生与植物卫生措施的法律、法规及其他措施,包括产品范围及相关国际标准、指南和建议。

(十二)进出口商品法定检验

世界贸易组织成员同意我国"法定检验"产品清单,不对所通知的技术法规和标准在《建立世界贸易组织的协议》项下的法律地位做出预先判断,我国保留了对进出口商品进行法定检验的权利;同时,我国承诺使《进出口商品检验法》及其实施细则以及其他相关法律和法规符合《技术性贸易壁垒协议》的规定。

(十三)反倾销、反补贴措施

世界贸易组织成员承诺,在中国加入世界贸易组织15年后,完全取消目前在对中国出口产品进行反倾销调查时使用第三国替代价格作为可比价格的做法。议定书规定,在此15年过渡期内,世界贸易组织成员仍可以对中国出口产品使用替代国价格计算倾销幅度,但是,只要中国企业能够证明其出口产品是在市场经济条件下生产的,则世界贸易组织成员应遵守《反倾销协议》,采用中国的国内生产成本作为依据计算倾销幅度。该规定也适用于反补贴措施。

中国承诺修改《中华人民共和国反倾销和反补贴条例》,使之与世界贸易组织的《反倾销协议》一致,但加入前提出的申请已发起的反倾销调查不应受质疑。

(十四)特殊经济区

特殊经济区包括边境贸易区、民族自治地方、经济特区、沿海开放城市、经济技术开发区及已建立关税、税收和法规的特殊制度的其他地区。我国承诺从特殊经济区进入中国关税领土其他部分的进口产品所适用的所得税、进口限制和海关税费同等适用于直接输入中国关税领土其他部分的进口产品;向在特殊经济区设立的外商投资企业提供的任何优惠安排均在非歧视的基础上提供;向世界贸易组织通知在经济特区实施的特殊的贸易、关税和国内税法律。

(十五)征收出口税

我国保留对鳗鱼苗、钨矿砂、铅、锌、锑、锰铁、硅铁、铬铁、铜、镍及部分铝产品等共84个税号的资源性产品征收出口税的权利,其余出口货物应取消全部税费;出口货物的完税价格为货物的FOB价。

(十六)与贸易有关的投资措施

我国承诺加入世界贸易组织后实施《与贸易有关的投资措施协议》,取消贸易和外汇平衡要求、当地含量要求和出口实绩要求等与贸易有关的投资措施;投资许可、进口许可证、配额和关税配额的给予应不考虑是否存在与之竞争的中国国内企业。

承诺对中国汽车产业与投资政策进行修改:(1)限制汽车生产者生产汽车的类别、类型或车型的所有措施逐步取消;(2)提高只需省一级政府批准的汽车制造商投资比例的限额;(3)汽车发动机的制造对合资企业外资比例的限制。

(十七)政府采购

中国有意成为《政府采购协议》的参加方,自加入世界贸易组织起成为《政府采购协议》的观察员,并开始加入该协议的谈判。在加入之前,中央和地方各级所有政府实体,以及专门从事商业活动以外的公共实体,以透明的方式从事其采购,并按照最惠国待遇的原则,向所有外国供应商提供参与采购的平等机会。

四、服务贸易承诺

加入世界贸易组织,我国根据自身国情、发展水平、承受能力,对服务贸易做出了不同程度市场准入承诺,有条件、有步骤地开放服务贸易领域,并进行管理和审批,服务贸易的市场开放在加入后1至6年内逐步实施。开放的服务贸易领域包括商务服务、通信服务、建筑和相关工程服务、分销服务、教育服务、环境服务、金融服务、旅游和与旅游相关的服务、运输服务等九个部门及其70多个分部门和子部门。与健康相关的服务和社会服务,娱乐、文化和体育服务(视听服务除外)以及其他未包括的服务没有承诺。

我国可以维持与《服务贸易总协定》第2条第1款规定不一致的措施,只要这些措施列入议定书所附的《第2条豁免清单》中,并符合《服务贸易总协定》《关于第2条豁免的附件》中的条件。

水平承诺包括:

1. 商业存在

股权式合资企业中的外资比例不得少于该合资企业注册资本的20%。对于外国企业在中国设立分支机构不作承诺,除非在具体分部门中另有规定。允许在中国设立外国企业的代表处,但代表处不得从事任何营利活动,除非在法律服务、会计审计和簿计、管理咨询等特定部门的具体承诺中另有规定。

有关土地使用权,中国的土地归国家所有,企业和个人使用土地需遵守下列最长期限限制:

(1)居住目的为70年。

(2)工业目的为50年。

(3)教育、科学、文化、公共卫生和体育目的为50年。

(4)商业、旅游、娱乐目的为40年。

(5)综合利用或其他目的为50年。

2. 自然人流动

除与属下列类别的自然人的入境和临时居住有关的措施外,不作承诺:

(1)对于在中国领土内已设立代表处、分公司或子公司的世界贸易组织成员的公司的经理、高级管理人员和专家等高级雇员,作为公司内部的调任人员临时调动,允许其入境首期停留3年。

(2)对于被在中国领土内的外商投资企业雇佣从事商业活动的世界贸易组织成员的公司的经理、高级管理人员和专家等高级雇员,按有关合同条款规定给予其长期居留许可,或首期居留3年,以时间短者为准。

(3)服务销售人员——不在中国领土内常驻、不从在中国境内的来源获得报酬、从事与代表处——服务提供者有关的活动、就销售该提供者的服务进行谈判的人员,如:a.此类销售不向公众直接进行,且b.该销售人员不从事该项服务的供应,则该销售人员的入境期限为90天。

具体承诺包括:

中国根据承诺的时间和条件逐步开放下列服务部门、分部门与子部门:

(一)商务服务

(1)专业服务:法律服务(不含中国法律业务);会计、审计和簿记服务;税收服务;建筑设计服务;工程服务;集中工程服务;城市规划服务(城市总体规划服务除外);医疗和牙医服务。

(2)计算机及相关服务:与计算机硬件安装相关的咨询服务;软件实施服务(系统和软件咨询服务、系统分析服务、系统设计服务、编程服务、系统维护服务);数据处理服务(输入准备服务、数据处理和制表服务、分时服务)。

(3)房地产服务:以自有或租赁的房地产的服务;基于收费或合同的房地产服务。

(4)租赁服务(不包括录像带的租赁或出租服务)。不配备技师的机械和设备的租赁或出租服务,个人和家用物品的租赁或出租服务。

(5)其他商务服务:广告服务;管理咨询服务;技术测试和分析服务、货物检验(不包括法定检验)服务;农业、林业、狩猎有关的服务;与渔业有关的服务;相关科学和技术咨询服务(海洋石油服务,地质、地球物理和其他科学勘探服务,地下勘测服务,陆上石油服务);设备维修和保养服务:①个人和家用物品修理服务;②汽车的保养和修理服务;③摩托车和雪地用汽车的保养和修理服务;④办公用机械和设备包括计算机的保养和修理服务;⑤从属金属制品、机械和设备的修理服务、摄影服务、包装服务、会议服务、笔译和口译服务。

(二)通信服务

(1)速递服务(不包括现由中国邮政部门专营的服务)。

(2)电信服务。语音电话服务;分组切换数据传输服务;线路切换数据传输服务;传真服务;私人租赁线路服务;电子邮件服务;语音邮件服务;在线信息和数据库检索服务;电子数据交换服务;增值传真服务,包括储存和发送、储存和检索;编码和协议转换服务;在线信息和/或数据处理(包括传输处理);个人通信服务;寻呼服务;移动话音和数据服务;模拟/数据/蜂窝服务;国际闭合用户群话和数据服务。

(3)视听服务。录像的分销服务,包括娱乐软件;录音制品的分销服务以及录像带的租赁或出租服务;电影院服务。

(三)建筑和相关工程服务

(1)建筑物的总体建筑工作。

(2)民用工程的总体建筑工作。

(3)安装和组装工作(预制构件的组装和装配服务、安装工程)。

(4)建筑物竣工和修整工作。

(5)其他:建筑工地的准备工作、特殊行业建筑工程、配有技师的建筑物或土木工程建造或拆除设备租赁服务。

(四)分销服务

(1)佣金代理服务(盐和烟草除外)。

(2)批发服务(盐和烟草除外)。

(3)零售服务(不包括烟草)。

(4)特许经营。

(5)无固定地点的批发和零售。

(五)教育服务

(1)初等教育服务(不包括国家义务教育)。

(2)中等教育服务(不包括国家义务教育)。

(3)高等教育服务。

(4)成人教育服务。

(5)其他教育服务(包括外语语言培训)。

上述教育服务不包括特殊教育服务,如军事、警察、政治和党校教育。

(六)环境服务(不包括环境质量监测和污染源检验)

(1)污水处理服务。

(2)废物处理服务。

(3)废气清理服务。

(4)降低噪音服务。

(5)自然和风景保护服务。

(6)其他环境保护服务。

(7)环境卫生及类似服务。

(七)金融服务

(1)所有保险及相关服务:寿险、健康险和养老险服务;非寿险服务;再保险;保险辅助服务。

(2)银行和其他金融服务(保险除外):接受公众存款和其他需偿还资金;所有类型的贷款,包括消费信贷、抵押信贷、保理和商业交易的融资;金融租赁;所有支付和汇划业务(包括信用卡、赊账卡、贷记卡,旅行支票和银行汇票,进出口结算);担保和承兑;自行或者代客外汇交易;非银行金融机构从事汽车消费信贷;其他金融服务(提供和转让金融信息、金融数据处理以及与其他金融服务提供者有关的软件;就前述金融活动的进行咨询、中介和其他辅助服务,包括资信调查和分析、投资和证券研究和建议,关于公司收购、重组和制定战略提供建议);证券服务。

(八)旅游和与旅行相关的服务

(1)饭店(包括公寓楼)和餐馆。

(2)旅行社和旅游经营者。

(九)运输服务

(1)海运服务:国际运输(客运和货运,不包括沿海运输和内河运输);海运附属服务(海运装卸货服务、海运报关服务、集装箱堆场服务、海运代理服务)。

(2)内河运输服务(国际货运服务)。

(3)航空运输服务:航空器的维修和保养;计算机订座系统服务。

(4)铁路运输服务(货运服务)。

(5)公路运输服务(卡车和汽车的货运服务)。

(6)运输辅助服务:仓储服务;货物运输代理服务(不包括货物检验服务)。

中国第2条最惠国待遇豁免清单:

(1)部门或分部门:海运、国际运输、货物和旅客。

(2)与第2条不一致措施的描述:通过双边协定,有关方可以根据中国关于合资企业和外商独资企业的法律,在中国设立合资企业或外资独资子公司形式的实体,为其承运人所拥有或经营的船舶从事日常业务。

(3)措施适用的成员:未明确。

(4)计划期限:不可预见。

(5)产生豁免的必要性的条件:根据签署方之间目前的贸易状况。

此外,与第2条不一致措施的描述还有货载协议,适用的成员为阿尔及利亚、阿根廷、孟加拉国、巴西、泰国、美国、扎伊尔,计划期限为根据有关协定的有效期。

相关政策承诺

我国承诺按照适当分类和服务(如相关)公布负责授权、批准或管理服务活动的所有机构的名单,获得此类许可证或批准的程序和条件。许可程序和条件不构成市场准入的壁垒,对贸易的限制作用不超过必要的限度。

对于包括在具体承诺减让表中的服务部门,政府管理机关独立于其所管理的服务提供者,但快递和铁路运输服务除外。

我国承诺外国服务提供者可以与自己选择的任何中国实体进行合营,包括合资企业经营行业以外的中国实体,只要该中国合资伙伴是在中国合法设立的。此种合资企业应在与国内企业相同的基础上,满足审慎要求和具体部门要求,这些要求必须是可以公开获得的。

已设立的合资企业的中外各方可以在减让表的承诺的范围内修改各自参股水平。合资企业中的少数股持有者可根据中国法律、法规及其他措施行使其在投资中的权利。

五、与贸易有关的知识产权保护承诺

我国承诺修改与《与贸易有关的知识产权协定》不符的有关知识产权法律、法规,自加入世界贸易组织时起,全面实施《与贸易有关的知识产权协定》,并就协定中规定的版权及相关权利、商标、地理标识、工业设计、专利、集成电路布图设计、未披露信息等7类知识产权做了承诺和说明,承诺加强知识产权保护的执法,包括行政处罚、边境措施及刑事程序等。

(一)版权及相关权利

承诺修订《著作权法》及其实施细则和《实施国际著作权协定的规定》。修改内容包括:使用录音录像制品的广播电视机构的付酬机制;计算机程序和电影作品的出租权、表演权、向公众传播权及相关权的保护措施、数据库汇编保护、临时措施、提高法定赔偿金额及强化制止侵权行为的措施等规定。

(二)商标(包括服务标志)

承诺修改《商标法》及其实施细则,修改内容包括增加三维标志、颜色组合、字母和数字作为商标注册的规定;增加集体商标和证明商标(含地理标识)的内容;引入对官方标志的保护;保护驰名商标;加入优先权,修改商标确权体制,为利害关系方提供司法审查的机会;打击一切严重侵权行为;以及完善商标侵权赔偿制度等。

(三)地理标识

承诺遵守《与贸易有关的知识产权协定》关于地理标识(包括原产地名称)的规定,在《商标法》中增加对地理标识保护的专门规定。

(四)工业设计

承诺给予纺织品以工业设计的知识产权保护。

(五)专利

承诺修改《专利法》及其实施细则,修改内容包括:

(1)专利权人有权阻止他人未经其同意许可销售专利产品。

(2)对于实用新型和外观设计申请专利,复审和宣布无效的最终裁决由人民法院做出。

(3)在提起法律诉讼程序前,专利权人可以请求法院采取临时措施,如责令停止侵权行为和提供财产保全。

(4)给予强制许可的条件得到进一步澄清。

(5)将专利的保护范围扩大至食品、饮料、调味品、药品和通过化学手段获得的物质,使之与《与贸易有关的知识产权协定》相一致。

植物新品种保护:我国已颁布执行《植物新品种保护条例》,按照《与贸易有关的知识产权协定》要求相一致的方式对植物新品种给予保护,完成育种工作的单位或个人对被授予植物新品种权的新品种享有专有权。

(六)集成电路布图设计

我国已颁布执行《集成电路布图设计保护条例》,按照《与贸易有关的知识产权协定》规定的条件给予保护。

(七) 未披露的信息

我国已有《反不正当竞争法》，保护商业秘密，《刑法》也有类似规定。我国将修订《反不正当竞争法》，并制定《反垄断法》。承诺对申请使用新化学成分的药品和农用化学品的销售许可，按要求提交给中国主管机关的未披露试验数据或其他数据提供保护，以防止不正当商业利用，除非披露这些数据是保护公共利益所必需的，或已采取保护措施防止该数据受到不正当商业利用。自中国政府向数据提供者授予销售许可之日起至少 6 年内，除非数据提供者外，未经数据提供者允许，任何人不得以该数据为基础申请产品销售许可。

我国根据自身国情、经济发展水平、承受能力，在货物贸易、服务贸易和知识产权保护等方面的不同领域做出了上述不同的具体承诺。我国改革开放所取得的成绩，可以经受住为加入世界贸易组织而承诺开放市场所引起的各种变化，通过竞争使我国的国民经济以更快的速度、更好的效益继续发展。

第四节 中国加入世界贸易组织的意义

我国是联合国常任理事国，有 13 亿人口，有丰富的资源和广大的市场。2001 年中国进出口贸易额在世界贸易总额中排名第 6 位。我国正在建立社会主义市场经济体制，经济和市场正逐步与世界经济和国际市场接轨，因此，我国加入世界贸易组织对世界政治和经济，对我国的经济都有重大的影响和作用。中国需要世界贸易组织，世界贸易组织更需要中国；中国加入世界贸易组织有利于中国的改革开放，也有利于世界贸易组织各成员，有利于以世界贸易组织为代表的多边贸易体制。这是世界各国和中国人民的共识。

对中国加入世界贸易组织的意义，世界贸易组织第一任总干事鲁杰罗作了精辟的阐述：中国已经是相互依存的全球经济中的重要成员，中国越来越需要世界贸易组织体系的机遇和选择，以满足其增长和发展的巨大潜力；而世界贸易组织也越来越需要中国作为其积极成员，从而成为真正、完整的全球体系。一个对外开放的中国不能袖手旁观地让别人制定游戏规则；一个经济快速增长的中国不能没有有保证的、增长的、进入全球市场的机会；一个依赖技术和现代化的中国不能落后于世界经济全球化的飞速进程。

一、有利于世界贸易体系的建立和国际经济贸易的发展

中国作为在联合国安理会中有否决权的政治大国，必须在世界贸易组织获得发言权。中国是发展中国家，一贯主张加强多边贸易体制，反对单方面贸易报复，反对贸易保护主义。世界贸易组织正试图向协调各国国内微观政策方面拓展，中国成为新的多边贸易规则的制定者之一，积极、主动地维护自己和广大发展中国家的利益。中国要同发展中国家一起为争取建立公平、公正的世界经济贸易秩序而努力，与其他成员密切合作，在世界贸易组织规则框架下，完善开放、公平、统一的世界贸易体制，充分发挥世界贸易组织的作用，加强世界贸易体制的自由、稳定、透明度与全面性，有利于实现世界贸易组织的目标。

二、有利于世界贸易组织各成员

中国加入如世界贸易组织后，国内市场开放度扩大，为其他成员进入中国市场提供更多机遇；中国的投资环境的改善、法律的透明度和国民待遇的实现，为外商来华投资打开空前广阔的通道，使外国企业增强安全感；加强和扩大与其他成员之间的国际分工与合作，节

约社会劳动,促进世界经济的发展,既有助于改善国际贸易失衡,减少贸易矛盾,也有助于各成员的经济贸易发展。

三、有利于我国的改革开放和经济贸易的发展

加入世界贸易组织,直接参与制定、完善国际经济活动规则,推动国际经济新秩序的形成,总体上符合我国根本利益和长远发展战略,同我国改革开放总的方向是一致的。

(1)有利于促进建立我国社会主义市场经济体制,推动我国的经济体制改革。经济改革既要靠国内体制改革,也要靠参加世界经济的促进。

(2)有利于扩大对外开放深度和广度,为我国经济发展创造更好的国际环境。入世后,我国由原来的有限范围和领域内的对外开放,转变为全方位的对外开放;由以试点为特征的政策主导下对外开放,转变为法律框架下的可预见的对外开放;由单方面为主的自我开放,转变为与世界贸易组织成员之间的相互开放。有利于引进外资、先进技术和管理经验,扩大跨国经营,实现全方位、多层次的对外开放,从而加速与国际经济的接轨、促进中国经济的高速发展,尽早进入世界经济强国之林。

(3)有利于促进我国经济结构的战略性调整,推动中国企业在参与国际竞争中发展。加入世界贸易组织,既要向国外开放中国市场,又要进军国际市场,这对中国企业是双重挑战,这使中国企业变得更有活力和竞争力。

(4)有利于推动中国市场经济的法律规范体系的建立及与国际接轨。加入世界贸易组织,就意味着国内有关经济贸易法律规则的制定和实施,都必须与世界贸易组织相应的规范和准则相衔接,从而促使中国经济贸易法律体系的建立与完善。

(5)有利于实现国际资源的优化配置。在当代经济全球化的趋势下,中国可因加入世界贸易组织而使资源进入国际优化配置的总渠道,即以我国的劳动力、土地、自然资源、政府的宏观调控能力等优势与外国的资金、先进技术和管理等优势资源进行优势互补,从而为中国经济特别是对外贸易的快速发展提供机遇。

参考文献

[1] 杨荣珍.世界贸易组织规则精解[M].北京:人民出版社,2001.
[2] 刘广斌.世界贸易争端解决机制的演进及评价[J].法学评论,1997(5).
[3] 关丽琴.我国运用WTO争端解决机制的现状及改进对策[J].理论探索,2006(1).
[4] 仲鸿生,战勇.世界贸易组织WTO规则[M].大连:东北财经大学出版社,2006.
[5] 石广生.中国加入世界贸易组织知识读本[M].北京:人民出版社,2001.
[6] 李坤望.国际经济学[M].北京:高等教育出版社,2005.